古代歷史文化 研究輯刊

四編

王明蓀 主編

第 17 冊

唐代僧俗交涉之研究
——以僧人世俗化爲主（上）

葉珠紅 著

國家圖書館出版品預行編目資料

唐代僧俗交涉之研究——以僧人世俗化為主（上）／葉珠紅
著 — 初版 — 台北縣永和市：花木蘭文化出版社，2010〔民
99〕

目 8+204 面；19×26 公分
（古代歷史文化研究輯刊 四編：第 17 冊）
ISBN：978-986-254-237-8（精裝）
1. 佛教史　2. 僧伽　3. 宗教與社會　4. 唐代
228.2　　　　　　　　　　　　　　　　99012981

ISBN - 978-986-254-237-8

9 789862 542378

古代歷史文化研究輯刊
四 編　第十七冊　　　　　　ISBN：978-986-254-237-8

唐代僧俗交涉之研究——以僧人世俗化爲主（上）

作　　者	葉珠紅
主　　編	王明蓀
總 編 輯	杜潔祥
印　　刷	普羅文化出版廣告事業
出　　版	花木蘭文化出版社
發 行 所	花木蘭文化出版社
發 行 人	高小娟
聯絡地址	台北縣永和市中正路五九五號七樓之三
	電話：02-2923-1455／傳眞：02-2923-1452
電子信箱	sut81518@ms59.hinet.net
初　　版	2010 年 9 月
定　　價	四編 35 冊（精裝）新台幣 55,000 元

唐代僧俗交涉之研究
——以僧人世俗化爲主（上）

葉珠紅　著

作者簡介

葉珠紅，臺灣省台南縣人，逢甲大學中文研究所博士。
著有寒山研究專書：
《寒山詩集校考》，台北，文史哲出版社。
《寒山資料考辨》，台北，秀威科技公司。
《寒山資料類編》，台北，秀威科技公司。
《寒山詩集論叢》，台北，秀威科技公司。
論文集：
《絳雲集》，台北，秀威科技公司。
考古記遊散文：
《流光千里茭荷香 吳越江南三十天紀行》，台北，秀威科技公司。

提　要

　　「僧俗交涉」之「交涉」，意指兩個不同範疇之間相互產生影響。本書主要探討唐代帝王、皇室貴族、官吏、文士、庶民，與佛教、僧人三百年間的互動概況。論文共分十章，首章〈緒論〉，說明筆者之研究動機與目的；第二章至第七章，分析唐代帝王以至庶民，與佛教高僧、異僧、藝僧來往的情形；第八章〈僧俗交涉所彰顯之寺院功能〉，論唐代寺院除了以鎮寺之寶與傳說、奇僧逸聞招來信眾，寺院尚有濟貧救苦設施，如普通院與悲田養病坊，此外，寺院在文化休閒與娛樂方面，多有貼近民眾的措施，如上元燈節、賞牡丹花、觀百戲與開俗講，是唐人不分身份、階級，樂於跡向寺院的主因；第九章〈唐代僧俗交涉對於文化之觸發與創建〉，唐代僧俗交涉，對後代「財施」觀念的強化、對佛教戒律的奠定，佛教節日如盂蘭盆會的定型，佛教文物如經幢與舍利的流行，均有所觸發，對於世學之創建，如中國第一部韻書，成於僧人之手，詩學觀念與詩體的新創，茶文化與書法藝術的發揚，僧人的推波助瀾，有其創發之力，此外，唐代古文家與僧人之會通儒、釋，對於宋代理學之陽儒陰釋，有啟發之功；第十章〈結論〉，通過各章之論述，對唐人與佛教的互動，提出總體性的評價，與若干值得進一步研究的問題。

目

次

第一章 緒 論

第一節 研究動機與研究目的

　　唐代佛教，在大多數唐帝王眼中，雖無法與「國教」——道教相提並論，然自帝王以下，不論是貴族、官吏、文士、庶民，其日常生活與佛教文化無不息息相關，《全唐詩》中有關文人與僧人往來的情形，可看出佛教儼然已成為唐人的地下國教。〔註1〕唐帝國之奇之大，在中唐時，已經出現了打破「水不載萬」，大隱可隱於船的富商；〔註2〕唐帝國之兼容並蓄，除了可以從在長安的西域人，其華化的程度得知，〔註3〕更可從佛教各宗派，在唐代的百家爭鳴得以確定。〔註4〕

〔註1〕 謝思煒，〈唐代通俗詩研究的若干問題〉，從通俗詩的角度，認為通俗詩展示了佛教思想與民間倫理融合無間，證實佛教思想在民間具有強大的力量，唐代統治者的佞佛活動，以及精英階層在佛學義理上的創造，「似乎從來沒有取得如唐代通俗詩裡所表現的這種效果。」《唐宋詩學論集》（北京：商務印書館，2003年），頁140。

〔註2〕 唐・李肇，《唐國史補》卷（下）：「江湖語云：『水不載萬。』言大船不過八九千石。然則大歷、貞元間，有俞大娘航船最大，居者養生送死嫁娶悉在其間。開巷為圃，操駕之工數百。南至江西，北至淮南，歲一往來，其利甚博，此則不啻載萬也。洪鄂之水居頗多，與邑殆相半，凡大船必為富商所有，奏商聲樂從婢僕以據，柂樓之下，其間大隱，亦可知矣。」楊家駱主編，《唐國史補等八種》（臺北：世界書局，1991年），頁62～63。下引版本同。

〔註3〕 向達，《唐代長安與西域文明》，認為傾心華化的西域人，表現得最為明顯的有三點：一、入中國有漢姓、流行志墓立碑、衣華服效華人（河北：河北教育出版社，2001年），頁94～95。下引版本同。

〔註4〕 除了隋代信行所創的三階教，在唐初不被承認為佛教教派承認之外，在唐代

　　佛教進入中國，從漢譯「浮屠」一詞出現在前，漢譯「佛」字出現在後，
〔註5〕可見其源遠流長的歷程；漢傳佛教，位於源頭之始的佛經翻譯，在唐代
已大致全部完成，而在唐帝王的扶持下，尚有不少的重譯，漢譯佛經在唐代
大成的同時，也正昭告世人，佛教的教理已完整的移植入中國，因此，研究
中國佛教在僧俗的互動下，所產生的政教關係、社會文化、文學藝術等面向，
唐代無疑是最佳切入點。

　　唐代僧人，有創教立派的大宗師，也有很會「唸經」的外來和尚，唐帝
王對於高僧的禮遇，間接帶動了百姓的崇佛熱潮；慈恩寺乃唐高宗爲文德皇
后追福所建，高宗迎玄奘入住慈恩寺的排場是：「大常九部樂挾兩邊，二縣音
聲繼其後。」〔註6〕在尊禮玄奘的儀式中，九部樂就像是「陣頭」，其熱鬧喧
騰的效果，簡直與「鼓吹」無異；〔註7〕五祖弘忍弟子神秀，於則天朝被召入
內，神秀所受到的禮遇是：「（武則天）肩輿上殿親加跪禮，內道場豐其供施，
時時問道。……時王公已下京邑士庶兢至禮謁，望塵拜伏日有萬計。」神秀
死後，「士庶皆來送葬，……岐王範燕國公張說，徵士盧鴻各爲碑誄，服師喪
者名士達官不可勝紀。」〔註8〕神秀的弟子——普寂與義福，亦均爲朝野所重，

起過影響的佛教宗派共有八家：一、隋代智顗所創之天台宗；二、吉藏所創
之三論宗；三、玄奘與窺基所創之法相宗；四、法礪、道宣、懷素之律宗；
五、法藏之華嚴宗；六、善導之淨土宗；七、神秀、惠能之禪宗；八、開元
三大士（善無畏、金剛智、不空）與惠果之密宗。

〔註5〕　季羨林，〈再談『浮屠』與『佛』〉一文，根據大夏文保留住梵文 Buddha 兩個
　　　　音節的原型，與漢譯「浮屠」相當；伊朗語族只留下一個音節，與漢譯「佛」
　　　　字相當，認爲「浮屠」出現在前，「佛」字出現在後。《佛教十五題》（北京：
　　　　中華書局，2007 年），頁 103。

〔註6〕　唐・慧立本、彥悰箋，《大唐大慈恩寺三藏法師傳》卷7：「勅太常卿江夏王道
　　　　宗將九部樂，萬年令宋行質，長安令裴方彥，各率縣內音聲及諸寺幢帳，並
　　　　使豫極莊嚴，己巳旦集安福門街迎像送僧入大慈恩寺。……大常九部樂挾兩
　　　　邊，二縣音聲繼其後。而幢幡鐘鼓，鈒颯繽紛。眩日浮空，震曜都邑。望之
　　　　極目，不知其前後。」按：本論文參考之釋書，均據日本《大正新修大藏經》
　　　　（《大正藏》）（臺北：新文豐出版，1983～1988 年），第 50 冊，頁 259。下引
　　　　版本同。

〔註7〕　參見：沈冬，〈風格與儀式——隋唐燕樂樂部的屬性〉：「以『鼓吹』和『九部
　　　　樂』並列，更顯示二者的性質有某種程度的雷同。原來樂部和鼓吹一樣，皆
　　　　非宮廷專用、帝王獨享，而是天子可以頒賜大臣的榮寵恩錫。」《唐代樂舞新
　　　　論》（北京：北京大學出版社，2004 年），頁 34～35。

〔註8〕　宋・釋贊寧，《宋高僧傳》卷8〈唐荊州當陽山度門寺神秀傳〉。《大正藏》第
　　　　50 冊，頁 756。

普寂死後，書法家李邕爲制塔銘，〔註9〕義福於都城傳教二十多年，死後「縉紳縞素者數百人，士庶喪服者有萬計，自鼎門至於塔所，雲絕雷慟，信宿不絕。」〔註10〕高僧受到帝王如此隆重的禮遇，關係著唐代帝王對於佛教的心態，以及庶民百姓對佛教的看法，此爲筆者研究動機之一。

唐人好詩，僧以詩名始於唐，司空圖之〈狂題十八首〉，說道「由來相愛只詩僧」；〔註11〕白居易在「辭章諷詠成千首」之餘，幾疑己身「前生應是一詩僧」，〔註12〕親近佛教的文人，對於能詩的僧人，不獨產生莫名的相惜情愫，親近詩僧所獲得之禪理雅趣，更是文人爭相攀交的原因，在唐代，語不及佛法，交不及僧徒的文人，可說十分少見。南宗禪興起與安史之亂爆發，使得唐代僧人與文人的交往，進入空前的盛況，受南禪思想影響的中晚唐文人，不僅於佛寺結詩社，〔註13〕爲僧建禪院，〔註14〕更在禪師圓寂後，爲其作碑銘、塔銘，而在詩文創作的內容上，文人所作之悟道詩明顯增加，其中描繪山林幽棲之樂的禪悅、禪趣詩，更是受到孫昌武所謂「披著袈裟的文人」——詩僧的影響，文人與僧人在文學與宗教互爲媒介下的「詩禪交涉」下，其活動足跡遍及大、小寺院，活動內容也不僅限於讀書、遊覽，文人在僧寺借宿、品茗、開宴，寺中的樂遊景況直與世俗生活無異，在唐人小說中，隨處可見的，僧人與文士的交涉，以迅雷不及掩耳之勢，將唐代僧人「通俗」的生活樣貌完整呈現出來，探討唐代僧人與文士聯手披露的宗教與世俗生活，爲筆者研究動機之二。

唐代文人周遊儒、釋、道三教，就連對佛教多所詆毀的韓愈，對佛寺也難免涉足，對僧人也多喜結交，孫昌武認爲韓愈的反佛，在理論上不僅軟弱、不徹底，其本身已流入「異端」仍不自知；〔註15〕學界對於唐朝僧徒與士人

〔註9〕 唐・李邕，〈大照禪師塔銘〉。清・董誥等編，《全唐文》卷262（北京：中華書局，1982年）下引版本同。

〔註10〕 唐・嚴挺之，〈大智禪師碑銘〉，《全唐文》卷280。

〔註11〕 唐・司空圖，〈狂題十八首〉，清・季振宜等編，《全唐詩》卷634（臺北：文史哲出版社，1978年），頁7274。下引版本同。

〔註12〕 唐・白居易〈愛詠詩〉，《全唐詩》卷446，頁5010。

〔註13〕 白居易晚年，與佛光如滿禪師，於龍門香山寺共結香火社。

〔註14〕 裴休建禪院，是爲了請黃檗希運禪師說法，黃檗希運在院中完成《傳心法要》一書。

〔註15〕 孫昌武，〈韓愈與佛教〉，舉出韓愈「陽儒陰釋」的地方有：經常出入寺院，一生與僧侶交遊不斷，見於詩文的有：澄觀、惠師、靈師、文暢、無本（賈島）、誠盈、僧約、廣宣、高閑、穎師、曾縱、大顛等；不見於文集的，如：

往來之研究，一般多僅止於劉禹錫〈澈上人文集記〉所說的「以文章接才子，以禪理說高人。」亦即詩僧與文人之間，以詩爲媒介的交往酬唱，學界在界定「詩僧」一詞的同時，〔註16〕也對僧詩的研究掀起熱潮，明代李鄴嗣〈慰弘禪師集天竺語詩序〉，將唐代許多大家的名作稱之爲「禪」，〔註17〕此最能看出文人之詩思受到佛教教理的影響；今人對於詩學與佛學之研究，「詩禪一致」、「詩禪交涉」之探討，不乏成果，〔註18〕然對於文人坦承向僧人請益的研究，則較爲少見，〔註19〕而對於藝絕當代的少數僧人（本論文稱之爲「異僧」），不少唐代文人在驚豔之餘，仍道出「猶當假良媒」的想當然耳，〔註20〕學界對於探討唐代文人，自居藝文主導地位心態的研究並不多見，而在唐代，上自帝王下至百姓，不論是「藝僧」或「異僧」，卻多爲人「喜聞樂見」，在

簡師（見皇甫湜〈送簡師序〉），此外，韓愈的友人，劉禹錫、柳宗元、王仲舒、孟簡等人，都是佛教信徒，對韓愈的思想多少會有影響。《唐代文學與佛教》（臺北：谷風出版社，1987年），頁44～45。

〔註16〕 學界對於「詩僧」的定義，孫昌武認爲是：「專業寫詩之僧人。」（《唐代文學與佛教》陝西：人民出版社，1985年），頁126）。「專指中晚唐以後專注於詩歌藝術表現形式的清雅詩僧。」（《禪思與詩情》（北京：中華書局，1997年）。覃召文認爲是：「有詩傳世的僧人。」覃召文《禪月詩魂》（北京：三聯書店，1995年）。

〔註17〕 明・李鄴嗣，〈慰弘禪師集天竺語詩序〉：「唐人妙詩若〈游明禪師西山蘭若詩〉，此亦孟襄陽之禪也，而不得尚謂之詩；〈白龍窟泛舟寄天台學道者詩〉，此亦常征君之禪也，而不得尚謂之詩；〈聽嘉陵江水聲寄深上人詩〉，此亦韋蘇州之禪也，而不得尚謂之詩，使招諸公而與默契禪宗，豈能得此中奇妙？」

〔註18〕 談論詩、禪的專著，有孫昌武《詩與禪》（臺北：東大圖書股份有限公司，1994年）。《禪思與詩情》（北京：中華書局，1997年）。程亞林《詩與禪》（江西：人民出版社，2000年）。李淼《禪宗與中國古代詩歌藝術》（高雄市：麗文文化事業股份有限公司，1993年）。張海沙《初盛唐佛教禪學與詩歌研究》（北京：中國社會科學出版社，2001年）。蕭麗華《唐代詩歌與禪學》（臺北：東大圖書股份有限公司，1997年）。張伯偉《禪與詩學》（浙江：人民出版社，1994年）。王敏華：《中國詩禪研究》（廣西師範大學出版社，1997年）。周裕鍇《中國禪宗與詩歌》（高雄市：麗文文化事業公司，1994年）。對各宗派的禪詩作分類、賞析的，有吳言生《禪宗詩歌境界》（北京：中華書局，2001年）。強調僧詩的價值，爲「文人之筆力難及之處」的，有覃召文《禪月詩魂——中國詩僧縱橫談》（北京：三聯書店，1995年）。

〔註19〕 唐・劉禹錫，〈唐釋靈澈上人文集序〉，坦言幼時曾親近皎然、靈澈：「初，上人在吳興，居何山，與晝公爲治。時予方以兩髦執筆硯，陪其吟詠，皆曰儒子可教也。」《唐文粹》卷93。《四部叢刊》本，初編，集部。

〔註20〕 唐・任華，〈懷素上人草書歌〉：「……爾雖有絕藝，猶當假良媒。不因禮部張公將爾來，如何得聲名一旦誼九垓。」《全唐詩》卷261，頁2904。

唐文化中佔有特殊的地位，其貢獻影響後代更是深遠，探討唐代「異僧」在文化上的觸發與創建，為筆者研究動機之三。

第二節　選題意義與研究內容

一、釋「僧俗交涉」

　　貫休〈聞無相道人順世〉五首之五：「百千萬億偈，共他勿交涉。」〔註21〕「交涉」原為哲學用語，指兩個不同範疇之間相互的影響，本論文所採「交涉」，意指唐代佛教與僧人，與唐人世俗生活之互融互攝。法國漢學家謝和耐將中國僧侶分為三種：由國家撥款供養的「官僧」；由大戶人家提供食住的「私僧」；孤立生活於鄉間，形成一個小團體的「民僧」，〔註22〕若以簡單的官、民二分法來審視唐代佛教的諸多問題，帝王與「官僧」，因正史、僧傳多有記載，皇權與教權之間較少有模糊地帶，若要了解帝王與「民僧」的互動，則不得不藉助筆記小說；唐代官吏、文士與庶民，與「官僧」、「民僧」的往來情形，除了見諸正史、僧傳，以及文士的詩、文集，亦必須從筆記小說旁搜，方能得窺全豹，本論文旨在呈現唐人與僧人互動的情形，除了正史、僧傳、詩文集，對於唐人筆記小說亦有大量徵引。

　　唐代帝王擁有專屬的御用僧，〔註23〕除了進行宗教儀式兼帶娛樂之外，更藉由皇親國戚以及重臣之力，對於佛教實施利用、打壓；皇親國戚與重臣，除了擁有私人的「功德院」，〔註24〕更進一步包辦度牒，自養奢華，〔註25〕而

〔註21〕唐・釋貫休，〈聞無相道人順世〉之五：「百千萬億偈，共他勿交涉。所以那老人，密傳與迦葉。吾師得此法，不論劫不劫。去矣不可留，無蹤若為驥。」《全唐詩》卷830，頁9351。

〔註22〕〔法〕謝和耐著、耿昇譯，《中國五～十世紀的寺院經濟》（臺北：商頂文化出版社，1994年），頁10。下引版本同。

〔註23〕宋・釋志磐，《佛祖統紀》卷41〈代宗〉：「勅沙門百人，於禁中行念誦法，謂之內道場。出入乘馬，度支廩給。」《大正藏》第49冊，頁378。按：代宗「內道場」的僧人人數，相當於一個大寺的僧人總數。

〔註24〕宋・釋志磐，《佛祖統紀》載景雲二年，「勅貴妃公主家，始建功德院。」大曆二年，「詔輔相大臣，始建功德院。」卷40、41。《大正藏》第49冊，頁373、378。

〔註25〕宋・司馬光，《資治通鑑》卷209〈唐紀〉，記韋后與安樂公主、長寧公主，三十萬錢賣「官爵」，三萬錢賣「度牒」。北京：中華書局，1956年。下引版本同。

一般的官吏、文人，其與佛教的關係，由《全唐詩》最能看出其所締造出的，輝煌的文學成就；此外，《全唐詩》從卷八○六開始，僧人與文士間的密切往來，特別是禪宗僧人，〔註26〕除了證明唐代鄉間的精舍、蘭若，比官寺等大寺、小寺的數目要高出許多，在文士筆下，許多居住於精舍、蘭若的「無名僧」，更可看出四處遊方，不一定擁有度牒的出家人，在唐代應爲數不少，本論文對於爲唐文化增添風華之「無名僧」，同列入交涉範圍。

二、研究內容

第一章爲緒論，略述本論文之研究動機與研究目的、選題意義與研究內容、研究回顧與研究方法；自第二章起，以「僧俗交涉」爲題，首論唐代帝王與佛教，就唐初三帝道先佛後的主張，以及對度牒、僧尼籍的控管、沙汰僧尼、會昌毀佛之舉，以見自初唐開始，帝王對佛教即有心積極管理；第二節論唐帝王基於鞏固政權的需要，略述唐代帝王的佛教政策；第三節論唐代帝王與僧人之交涉，就帝王延請僧人入內道場爲供奉大德，對僧人賜紫方袍，賜寺額與諡號，以見帝王對僧人之禮遇，此外，以預言僧、祈雨僧、丹藥僧之爲帝王所喜，探討唐帝王與異僧交涉之心理。

第三章論唐代皇室貴族與佛教，首先就前朝已有爭論的沙門不拜君、親，以見初、盛唐帝王，對於佛教教權凌駕於君權之上的隱憂，重新庭議前朝爭論已息的沙門「致禮」問題；其次，皇室成員之捨宅、立寺與造大像的行爲，是基於對佛教輪迴果報說的接受，唐代皇室貴族的立寺與造像，對於佛教的擴展，起到最大的影響；而皇室與貴族之法事活動，不論是爲亡者追福，或是親受菩薩戒，均可看出佛教深入上層社會的情形；最後，論皇室貴族與胡僧之交涉，使唐帝王引以爲憂的胡僧慧範，以及對中國密宗有開創之功的開元三大士，除了使密教奠基於盛唐，皇室貴族對胡僧的倚重與利用，間接帶動百姓對佛教神通的好奇。

第四章論唐代官吏與佛教，首先就官吏對違戒僧人之判，乃官吏基於維護儒家倫常與社會安定；其次，論官吏襄助譯經工作與飯僧邀福，是官吏日

〔註26〕姚南強認爲禪宗對於唐朝士大夫的影響，共有三種類型：自覺的奉佛信僧，如山水田園詩派的「四宗」（王、孟、韋、柳）；由闢佛而轉爲奉禪，如：李翱；外儒而內禪，如：韓愈。《禪與唐宋作家·前言》（江西：江西人民出版社，1998 年），頁 1。

漸親近佛教的主因；而對於能夠道出前世今生，明示禍福休咎的預言僧人及法術僧人，唐代官吏更是樂於親之近之；最後，論唐代宦官與佛教，就宦官娶妻養子的普遍情形，探討唐代最可悲憫的，宦官之妻、女崇佛背後的原因。

第五、六章論唐代文士與佛教，第一節論文士於佛寺紀游，是來自於文化浸潤的休閒因素、離苦得樂的宗教因素、遙體僧情的社交因素；第二節論文人游寺題詩，多因景生情、就地取材，以及基於對僧人之崇敬，欲留詩作別，因而產生了僧房題詩之舉；第三節分別就茶、詩、棋、琴、蒔花、種藥、結社，論文士與僧人之多方交涉；第四節論文士寓止佛寺與習業山林的情形；由第五節論文士訪僧不遇與共僧同宿，第六節論文士戲僧與悼僧之作，繼論第七節文士為佛寺、經像撰碑銘、序記，為譯經、注經作序，僧人死後為其作塔銘、碑文、序文，士人直接或間接參與佛事所做之文章，文士與僧人之書信往來，以見文士與僧人交涉下的釋門文章，為唐代佛教文學的主軸。

第七章唐代庶民與佛教，第一節論唐人普遍的消災追福的法事活動，有捨宅、立社、造像、寫經、為亡者追福；第二節論冥報故事，導致福善禍淫觀念之深植人心，而唐人所受的佛典啟發，則多來自初唐《法華經》與中唐《金剛經》流布天下的影響；第三節論唐代婦女與佛教，唐初婦女地位雖有提升，然由佛門對女性的歧視，可見唐代婦女與比丘尼（士族出家的婦女例外）的社會地位並不高，唐代比丘尼與家庭、家族的深厚關係，可看出唐代比丘尼以華情學梵事，誠屬不易；第四節論僧人之世俗化與社會化，唐代僧人貪鄙趨利的違戒情形多有，官吏家中置門僧，四處作雲水之遊的客僧，活躍於社會群眾間的「異僧」與「狂僧」，以及能識寶的胡僧，是社會化僧人中，為唐文化增彩的一群。

第八章論唐代僧俗交涉所彰顯之寺院功能，第一節論寺院傳奇，包括了鎮寺之寶、寺院傳說、奇僧逸聞，同為寺院吸引人潮的原因；第二節論寺院設有普通院與悲田養病坊，具有濟貧救苦的功能；第三節由上元燈節、賞牡丹花、觀百戲、聽俗講，以見寺院文化之休閒與娛樂功能。本章旨在探討唐代寺院與唐人生活，所透顯出的，寺院的普世價值。

第九章論唐代僧俗交涉對於佛教文化與世學的觸發與創建，第一節論僧俗交涉對於佛教文化之觸發，由「無盡藏」到「長生錢」，百姓對「財施」觀念的強化，道宣南山律宗對佛教戒律的奠定，以及盂蘭盆會的定型，經幢與舍利的普造與供養，均始於唐朝；第二節論僧俗交涉對於中國文化之創建，

在世學方面，有僧人首創的韻書、字典與辭典，詩學觀念與詩體新創，對茶文化之推行，對書法藝術之創建；第三節論唐代古文家之會通儒、釋，由李華之禪定不廢禮，梁肅之力贊天台，柳宗元之中道觀，以及唐代僧人對會通儒、釋所做的努力，對於宋代理學家之陽儒陰釋，具有一定程度的影響。

第十章結論，就唐代帝王、皇室貴族、官吏、文士、庶民、僧人，在三百年間的互動下，所延伸出的，若干值得探討的問題。

第三節　研究回顧與研究方法

一、研究回顧

與唐代佛教相關的碩、博士論文，前人研究之成果，有著重於呈現單一地區之習俗或活動，如：敦煌飲食文化，川、蜀地區之佛教文化；〔註27〕有專就寺院相關之議題；〔註28〕從文本方面探討的，有專就唐詩中所記，唐人的游藝活動，〔註29〕唐傳奇〔註30〕以及圓仁《入唐求法巡禮行記》所反映之唐代社會，〔註31〕此外，有就佛教典籍與制度深入探討者；〔註32〕就社會文化論述者，如：官場文化與飲食生活，〔註33〕唐代茶詩研究，〔註34〕飲茶風氣對文學的影響；〔註

〔註27〕 蔡秀敏，《唐代敦煌飲食文化研究》，中正大學中國文學研究所碩士論文，2003年1月。林曉眞，《唐五代川蜀地區的佛教文化——以高僧、寺院、造像爲考察中心》，清華大學歷史研究所碩士論文，1991年7月。

〔註28〕 李寶玲，《唐代長安佛寺發展及其對詩歌之影響》東海大學中國文學系博士論文，2006年5月。林韻柔，《唐代寺院結構及其運作》，東海大學歷史學系碩士論文，2002年6月。高逸華，《唐代佛教寺院之功能探討》，中國文化大學史學研究所碩士論文，1996年6月。

〔註29〕 陳正平，《唐詩所見游藝休閒活動之研究》，東海大學中國文學系博士論文，2006年7月。

〔註30〕 許文惠，《唐代傳奇所反映的唐代社會》，東吳大學社會學研究所碩士論文，1989年1月。

〔註31〕 葉蓁蓁，《圓仁法師《入唐求法巡禮行記》所見的唐代文化》，政治大學中國文學研究所碩士論文，1989年7月。

〔註32〕 蔡榮婷，《景德傳燈錄之研究——以禪師啓悟弟子之方法爲中心》，政治大學中國文學研究所碩士論文，1984年6月。黃運喜，《唐代中期的僧伽制度——兼論與其當代社會文化之互動關係》，中國文化大學史學研究所博士論文，1997年6月。

〔註33〕 趙國光，《唐代官場文化與飲酒生活》，中國文化大學史學研究所碩士論文，1998年。

35〕有就佛教觀念與社會，〔註36〕詩歌與佛家思想；〔註37〕有純就詩、畫、人作雙邊探討者，如：詩論與畫論之關係，〔註38〕詩人與佛教的關係，〔註39〕詩僧的創作論研究；〔註40〕有專就單一事件探討者，如：會昌法難之研究。〔註41〕

在專書部分，學界對於和佛教有關的唐人文化、生活、信仰，以及唐代佛教與文學，佛教與世俗社會之相關書籍，裒爲一帙，足資研究參考者，如張國剛《佛學與隋唐社會》；〔註42〕有以部分區域爲代表性的，如向達《唐代長安與西域文明》；〔註43〕有士人文化生活之專著，如賈晉華《唐代集會總集與詩人群研究》；〔註44〕飲食生活之專著，如廖芮茵《唐代服食養生研究》；〔註45〕論佛教對唐朝社會之影響，有榮新江主編之《唐代宗教信仰與社會》、日人礪波護《隋唐佛教文化》；〔註46〕論佛教對唐朝士大夫之影響，有郭紹林《唐代士大夫與佛教》、陳允吉《唐詩中的佛教思想》、孫昌武《唐代文學與佛教》、《佛教與中國文學》，〔註47〕其中不乏提及佛教影響唐代政治、社會、文化的觀點，然而，尙

〔註34〕林珍瑩，《唐代茶詩研究》，中正大學中國文學研究所博士論文，2002年。

〔註35〕李書群，《唐代飲茶風氣及其對文學影響之研究》，臺灣大學中國文學研究所碩士論文，1992年5月。

〔註36〕林裕盛，《佛教的果報觀與唐代社會》，東海大學歷史學系碩士論文，2004年6月。

〔註37〕黎金剛，《唐代詩歌與佛家思想》，臺灣師範大學國文研究所博士論文，1980年7月。黃秀琴，《唐代詩禪相互影響論》，中央大學中國文學研究所碩士論文，1997年12月。

〔註38〕曹愉生，《唐代詩論與畫論之關係研究——僅以詩畫論之專著爲研究對象》政治大學中國文學研究所博士論文，1991年1月。

〔註39〕蔡榮婷，《唐代詩人與佛教關係之研究——兼論唐詩中的佛教語彙意象》政治大學中國文學研究所博士論文，1992年7月。

〔註40〕彭雅玲，《唐代詩僧的創作論研究——詩歌與佛教的綜合分析》政治大學中國文學研究所博士論文，1999年6月。

〔註41〕黃運喜，《會昌法難研究——以佛教爲中心》，中國文化大學史學研究所碩士論文，1986年。

〔註42〕張國剛，《佛學與隋唐社會》河北：人民出版社，2002年。

〔註43〕向達，《唐代長安與西域文明》河北：教育出版社，2001年。

〔註44〕賈晉華，《唐代集會總集與詩人群研究》北京：北京大學出版社，2001年。

〔註45〕廖芮茵，《唐代服食養生研究》，專就唐人服食盛況作分析，談及「佛徒服食方與密教術儀」，言僧侶受道教長生說的影響，有煉丹藥與點化黃白之術者(臺北：學生書局，2004年)，頁266～291。

〔註46〕榮新江主編，《唐代宗教信仰與社會》上海：辭書出版社，2003年。〔日〕礪波護著、韓昇、劉建英譯，《隋唐佛教文化》上海：古籍出版社，2004年。

〔註47〕郭紹林，《唐代士大夫與佛教》臺北：文史哲出版社，1993年。陳允吉，《唐詩中的佛教思想》臺北：商鼎文化出版社，1993年。孫昌武《唐代文學與佛教》

未見有關佛教與唐人多層面接觸的全面論述。

二、研究方法

　　朝貢唐朝的外國，《新唐書》卷二二一記爲「七十二國」；《唐會要》卷四九記：「七十餘蕃」，仲景玲統記域外傳入的物品，總數有百餘種，文人並將之作爲創作的素材，〔註48〕文人對殊方異物感興趣，特別是與佛教有關的人、事、物，唐代小說家可說是忠實的記錄者。僧俗交涉，彰顯出文學與宗教影響唐代社會，唐代社會更因文學與宗教的影響而異彩紛呈；長安西市多「金肆」、「珠玉肆」、「馬市」，呈現在詩人筆下胡姬酒肆的異域風情，是唐代貿易盛行的證明，〔註49〕居住在長安西市的商胡，除了促進唐代社會的商品經濟，對於中外文化與宗教文化的交流，有其不可忽視的貢獻；〔註50〕崔際銀認爲，唐代與寺院、僧人、佛典有關的釋僧小說，其大量出現，對於社會意識型態與現實生活發揮了很大的作用。〔註51〕葛曉音認爲唐前期，在吸收外來文明之時，仍堅持以華化爲主，因而，詩人在詩歌中所表現的是對「漢文化涵育無垠」的自豪感，而非對胡化現象的欣賞或憂慮；〔註52〕細究安史亂後的唐代社會，確實不是三言兩語，就能將中、後期的整體文化歸納出一個結論。本論文以人爲本，探討帝王至庶民在與佛教僧人的互動下，對佛教所抱持的態度。本論文主要的研究資料，在詩作的選取方面，以中華書局出版，康熙御定《全唐詩》爲取材範圍，並參考諸家詩集；御定《全唐詩》九百卷，是唐人的生活縮影；在文章選取與相關歷史事件，則以《全唐文》、《資治通鑑》、《唐會要》、兩唐書爲主；在佛教文獻方面，以《續高僧傳》、《宋高僧傳》爲主，冀窺唐梵優秀僧人之全豹；此外，在雜史筆記方面，《太平廣記》六百卷，是唐代社會以及平民的生活寫照，

　　　　陝西：人民出版社，1985 年。《佛教與中國文學》臺北：東華書局，1989 年。
〔註48〕參見：仲景玲，〈略述唐代域外物品的傳入〉，《文教資料》1998 年第 3 期。
〔註49〕參見：溫翠芳，〈唐代長安西市中的胡姬與絲綢之路上的女奴貿易〉，《西域研究》2006 年第 2 期。
〔註50〕參見：王維坤，〈唐代長安與西方宗教文化交流的研究〉，《西北大學學報》，2002 年 10 月。
〔註51〕崔際銀，〈唐代釋僧小說的文化觀照〉，認爲釋僧小說體現出：佛教影響當時社會風尚與人生定位、儒釋道的相互鬥爭與融合、文學藝術與釋僧關係密切、提供社會教育及文藝再創作的本事素材。《山西大學學報》，2007 年 1 月。
〔註52〕參見：葛曉音，〈論唐前期文明華化的主導傾向——從各族文化的交流對初盛唐詩的影響談起〉，《中國社會科學》，1997 年第 3 期。

其中不乏正史、僧傳所缺的，有關「異僧」影響唐代社會的事蹟。

　　研究資料的選取運用，關乎事件呈現「真實性」成分的多寡，本論文之研究方法，於史事方面，盡量採用對比互參；如：貞觀四年五月，唐太宗在昔日定天下時「手誅千餘人」，太宗為了消災邀福，下令在各戰場建寺，寺成後，勑群臣撰碑文以志，歐陽脩《新唐書》卻將此事逕刪不錄，《新唐書》於佛教之事亦多所不記，〔註53〕此早為共識，然亦不可全然偏廢；唐代最大宗的官吏私設戒壇，見李德裕〈王智興度僧尼狀〉，〔註54〕因《全唐文》所錄有關文，其事不得不以唐書所載為主；另：權無二曾就釋典載龍女成佛之說，提出共十點疑問，大慈恩寺沙門復禮，作《十門辯惑論》答之，權無二作〈答沙門復禮辯惑書〉以謝，《全唐文》收錄此信僅三分之一，全部內容見於《大藏經》之復禮《十門辯惑論·權文學答書》；又：宣宗曾經出家為僧，〔註55〕繼位後全面復佛，劉昫修《舊唐書》，面對「史臣」大捧的「小太宗」事蹟，慨嘆「舊事十無三四」，只好採用史學家裴庭裕所編三卷有關宣宗朝軼事的《東觀奏記》入史，《東觀奏記》有不少小說家言，在〈藝文志〉中，與《明皇雜錄》、《開天傳信記》、《次柳氏舊聞》、《廣陵妖亂志》同為小說類，〔註56〕宣宗曾拜香嚴禪師之事，亦賴釋書《佛祖統紀》得以保存，此亦可見，欲知唐代帝王與佛教，於正史之外，唐代小說〔註57〕與釋書均不可忽略。本論文在探討歷史事件或特殊現象時，所採用之文本，是以史書、文集、僧傳、小說並重。

〔註53〕宋·釋志磐，《佛祖統紀》卷39引鎧庵曰：「歐陽氏之修唐書、五代史也，於佛老之事則刪之。夫唐書，唐家之正史，非歐陽之私書也。借使不足法，論之可也。豈當以己所不好，而悉刪之耶。」《大正藏》第49冊，頁364。
〔註54〕清·董誥等編，《全唐文》卷706，頁7242～7243。
〔註55〕宋·釋志磐，《佛祖統紀》卷42：「初帝為光王，武宗忌之。拘於後苑，將見殺。中官仇士良詐稱光王墜馬死，因脫身遁去。至香嚴閑禪師會下，剃髮作沙彌。同遊盧山，開師題瀑布云：『穿雲透石不辭勞，遠地方知出處高。』開方停思，沙彌續之云：『溪澗豈能留得住，終歸大海作波濤。』開始知非常人。」《大正藏》第49冊，頁387。
〔註56〕參見：王汝濤，〈末世明君「小太宗」平議〉，《唐代小說與唐代政治》（湖南：岳麓書社，2005年），頁102～104。
〔註57〕程毅中，〈唐代小說觀的發展〉，認為唐人將子部的小說與史部的雜傳合併，是從《史通》開始，小說成為史書的旁支之後，不少文人以史傳體來寫小說，除了發揚傳記文學的傳統，同時也把小說之藝術性提高。《唐代小說史》（北京：人民文學出版社，2003年），頁4～5。

　　日僧圓仁《入唐求法巡禮行記》，被譽爲東方三大遊記之一，日本學界稱爲「東洋至寶」，書中完整交代文宗開成三年（838），至宣宗大中元年（847），圓仁在中國九年求法巡禮過程中的親見耳聞，爲研究九世紀的中國佛教留下珍貴的紀錄，〔註58〕整個會昌毀佛的過程，該書之詳盡程度爲其他史書所不如，圓仁以他敏銳的觀察力，其所見所感有如第一現場直擊，如：記開成四年，揚州在上元燈節熱鬧三天三夜，儼然就是個不夜城，提到無量義寺的「匙燈、竹燈」的形狀，今人光憑想像也難以得其梗概，〔註59〕而「赤山院講經儀式」與「新羅一日講儀式」，更完整呈現了唐代俗講的全部過程；〔註60〕至於稱武則天爲「武婆」，〔註61〕更是漢譯佛經所未見；會昌四年，武宗因金仙觀一名女道士「甚有容」，頻頻駕幸一事，〔註62〕亦未見史書或小說提及，筆者參閱有關《入唐求法巡禮行記》之相關文本，發現在毀佛前夕，圓仁眼中因飢餓而修行欠佳的僧人，有的版本因選取角度的不同，以致闕而弗錄，〔註63〕本論文對於史事，不全用

〔註58〕〔日〕圓仁，《入唐求法巡禮行記》卷1，載開成三年在揚州：「制不許外國人濫入寺家，三綱等不令畫造件像。」又：「開元寺僧貞順，私以破釜賣與商人，……巡檢五人來云：『近者相公（按：即李德裕）斷鐵，不令賣買，……』貞順答云：『未知有斷賣與。』」（臺北縣：文海出版社，1976年），頁6、11。下引版本同。

〔註59〕〔日〕圓仁，《入唐求法巡禮行記》卷1：「無量義寺，設匙燈、竹燈。計此千燈，其匙竹之燈，數構作之，貌如塔也。結絡之樣，極是精妙。其高七八尺許。」頁16。

〔註60〕〔日〕圓仁，《入唐求法巡禮行記》卷2，頁39～40。

〔註61〕〔日〕圓仁，《入唐求法巡禮行記》卷3，記巡禮五臺山，提到中台求雨院上頭的「三鐵塔」，是「武婆天子，鎮五臺所建也。武婆者，則天皇是也。」頁67。

〔註62〕〔日〕圓仁，《入唐求法巡禮行記》卷4：「二月駕幸右街金仙觀，是女觀。觀中有女道士，甚有容。天子召見入意，敕賜絹一千疋。遂宣中官，令修造觀便通内。特造金仙樓。其觀本來破落，令修造嚴麗，天子頻駕幸。」頁96。

〔註63〕明治十六年（1883），養鸕徹定與三上參次博士，在京都東寺觀智院發現《入唐求法巡禮行記》的古鈔本，十五年後，「東寺觀智院藏本」被指定爲國寶，簡稱「東本」，日本國書刊行會於明治十四年（1881）將「東本」排印出版，稱之爲「國本」；大正七年（1918），南條文雄等人將「東本」校以「四明餘霞本」，收入《大日本佛教全書・遊方傳叢書》，本論文所用《入唐求法巡禮行記》即據此版本。高雄佛光文化事業於1998年出版的《入唐求法巡禮行記》，是根據小野勝年的四卷本，並參以顧承甫的點校本，以及臺北影印的《大日本佛教全書》本，其選錄標準是：「凡與佛教有關的見聞都盡量採入，無關部分則或不採，或用省略號略去。」《入唐求法巡禮記・題解》，頁10。按：該書共有兩處被「略去」，開成五年四月七日至二十二日，與四月二十四日至四月二十七日。内容爲圓仁從登州一路行來，眼見百姓因飢荒，導致吃橡子爲

歷史研究法，而是盡量採用對比互參，力求還原事件之眞實樣貌；唐代與佛教有關的重大事件，是懿宗咸通十四年，唐帝王最大規模的迎佛骨活動，《舊唐書》以「古無其比」來形容，然而，若未參看蘇鶚《杜陽雜編》對迎佛骨場面的詳細描繪，就無法體會出這場「古無其比」的迎佛骨盛會，在知識份子眼中，何以會有「識者以爲物極爲妖。」的看法；在小說家筆下，與佛教有關的「一時之最」，雖有小說家作意好奇的成分，然亦不可低估該事件在當時是普遍發生，或確實存在的可能。

　　東晉時，佛理暗與老莊合，士人與僧人往來轉爲密切；柳宗元曾舉謝安、王羲之、謝靈運等人，與僧人往來爲例，言：「昔之桑門上首，好與賢士大夫遊。」〔註64〕白居易記元稹爲寂然於沃州山築禪院，所要效法的，正是晉宋之際，僧人與孫綽、王羲之等十八名士，〔註65〕相得於一時的佳話；在宋人眼中，被視爲具有「酸餡氣」、「蔬筍氣」的詩僧，〔註66〕在唐代文人眼中，卻多是文章事業不可或缺的「道侶」，晚唐「芳林十哲」之一的鄭谷，曾爲齊己「一字師」，且「多結契山僧」，鄭谷曾道：「蜀茶似僧，未必皆美，不能舍之。」〔註67〕中唐柳宗元爲諸多僧人作序送別之作，其數量之多，在唐代文人中可謂少見，可見由中唐至晚唐，僧人與文士的交涉趨於熱烈，值得探討的是，在唐代文人心中，各宗各派，形形色色的僧人，何者爲人所喜，樂與親近；律宗僧人令人欽敬、景慕，已爲共識，〔註68〕此外，禪宗僧人的部分，則予士人不同的觀感；宋之問曾爲洛下諸僧上表，迎請已經「年過九十，形彩日茂。」的神秀到東都傳法，〔註69〕北宗禪僧所受到的禮遇及尊重，在神秀及其弟子普寂、義福之後，

　　　　飯，僧人待人異常冷漠，寺院成了僧俗共住的「普通院」。
〔註64〕唐・柳宗元，〈送文暢上人登五臺遂遊河朔序〉，《全唐文》卷579，頁5851。
〔註65〕唐・白居易，〈沃州山禪院記〉，《全唐文》卷676，頁6905～6906。
〔註66〕酸餡、蔬筍爲出家人慣食的食物，「用來比喻出家人的本色。……。嘲笑僧人作詩特有的腔調和習氣。」轉引自周裕鍇《中國禪宗與詩歌》（高雄市：麗文文化事業公司，1994年），頁49。
〔註67〕元・辛文房，《唐才子傳》卷9〈鄭谷〉：「與許棠、任濤、張蠙、李栖遠、張喬、喻坦之、周繇、溫憲、李昌符唱答往還，號『芳林十哲』」頁127～128。
〔註68〕唐・柳宗元，〈送濬上人歸淮南覲省序〉：「其有修整觀行，尊嚴法容，以儀範於後學者，以爲持律之宗焉。……嘗以此道宣於江湖之人，江湖之人悦其風而受其賜，攀慈航望彼岸者，蓋千百計。天子聞之，徵至闕下，御大明祕殿以問焉。」《全唐文》卷579，頁5854。另：〈南嶽雲峰寺和尚碑〉、〈南嶽大明寺律和尚碑〉，均盛讚其教戒爲學之功。卷587，頁5934～5936。
〔註69〕唐・宋之問，〈爲洛下諸僧請法事迎秀禪師表〉，《全唐文》卷240，頁2432。

卻鮮少得聞，此與惠能南宗禪興起後，南禪大行天下有關，而在中唐初興的南宗禪，禪宗僧人於柳宗元，卻視其爲「世之大患」，文士眼中的僧人，代表當時大多數人眼中的佛教；柳宗元與劉禹錫，在永貞革新失敗後，被貶到北人視爲惡地，朝官視爲畏途的嶺南，〔註70〕二人在被貶後的詩文中，所透露的南方文學色彩，是以屈原爲師的怨憤主調，〔註71〕而抒發兩人內心的怨憤，撫慰其心靈的觸媒，則是佛教苦、空、無我的教理；劉禹錫〈澈上人文集序〉，肯定了靈澈「以文章接才子，以禪理說高人。」首先標舉「詩僧」一詞，〔註72〕其與皎然、靈一的相交，更是僧人與文士間，以高情相誘的代表，柳宗元雖與多位僧人來往，〔註73〕於〈送方及師序〉一文，言：「學文章不能秀發者，則假浮屠之形以爲高。……以故爲文章浮屠，率皆縱誕亂雜，世亦寬而不誅。」〔註74〕不論是「詩僧」或「文章浮屠」，劉、柳二人對僧人不同的評價，正可見佛教對於永貞革新的兩大健將，是影響不一，文士與佛教互涉，可說是「見仁見智」，此亦正是唐代文士接受佛教的普遍共識。

　　文士接受佛教，將佛教思想融入現實生活，初唐白話詩人王梵志是先驅者，王梵志詩所表現的佛教思想，大別有兩方面：一、宣揚佛教因果報應、地獄輪迴；二、宣揚人生無常，厭生樂死，〔註75〕到了盛唐時期的寒山，在《寒山詩集》中，除了包含王梵志的兩大特點，更多的是寒山個人深入經藏之後，超感官的精神體驗；寫作方向與佛教旨趣相關的詩人，在各個宗派的影響下，不能僅憑文士的一兩句詩，就確切認定作者所談論的主題，〔註76〕

〔註70〕柳宗元貶永州，又貶柳州；劉禹錫貶朗州，又移連州，遷夔州。

〔註71〕胡可先，〈永貞革新與南方文學的發展：以劉禹錫、柳宗元爲例〉，據兩唐書有關劉、柳二人的傳記，認爲二人「受屈原騷怨精神的影響，……是唐代貶謫文學的代表。」《中唐政治與文學——以永貞革新爲研究中心》（合肥：安徽大學出版社，2000年），頁206～209。

〔註72〕唐·劉禹錫，〈澈上人文集序〉：「世之言詩僧，多出於江左。靈一導其源，護國襲之；清江揚其波，法振沿之。」《全唐文》卷605，頁6114。

〔註73〕柳宗元以序贈之的僧人，有：方及師、元舉、文暢上人、巽上人、僧浩初、元暠師、琛上人、文郁師、濬上人等。詳見：《全唐文》卷579，頁5850～5854。

〔註74〕唐·柳宗元，〈送方及師序〉，《全唐文》卷579，頁5850。

〔註75〕劉子瑜，〈王梵志的白話詩歌〉，《敦煌變文和王梵志詩》（河南：大象出版社，1997年），頁98。

〔註76〕謝思煒，〈王維與神韻派〉，舉王維〈胡居士臥病遺米因贈〉爲例，認爲在同時接觸各個宗派思想的文人筆下，詩中的表述往往是混雜不清。《禪宗與中國文學》（北京：中國社會科學出版社，1993年），頁26。

如：韓愈嘲笑僧淡然的〈鼾睡詩〉，[註77] 極盡誇張之能事，然不能視其爲韓愈不喜佛教之作；陳尙君〈李白崔令欽交游發隱〉一文，認爲：「崔、李交游，不僅間接指示了詩人李白和音樂機關教坊的聯繫，也提供了李白可能作詞的新的佐證。」[註78] 馬銘浩〈元白文學集團的組成〉，認爲元白文學集團之所以以白居易爲主，是因爲：「元稹的人際關係資源多運用於政場上，白居易的人際關係資源多在文學討論上呈現。」[註79] 本論文力求呈現僧俗交涉的實際情況，對於僧人與文士，其詩文背後的創作動機，[註80] 其交游在當代所產生的影響，盡量不予涉入。

范攄《雲溪友議》卷下〈金仙指〉，多記唐代僧人違戒；張鷟《朝野僉載》卷三，詳載被廢爲「悖逆庶人」的安樂公主，其豪奢的程度，唐代筆記小說，乃官吏在「史官」心態下的產物，筆記小說的內容除了多爲史書所採，其獵異搜奇的風格更爲後代所仿效；《四庫全書總目》謂段成式《酉陽雜俎》，是自唐以來，「小說之翹楚。」《酉陽雜俎》除了廣泛描述唐代佛教在民間流傳的情形，前集卷八〈黥〉載唐人「點青」（刺青），一人之身竟有高達 71 處的刺青，上頭還有詩詞、構圖，內容無所不包，實令今人嘆爲「觀」止，其中若干對聯、詩句，更令人解頤；[註81] 南唐沈汾《續仙傳》，載鶴林寺杜鵑花海的由來，可看出浙西人對鶴林寺杜鵑花的狂愛，不亞於長安人瘋牡丹，本論文採用筆記小說，就縱橫二線概列唐代之僧俗交涉，以唐代僧人與帝王、貴族、官吏、文人、庶民的來往爲縱線主軸，交涉之類型爲橫切面，其所呈現的社會文化，本論文以雙線並行，在唐代 420 位詩僧，所作之 6269 首詩作，[註82] 探討其中與王公貴冑、名僧文士、庶民大眾來往之軌跡，此爲縱線主

[註77] 唐・韓愈，〈嘲鼾睡〉，《全唐詩》卷 345，頁 3870。

[註78] 陳尙君，《唐代文學叢考》（北京：中國社會科學出版社，1997 年），頁 267。

[註79] 馬銘浩，《唐代社會與元白文學集團關係之研究》（臺北：臺灣學生書局，1991 年），頁 56。

[註80] 周慶華，〈傳統佛教觀念的衝擊〉，就詩、文的「虛、實」問題，「虛」常指情意、情思、神采，「實」由眞實義轉爲實物或實景，認爲文論家在接受佛教以幻爲眞的刺激後，開始正視虛構的必要性。《佛教與文學的系譜》（臺北：里仁書局，1999 年），頁 40～41。

[註81] 力者張幹，左膊上有：「生不怕京兆尹。」右膊上有：「死不畏閻羅王。」荊州街子葛清，自頸以下，遍刺白居易詩，「體無完膚」，段成式之友陳至呼稱之爲「白舍人行詩圖」。《酉陽雜俎》前集卷 8（臺北：源流文化事業公司，1983 年），頁 76～77。下引版本同。

[註82] 據彭雅玲，《唐代詩僧的創作論研究——詩歌與佛教的綜合分析》附錄一〈唐

軸；橫切面則由《太平廣記》卷八七至九八〈異僧〉、卷九九至一〇一〈釋證〉、卷一〇二至一三四〈報應〉，以及諸多唐人筆記小說，有關僧俗交涉的記載，略窺唐人對僧人的看法。

　　孟憲實〈高昌佛教〉一文，言佛教東傳之時，具中國特色的佛教也正向西傳，高昌即爲代表地，其中，支持玄奘西行的高昌王麴文泰，影響玄奘選擇均由陸路的往返路徑，玄奘得人力、物力以及「高昌王弟」的身份，順利完成曠古的取經重任，吐魯番出土的《大唐西域記》殘片，乃玄奘送給麴文泰之子麴智湛，〔註83〕而在敦煌遺書中，有90%以上的卷子都是佛教文書，學者因此將「敦煌遺書」稱爲「佛教遺書」；〔註84〕高田時雄〈慧超《往五天竺國傳》之語言與敦煌寫本之性質〉一文，言伯希和在敦煌藏經洞所發現的慧琳《一切經音義》（卷一百）提到的慧超《往五天竺國傳》（歸途經西域，於開元十五年抵安西），書中所記之印度與西域各國的情形，可爲《大唐西域記》之補充；〔註85〕敦煌位處中西要衝，敦煌佛寺與僧人，無疑是佛學重要的傳播者，高國藩認爲敦煌民心向唐的主因，舉伯三三四八《殘佛經》背面，有天寶三年至六年之「粟麥絹帛歷」，唐王朝給敦煌軍隊發放布匹絲綢，好讓軍隊向人民購買糧食，歸結出在變文和敦煌曲子詞中，人民之所以用美好的語言讚頌大唐，是因爲：「唐王朝與敦煌廣大百姓平等經濟互惠的關係。」〔註86〕侯錦郎〈敦煌龍興寺的器物歷〉，提到龍興寺爲已故皇帝舉行守喪的齋戒儀式，唐朝廷爲了儀式能順利舉行，會將已故皇帝的聖像、衣物、經文及其他物品送達敦煌龍興寺；〔註87〕羅世平〈敦煌泗州僧伽經像與泗州和尚信仰〉，提到卒於景龍四年（710）的泗州

僧作詩名錄及存詩數量〉之統計。國立政治大學中文研究所博士論文，1999年6月，頁209。

〔註83〕孟憲實，《漢唐文化與高昌歷史》（濟南：齊魯書社，2004年），頁252～272。

〔註84〕劉進寶，〈敦煌遺書──百科全書式的寶藏〉，認爲敦煌遺書中，有敦煌佛卷的來源主要有兩個方面：一、由外地流傳而來，帝王將相、世家豪族中的崇佛者，經常以寫經作爲功德，將寫經分送各大寺院供養，如張、曹歸義軍向中原朝廷進貢時，會附帶「請經」；二、敦煌本地的譯經、疏釋、著錄及刻寫本。《敦煌學述論》（蘭州：甘肅教育出版社，1991年），頁211。

〔註85〕〔日〕高田時雄著、鍾翀等譯，《敦煌·民族·語言》（北京：中華書局，2005年），頁359。

〔註86〕高國藩，〈民心向唐的主因〉，《敦煌民俗學》（上海：上海文藝出版社，1989年），頁12～17。

〔註87〕〔法〕謝和耐、蘇遠鳴等著、耿昇譯，《法國學者敦煌學論文選萃》（北京：中華書局出版，1993年），頁84。

僧伽和尚，自代宗「寫貌入內供養」之後，開始由長安漸流行於全國；段成式
《酉陽雜俎・寺塔記》言「僧伽像從來有靈」；日僧圓仁《入唐新求聖教目錄》
載有僧伽與寶志禪師、萬迴合一的「三聖像」；圓珍更在開元寺求得一鋪「泗州
僧伽和上」白描本子，僧伽由僧到佛的過程，具現在敦煌寫本《僧伽和尚經》，
此僞經爲敦煌民衆信仰僧伽提供理論依據，〔註88〕以上之例，可見大唐聲威遠
播邊陲，敦煌遺書中有關寺院以及社會民生的記載，本論文亦盡量多採，對唐
代社會情況有補強、說明的作用。

　　本論文對影響唐代佛教具奠基性質的事件，採用詳述；如：唐代譯場的
全盛情況，據《宋高僧傳》卷三〈唐京師滿月傳〉；唐初官員參與譯經的情況，
採釋智昇《開元釋教錄》卷九所記；唐代僧人申請祠部度牒，需要按照哪些
規定步驟，則依圓照集《代宗朝贈司空大辨正廣智三藏和上表制集》。以統計
學的角度，「墓誌」是唐代最具價值的史料，本論文第七章有關庶民與佛教的
部分，就唐代宦官之妻、女接受佛教的情形，則多引《唐代墓誌彙編》與《全
唐文補遺》。本論文所引之佛藏類書，針對與佛教有關的事件來源與制度沿
革，多取自《法苑珠林》與《大宋僧史略》，《法苑珠林》一百卷，其篇前「述
意」與篇末之「感應緣」，廣說故事，引證必注出處，作者道世與道宣同時，
將其耳聞目睹之事均清楚交代來源，從中可見佛教在初唐之梗概；宋僧贊寧
《大宋僧史略》三卷，雖名爲「僧史」，實際上多記載佛教名物與典章制度的
起源與沿革，本論文對於唐代與佛教有關的名物，則多引《大宋僧史略》；記
唐代僧人事蹟最多的《續高僧傳》以及《宋高僧傳》，二書所載均爲高僧事蹟，
對於名氣不夠響亮的僧人，以及在唐代社會留下諸多事蹟的「無名僧」，該二
僧傳絕少提及，很難由其中得窺唐代佛教的整體狀況，以及一般人對僧人的
看法；甚且，因撰者本人爲釋子，其觀點與立場都採佛教的角度，除了無法
展現唐代僧人之全貌，更無法交代時人對僧人的看法與評價，唐人對僧侶的
觀點，須由僧俗的往來入手，此非由筆記小說爬梳不可，唐人筆記小說對於
唐代僧俗交涉之方方面面，能彌補《續高僧傳》以及《宋高僧傳》的不足；
此外，僧傳所記之唐代僧人事蹟，除了採自唐人小說，〔註89〕有些是來自當

〔註88〕羅世平，〈敦煌泗州僧伽經像與泗州和尚信仰〉，北京圖書館敦煌吐魯番學資
　　　　料中心、臺北《南海》雜誌社合編，《敦煌吐魯番學研究論集》（臺北：書目
　　　　文獻出版社，1996年），頁130～131。
〔註89〕如：贊寧，《宋高僧傳》卷20〈唐洛京慧林寺圓觀傳〉（《大正藏》第50冊，
　　　　頁839～840）。即根據袁郊《甘澤謠・圓觀》。

朝文人爲高僧所寫的，第一手資料的碑文，[註90] 本論文於此多採《全唐文》；宋僧志磐《佛祖統紀》卷三九至卷四二，是唐代與佛教有關的大事紀，其中容或有誤植的部分，然對於管窺唐代佛事，仍具參考價值。

　　本論文主要從宗教、制度、文學、文化、社會的角度，勾勒唐代僧俗交涉之輪廓與軌跡，期能於大決唐風有完整呈現。

[註90] 如：釋贊寧，《宋高僧傳》卷 2〈唐洛京聖善寺善無畏傳〉（《大正藏》第 50 冊，頁 714～716）。記善無畏事蹟，是根據李華〈東都聖善寺無畏三藏碑〉，記善無畏祈雨，則根據李德裕《次柳氏舊聞》。

第二章　唐代帝王與佛教

　　唐朝三百年歷史，歷經二十一帝，有限佛、毀佛如玄宗、武宗；崇佛、
佞佛如武后、懿宗，唐帝王對於佛教，不管是管理或利用，大都出自維護政
權的需要；唐代僧人之於帝王，除了參與三教論衡、主持譯經工作、入內廷
講說佛法，有的僧人還身膺「祈雨」、「止雨」、「合藥」之責，唐代帝王與僧
人之交涉，顯現出帝王對佛教的態度，是利用與管理並重；對於佛教僧人，
則視爲鞏固皇權以及娛樂的工具。本章共分三節：論唐代帝王的佛教政策，
對佛教的利用，與僧人之交涉。

第一節　唐代帝王對於佛教的管理

　　唐代三百年文化，日本學者多認爲對日本有決定性的影響，岡村繁〈唐
代詩人群像・小引〉，將唐代稱爲日本的「文化之母」，[註1]唐朝上自帝王，
下至士庶，都是「日本文化之母」背後的推手，其中，關係至鉅的是帝王的
佛教政策，唐帝王對佛教的管理，表現在控管僧尼人數，不使寺院經濟過度
擴張，是謂「抑佛」；站在儒、道的立場，認爲道教在前，釋教居後，是謂「貶
佛」；禁止供養佛陀舍利，勒令僧尼還俗，銷毀佛像、焚燬寺院，沒收寺院田
產，是謂「滅佛」；武則天佞佛，是基於鞏固政權的需要，則天之外的唐代帝
王，對佛教均或多或少有所限制，主要表現在：一、道先佛後的主張；二、
對於度牒、僧尼籍的控管；三、沙汰僧尼；四、會昌毀佛。

〔註1〕〔日〕岡村繁著、張寅彭譯，《唐代文藝論》，華東師範大學東方文化研究中
　　　心編譯，《岡村繁全集》第五卷（上海：上海古籍出版社，2002 年），頁 1。

一、道先佛後的主張

道安在凶年，對徒眾說道：「不依國主，則法事難立。」〔註2〕武則天假
託彌勒轉世，以女身爲國主，倡「佛先道後」，武氏之外的其他初唐帝王，基
本上都是主張「道先佛後」，而在「道先佛後」政策下的唐代高僧，其「依國
主」的情形，則反應在唐初三帝的佛教政策上，其中容有些許轉圜，如高宗
之「道先佛後」，目的不在於重申「李唐出於老氏」，而是爲了與武則天爭天
下，然大致而言，佛教在初唐時期，地位是不如道教。

（一）高祖──老先、次孔、末釋

武德四年（621），道士出身的太史令傅奕，曾上「減省寺塔僧尼益國利民
事十一條」，傅奕上表的目的是要將佛教徹底從中國剷除，〔註3〕高祖因而下詔
問僧，濟法寺釋法琳陳對之後，「奕乃多寫表狀，公然遠近流布。京室閭里，咸
傳禿丁之誚；劇談席上，昌言胡鬼之謠。」傅奕所寫的，有關禿丁之誚、胡鬼
之謠，引起輿論譁然的「表狀」，就是《高識傳》；〔註4〕《高識傳》臚列出「古
來王臣訕謗佛法者二十五人」，〔註5〕其中第二十五位反佛鬥士，正是傅奕自己。

傅奕所上之廢佛十一事，因爲與「經國」無涉，〔註6〕高祖下令僧對之後，

〔註2〕 梁・釋慧皎，《高僧傳》卷5〈釋道安〉。《大正藏》第50冊，頁352。

〔註3〕 唐・傅奕，〈請廢佛法表〉：「請胡佛邪教，退還天竺。凡是沙門，放歸桑梓。……
勿度小禿，長揖國家。」轉引自清・董誥等編，《全唐文》卷133，頁1345～
1346。按：〈請廢佛法表〉：「謹上益國利民事十有一條如左。謹言。武德四年
六月二十一日上。」下有小注，言傅奕提到到的「益國利民事十一條」，「其
文已佚，惟釋氏書所引尚存梗概。」《全唐文》注文所提的「釋氏書所引」，
即指釋道宣所著《廣弘明集》，詳見下注。

〔註4〕 唐・釋道宣，《廣弘明集》卷6〈辯惑篇第二之二・列代王臣滯惑解上〉：「武德
之始，上書具述。既非經國，當時遂寢。奕不勝其憤，乃引古來王臣訕謗佛法
者二十五人，撰次品目名爲《高識傳》。一帙十卷。」《大正藏》第52冊，頁123。

〔註5〕 唐・傅奕，《高識傳》，初列住持王臣一十四人：宋世祖、唐高祖、王度、顏
延之、蕭摹之、周朗、虞愿、張普惠、李瑒、衛元嵩、顧歡、邢子才、高道
讓、盧思道；二列毀滅王臣一十一人：魏大武、周高祖、蔡謨、劉晝、陽衒
之、荀濟、章仇子陀、劉惠琳、范縝、李緒、傅奕。詳見唐・釋道宣，《廣弘
明集》卷6〈辯惑篇第二之二・列代王臣滯惑解上〉。《大正藏》第52冊，頁
123。又：傅奕在〈請除釋教疏〉中，提到齊朝章仇子陀上表言僧尼耗費國財
的情形，坦言自己「竊慕其蹤」。詳見：《全唐文》卷133，頁1347。

〔註6〕 按：傅奕上廢佛十一事，除了提及「不謁帝王，違離父母。……失忠孝之義。」
與經國有關之外，言僧人眾多，「五寺強成一旅」，會效法前朝僧人，行謀反
之事；言：「佛爲一姓之家鬼也，作鬼不兼他族，豈可催驅生漢供給死夷。」
均屬臆妄之語，引不起高祖的重視，也正因廢佛十一事與經國無涉，不久後，

是聞之不行，對於傅奕所提廢佛十一事，與《高識傳》所列二十五人的反佛事蹟，道宣《廣弘明集》載之甚詳，也正因爲《高識傳》所引起的輿論譁然，釋法琳著《破邪論》以對，〔註7〕與法琳同樣反對傅奕「請除佛教」的官吏，最有力的是尚書右僕射蕭瑀，〔註8〕蕭瑀辯不過傅奕，雙手合掌說道：「地獄所設，正爲是人。」〔註9〕面對傅奕《高識傳》與法琳《破邪論》所引起的朝野輿論，高祖終於在武德八年（625）下詔：「老教、孔教，此土元基；釋教後興，宜崇客禮。今可老先、次孔、末後釋宗。」〔註10〕這是唐代第一次「道先佛後」的規定，其具體的實行方法，則見於高祖武德九年（626）的詔令：

> 夏五月辛巳，以京師寺觀不甚清淨，詔曰：……欲使玉石區分，薰蕕有辨。長存妙道，永固福田。正本澄源，宜從沙汰。諸僧、尼、道士、女冠等，有精勤練行、守戒律者，並令大寺觀居住，給衣食，勿令乏短；其不能精進、戒行有闕、不堪供養者，並令罷遣，各還桑梓。所司明爲條式，務依法教，違制之事，悉宜停斷。京城留寺三所，觀二所。其餘天下諸州，各留一所。餘悉罷之。〔註11〕

武德九年所下的詔令，是唐代第一椿限佛措施，施行的結果，《舊唐書》記爲：「事竟不行」。按：觀武德九年的詔令，明顯是因爲「京師寺觀，不甚清淨。」而引起，高祖何以遲至武德八年，才對傅奕於武德四年開始，延燒了三、四年的反佛聲浪，做出「道先佛後」的規定，而在武德九年才決定下詔沙汰僧尼，原因是爲了給予佛、道各自表述，讓輿論有平息的空間，此對於剛立國不久的唐朝，是一種開明的表徵；高祖並非對佛教預存成見，此可從高祖在即位以前，就十分相信種種有關他日後將成爲帝王的「預言」得知。

傅奕上〈請除釋教疏〉，建議「今之僧尼，請令匹配，即成十萬餘戶。產男育女，十年長養。一紀教訓，自然益國，可以足兵。」較能著眼於國計民生。

〔註7〕　唐・釋道宣，《集古今佛道論衡》卷丙〈大唐高祖問僧形服利益事〉。《大正藏》第 52 冊，頁 380～381。

〔註8〕　武德七年（624），傅奕建議唐高祖「去釋教」，高祖交付群臣議，尚書右僕射蕭瑀言傅奕「非聖人無法，請置嚴刑。」傅奕反譏蕭瑀是遵「無父之教。」宋・王溥，《唐會要》卷47〈議釋教上〉（北京：中華書局，1998 年），頁 835。下引版本同。

〔註9〕　宋・王溥，《唐會要》卷47〈議釋教上〉，頁 835。

〔註10〕　唐・釋道宣，《集古今佛道論衡》卷丙〈高祖幸國學當集三教問僧道是佛師事〉。《大正藏》第 52 冊，頁 381。

〔註11〕　五代・後晉・劉昫等撰，《舊唐書》卷1〈高祖本紀〉（臺北：鼎文書局，據北京：中華書局，1975 年點校本），頁 16～17。下引版本同。

　　高祖與隋煬帝，均是「獨孤外家」，一次宴會中，煬帝因高祖長得「高顏面縐」，戲稱他是「阿婆面」，經由竇皇后釋「阿婆」爲「唐主」，一席話說得高祖「與齊、秦諸王，私相賀焉。」〔註12〕不僅是「帝王之相」的「預言」讓高祖深信不疑，類似的情形還發生在「帝王之夢」；高祖曾夢到死墜床下，「被群蛆所食」，而爲高祖釋夢的智滿禪師，認爲該夢是「得天下」之兆，〔註13〕智滿禪師還以所卜之〈乾〉卦，使得高祖與太宗「俱大悅」，〔註14〕從高祖相信智滿禪師所說的「符冥讖」之事，衡諸武德九年的詔令，更可確定唐代第一樁限佛措施，是因「寺、觀不甚清淨」而起，況且，詔令中沙汰的對象不只僧尼，還包含道士、女冠，言高祖武德九年的詔令，「是有意偏護道教而削減佛教勢力」〔註15〕之說，有待商榷。

（二）太宗——道士、女冠在僧尼之上

　　唐太宗是唐代第一位有意偏袒道教的帝王，太宗下〈令道士在僧前詔〉：

> 至如佛教之興……洎乎近世，崇信茲深。人覬當年之福，家懼來生之禍。由是滯俗者聞元宗而大笑，好異者望眞諦而爭歸。始波涌於閭里，終風靡於朝廷。遂使殊俗之典，鬱爲衆妙之先。諸華之教，翻居一乘之後。〔註16〕

太宗此詔側面披露了唐初的佛教勢力，確實已對道教構成威脅，佛教「風靡於朝廷」，使太宗深以爲憂，於是抬出了李氏「出於柱史」之說，〈令道士在僧前詔〉規定「自今以後，齋供行立，至於稱謂，其道士女冠，可在僧尼之前。」〔註17〕高祖武德九年「沙汰僧尼」，是因寺、觀不淨，太宗令道士、女

〔註12〕宋・李昉等編，《太平廣記》卷163，引《芝田錄》，載高祖聽了煬帝的戲稱後，傷心無奈，回去告訴竇皇后：「某身世可悲，今日更被上顯毀云：『阿婆面』，據是兒孫不免飢凍矣。」竇皇后說：「公封於唐，阿婆乃是堂主，堂者唐也。」（北京：中華書局，2003年），頁1176～1177。下引版本同。

〔註13〕宋・李昉等編，《太平廣記》卷277，引《廣德神異錄》，言安樂寺智滿禪師曾爲高祖釋夢：「夫牀下者，陛下也；群蛆食者，所謂群生共仰一人活耳。」頁2193。

〔註14〕元・陶宗儀，《說郛》卷49，引秦再思，《洛中紀異錄》，載智滿禪師爲高祖卜卦，曰：「得乾，飛龍在天，又是帝王之徵也。時太宗侍帝之側，……又語帝曰：『此公子福德無量，何憂天下乎？』帝與太宗俱大悅。」《四庫全書》文淵閣本，子部，雜家類，雜纂之屬。

〔註15〕寇養厚，〈唐初三帝的三教共存與道先佛後政策——唐代三教並行政策形成的第一階段〉，《文史哲》1998年第4期。

〔註16〕清・董誥等編，《全唐文》卷6，頁73。

〔註17〕清・董誥等編，《全唐文》卷6，頁73。

冠在僧、尼之前，目的顯然是爲了「尊祖之風」，而羽翼兩代帝王，最有力的
反佛人士，就是傅奕。

慧寶爲神清《北山錄》作注，言「沙汰」有二意：「一爲崇重教門，惡其
渝濫。故澄汰姦冗，務令清淨。二爲憎嫉昌顯，危身挾怨。故須除蕩，以暢
胸襟。」〔註 18〕影響高祖下詔的傅奕，被僧人慧寶視爲是憎嫉挾怨，有趣的
是，在唐代小說家筆下，傅奕謗佛一事，卻顯出十分兩極的看法；《地獄苦記》
爲宣教之書，言傅奕死後受「泥犁」之報，〔註 19〕「泥犂」意爲地獄，宣揚
佛教輪迴之說的《地獄苦記》，言不信佛的傅奕死後入地獄，但在唐代小說家
筆下，結果卻全然兩樣，《隋唐嘉話》載：

> 貞觀中有婆羅門僧，言得佛齒，所擊前無堅物。於是士馬奔湊其處
> 如市。時傅奕方臥病，聞之，謂其子曰：「是非佛齒，吾聞金剛石至
> 堅，物不能敵，惟羚羊角破之，汝可往試之焉。」胡僧緘縢甚嚴，
> 固求良久，乃得見。出角扣之，應手而碎，觀者乃止。今理珠玉者
> 皆用之。〔註 20〕

劉餗記傅奕以其廣博之見聞，破胡僧以假佛齒騙人，傅奕在除佛一事上雖未
佔上風，然而，劉餗記傅奕與胡僧交手，勝過胡僧兩次，事情的經過均在貞
觀朝，且在太宗面前表演，〔註 21〕傅奕與胡僧鬥法兼鬥智的經過，均不見正
史記載，卻多見於小說家手，可見在唐代士大夫眼中，傅奕的反佛是頗受肯
定的。武德四年至七年傅奕反佛，繼傅奕反佛的是太子中舍辛諝，《廣弘明集》
言辛諝：「心存道術，輕弄佛法。染翰著論詳略釋宗，時有對者，諝必碎之于

〔註 18〕唐・釋神清，《北山錄》卷 10〈外信第十六〉。《大正藏》第 52 冊，頁 632。

〔註 19〕轉引自：宋・李昉等編，《太平廣記》卷 116〈傅奕〉：「（傅奕）貞觀十四年秋，
　　　　暴病卒，初奕與同伴傅仁均、薛頤並爲太史令，頤先負仁均錢五千，未償而
　　　　仁均死，後頤夢見仁均，言語如平常。頤因問曰：「先所負錢，當付誰人？」
　　　　仁均曰：「可以付泥犂人。」問是誰？答曰：「太史令傅奕是也。」既而寤，
　　　　是日夜，少府監馮長命又夢已在一處，多見先亡人，長命問經文說罪福之報，
　　　　未知審定有否？答曰：「皆悉有之。」又問：「如傅奕者，生平不信，死受何
　　　　報？」答曰：「罪福定有，然傅奕已配越州爲泥犂矣！」頁 810。

〔註 20〕唐・劉餗，《隋唐嘉話》卷（中），（北京：中華書局，1997 年），頁 21～22。
　　　　下引版本同。

〔註 21〕唐・劉餗，《隋唐嘉話》卷（中）：「貞觀中，西域獻胡僧，咒術能死生人。太
　　　　宗令于飛騎中揀壯勇者試之，如言而死，如言而蘇。帝以告太常卿傅奕，奕
　　　　曰：『此邪法也。臣聞邪不犯正，若使咒臣，必不得行。』帝召僧咒奕，奕對
　　　　之，初無所覺。須臾，胡僧忽然自倒，若爲所擊者，便不復蘇。」頁 21。

地，謂僧中之無人也。」紀國寺僧釋慧淨不堪辛諝之侮，作〈析疑論〉以對，〔註22〕時在貞觀七年（633），貞觀十一年，唐太宗頒〈道士女冠在僧尼之上詔〉：

> 諸華之教，翻居一乘之後。流遁忘返，于茲累代。今鼎祚克昌，既憑上德之慶；天下大定，亦賴無爲之功。宜有解張，闡茲玄化。自今已後，齋供行立。至於稱謂，道士、女道士可在僧尼之前。庶敦反本之俗，暢於九有。尊祖之風，貽諸萬葉。〔註23〕

太宗詔令甫下，釋智實帶領法常等十人上表，言今之道士已非老君之裔，「常以鬼道化於浮俗，妄託老君之後，實是左道之苗。若位在僧之上，誠恐眞僞同流，有損國化。」〔註24〕智實之實語，使他成爲唐代第一位爲佛殉教的僧人；〔註25〕貞觀十四年，西華觀道士秦世英密告法琳《辯正論》一書，旨在攻擊老子，法琳與道士交手是由來已久，〔註26〕太宗言法琳「爬毀我祖禰，謗讟我先人。」並以法琳《辯正論·信毀交報篇》所提的「念觀音臨刃不傷」，敕法琳於七日唸之，看是否會眞的「及刑無傷」，法琳七日後說：「於七日已來，不念觀音，惟念陛下。」還向韋悰道：「陛下子育恒品如經，即是觀音。」〔註27〕言語便給的法琳，招來太宗「首鼠兩端」之譏，〔註28〕後被流放，死於途中。〔註29〕貞觀十一年的〈道士女冠在僧尼之上詔〉，太宗眞正的用意是

〔註22〕 唐·釋道宣，《廣弘明集》卷18〈析疑論〉。《大正藏》第52冊，頁230～231。

〔註23〕 宋·宋敏求編、洪丕謨等點校，《唐大詔令集》卷113（上海：學林出版社，1992年），頁537。下引版本同。

〔註24〕 唐·釋道宣，《續高僧傳》卷24〈唐京師大總持寺釋智實傳〉。《大正藏》第50冊，頁635。

〔註25〕 觀智實之論，可說是把致力於塑造李唐乃老子之後的唐太宗，當頭澆了冷水，太宗令中書侍郎岑文本宣敕：「不伏者與杖」，諸僧「思命難」皆閉口，唯有智實言「不伏」，結果是被「杖之放還」，智實因此得了「氣疾」，貞觀十二年元月，卒於大總持寺，年僅三十八歲。

〔註26〕 唐·釋道宣，《集古今佛道論衡》卷丙〈道士李仲卿著論毀佛琳師抗辯事〉：「武德九年，清虛觀道士李仲卿、劉進喜，猜忌佛法，恒加訕謗。與傅奕胥齒結構，誅剪釋宗。卿著《十異九迷論》，喜《顯正論》。」《大正藏》第52冊，頁382。

〔註27〕 唐·釋道宣，《集古今佛道論衡》卷丙〈太宗文皇帝問沙門法琳交報顯應事〉。《大正藏》第52冊，頁385。

〔註28〕 清·董誥等編，《全唐文》卷6〈詰沙門法琳詔〉：「何爲追逐其短，首鼠兩端。廣引形似之言，備陳不遜之喻。」頁77。

〔註29〕 唐·釋道宣，《續高僧傳》卷24〈唐終南山龍田寺釋法琳傳〉：「……遂不加罪，有勅徙于益部僧寺。行至百牢關菩提寺，因疾而辛。時年六十九。」《大正藏》

要昭告天下：李唐出於老氏，智實與法琳針對的是「道先佛後」，而不是反對「李唐出於老氏」之說，智實堅不伏口，而被杖刑致死；法琳以「觀音」之喻諂媚太宗，仍遭流放，貞觀十五年，太宗幸弘福寺時，對於下頒〈道士女冠在僧尼之上詔〉，太宗謂弘福寺僧：「比以老君是朕先宗，尊祖重親有生之本，故令在前。」〔註30〕可知太宗於貞觀十一年下的詔令，其「道先佛後」的主張，一如高祖武德八年「道先佛後」的規定，均非眞的意在反佛。

（三）高宗——道先佛後

麟德元年（664）冬天，高宗命上官儀起詔廢后，武后得知後面詢高宗，高宗懼武后之淫威，言上官儀教他廢后；〔註31〕兩年後（乾封元年，666。）高宗至亳州祭拜老子，尊老子為「太上玄元皇帝」，〔註32〕高宗此舉意味著：成了「太上皇」的老子，為任何「異姓」無法取代。

武則天剷除褚遂良與長孫無忌之後，開始為奪李唐天下佈局，在大權已落則天之手的情形下，〔註33〕高宗除了追尊老子以外，其「崇道」的配套措施，可說是面面俱到；上元元年（674），「天后上表，……請令王公以下皆習《老子》，每歲明經，准《孝經》、《論語》策試。」〔註34〕儀鳳三年（678），更下詔以《道德經》為上經；〔註35〕而在駕崩的前三年，高宗對道士一連串的優待與特敕，更是超越前代，禮遇非常；〔註36〕甚至在臨死之前，「詔改永

第 50 冊，頁 638。

〔註30〕　唐・釋道宣，《集古今佛道論衡》卷丙〈文帝幸弘福寺立願重施敍佛道先後事〉。《大正藏》第 52 冊，頁 386。

〔註31〕　宋・司馬光，《資治通鑑》卷 201〈唐紀〉17：「有道士郭行眞，出入禁中，嘗為厭勝之術，……儀因言：『皇后專恣，海內所不與，請廢之。』左右奔告于后，……上羞縮不忍，復待之如初；恐后怨怒，因紿之曰：『我初無此心，皆上官儀教我。』」（北京：中華書局，1956 年），頁 6342。下引版本同。

〔註32〕　宋・司馬光，《資治通鑑》卷 201〈唐紀〉17，頁 6347。

〔註33〕　麟德二年（665），高宗因患「風疹」，「自是上每視事，則后垂簾於後，政無大小……決於其口，天子拱手而已，中外謂之二聖。」《資治通鑑》卷 201〈唐紀〉17，頁 6343。

〔註34〕　宋・司馬光，《資治通鑑》卷 201〈唐紀〉17，頁 6374。

〔註35〕　五代・後晉・劉昫等撰，《舊唐書》卷 24：「自今已後，《道德經》並為上經，貢舉人皆須兼通。」頁 918。

〔註36〕　道士王遠知曾預告李世民將為天子，貞觀九年（635）以 126 歲高齡辭世；調露二年（680），高宗追贈王遠知「太中大夫」、賜諡「昇眞先生」；王遠知的徒弟潘師正，隱居嵩山逍遙谷，二十多年「但服松葉泉水而已」，高宗為其建

淳二年爲弘道元年。」將宣赦書之際，從原本宣詔地點的「則天門」，臨時改到「眞觀殿」；〔註37〕詔書中所度的道士數目之多，〔註38〕前所未有，可知高宗臨死前，仍試圖力崇「李唐」之「道」，抑「武氏」之「佛」。

　　高宗是唐代第一個大力襄贊譯經事業，〔註39〕也是第一個爲佛寺作碑銘、〔註40〕爲僧人作贊的帝王，〔註41〕其對佛法的信崇，不在於爲母親文德皇后追福而造大慈恩寺等布施，〔註42〕而是在其本身對佛理的浸淫；高宗曾令原爲紀國寺上座的慧淨，轉任普光寺寺主，高宗不憚其煩勸慧淨接任寺主，先是由馬鳴、龍樹身負傳燈之任說起，最後提到「菩薩之家，體尚和合，若得無諍三昧，自然永離十纏。」要普光寺僧眾體「和合」之道，〔註43〕共迎慧淨到任，〔註44〕而在〈答沙門慧淨辭知普光寺任令〉，高宗更以如來「但爲眾生煩惱，飄沒愛河……故出入三界，昇降六天，經營十方。」〔註45〕要慧淨同時兼知紀國寺上座，從高宗對於佛教名詞信手拈來的程度，可知其對佛理有深入的了解。

　　武后勢力日漸抬頭之際，高宗「儒先佛後」的主張，實爲不得已之舉，觀高宗下〈僧尼不得受父母及尊者禮拜詔〉，提到「周公、孔子之教」，〔註46〕詔下後付有司詳議，〔註47〕在「紛論相半」的情形下，終於去掉拜君、后、

　　　　「精思觀」、「崇唐觀」，永淳元年（682），潘師正以 98 歲高齡去世，高宗贈「太中大夫」、賜諡「體玄先生」；另外，與潘師正同隱於嵩山，善「止雨之術」的劉道合，曾被高宗召入宮中，還爲高宗「合還丹」。《舊唐書》卷 192，頁 5125～5127。

〔註37〕五代・後晉・劉昫等撰，《舊唐書》卷 5〈高宗本紀〉，頁 111～112。

〔註38〕宋・宋敏求編、洪丕謨等點校，《唐大詔令集》卷 3〈改元弘道詔〉：「天下諸州置道士觀，上州三所、中州二所、下州一所，每觀各度七人。」頁 13。

〔註39〕高宗之襄助譯經，不僅派大臣去幫助玄奘，在得知玄奘爲了避太宗諱，將「世尊」改爲「聖尊」時，下令不必避諱。

〔註40〕清・董誥等編，《全唐文》卷 15〈隆國寺碑銘〉，頁 179。

〔註41〕清・董誥等編，《全唐文》卷 15〈德威法師贊〉，頁 178。

〔註42〕詳見：清・董誥等編，《全唐文》卷 11〈爲文德皇后薦福令〉、〈建大慈恩寺令〉，頁 134～135。

〔註43〕僧眾三人以上持同戒、行同道，稱爲「和合僧」，若有人以不當手法使其分離，稱爲「破和合僧」，爲「五逆罪」（殺父、殺母、殺阿羅漢、出佛身血、破和合僧）之一，將墮無間地獄。

〔註44〕清・董誥等編，《全唐文》卷 11〈諭普光寺僧眾令〉，頁 135。

〔註45〕清・董誥等編，《全唐文》卷 11，頁 135～136。

〔註46〕清・董誥等編，《全唐文》卷 12，頁 147。

〔註47〕清・董誥等編，《全唐文》卷 14〈命有司議沙門等致拜君親敕〉，頁 164～165。

皇太子，於〈令僧道致拜父母詔〉，仍再度重申：「正以尊親之道，禮經之格言，孝友之義。」〔註48〕可見高宗晚年，在武后的逼宮之下，已不敢公開「尊李」，只能以儒家的「尊親」與之抗衡，其具體的表現，包括贈孔子為太師，其子孫免賦役；〔註49〕贈顏回為太子少師、曾參為太子少保以配享；〔註50〕營造孔子廟堂及學館，令州縣舉明習禮樂者，〔註51〕高宗在頒佈了〈僧尼不得受父母及尊者禮拜詔〉，從兩晉延燒至唐初的「沙門不敬王者論」，已是銷聲匿跡，標誌著佛教此一外來宗教，已中國化到普遍被帝王接受的程度。

二、對於度牒、僧尼籍的控管

唐前期，鄉里制度仍不完備，鄉村的管理模式是：縣府總理行政事物，耆老負責禮儀教化，里正負責攤派縣府交辦的各項任務的執行，還須輪差負責本鄉的各項公務；〔註52〕中唐之後推行兩稅法，以土地多寡的數量來收稅，一些富家大戶為了逃稅，便想辦法與官員、里正相勾結，兩稅法的「均賦」原則，靠的是簿籍確實，里正須如實登錄賦稅簿籍，朝廷想要稅收無誤，只有嚴管里正一途。〔註53〕唐代出家人不用交稅，證明出家身份的「祠部牒」，是由中央控管，僧尼籍的登錄與賦稅簿籍的登錄相同，均須委之於地方官吏，朝廷對於僧尼籍的掌控，沒有地方官吏的配合，根本就無法成事，唐帝王管理佛教的具體作為，主要展現在對度牒與僧尼籍的掌控。

（一）度牒與僧尼籍

唐代也像其他朝代一樣，有過崇佛、限佛舉措，而對出家人的要求，卻是歷朝之最，唐代高僧輩出的情形，為歷朝罕見，雖是跟佛教大行有關，但更主要的，是跟唐朝廷對出家人的嚴格要求，也就是僧人必須具有「出家資格」的證明有關。在唐代，要成為一名合格的僧侶，必須擁有兩項證明——

〔註48〕清·董誥等編，《全唐文》卷12，頁148。
〔註49〕清·董誥等編，《全唐文》卷12〈贈孔子為太師詔〉，頁151；卷15〈祭告孔子廟文〉，頁189。
〔註50〕清·董誥等編，《全唐文》卷12〈贈顏曾詔〉，頁152～153。
〔註51〕清·董誥等編，《全唐文》卷13〈營造孔子廟堂及學館詔〉、〈令州縣舉明習禮樂詔〉，頁158～159。
〔註52〕參見：谷更有，〈唐代鄉職人員的動態分析〉，《唐宋國家與鄉村社會》（北京：中國社會科學出版社，2006年），頁110。
〔註53〕參見：林文勛、谷更有，〈唐代鄉職人員的動態分析〉，《唐宋鄉村社會力量與基層控制》（雲南：雲南大學出版社，2005年），頁221。

度牒與戒牒，度牒又較戒牒爲要，在安史之亂以前，度牒的發放權是掌握在朝廷手中，朝廷掌握度牒的發放權，換言之，就是跟寺院爭奪「剃度權」，目的是爲了要掌握僧尼正確的「籍貫」，以便對寺院的人口做有效的控管；安史亂後，朝廷無法有效遏止私度的情形，部分官吏逕行私度僧尼來斂財，藉充實國庫之名，而行中飽私囊之實，總體來說，唐朝廷對於度牒的控管，對逃僧、亡僧追繳度牒，對佛教最嚴密的管理措施，爲歷代所未見。

度牒由尙書省祠部所發，故又稱「祠部牒」，〔註54〕上面載有僧尼的俗名、年齡、本籍、所屬寺院、剃度師、以及見證其剃度的官員名字，〔註55〕擁有度牒的僧人，除了四處遊方，不受阻攔，最主要的，可以免除徭役、賦稅；在唐代，百姓出家成爲合法的僧尼，有一套頗爲複雜的程序，首先，需由「度僧」的途徑取得度牒，唐代僧侶取得度牒的方式，主要有以下三種：

一、賜恩度僧──在皇帝的生辰壽誕或重大節日，由皇帝恩准度僧賜牒。

二、試經度僧──朝廷對僧尼試經，僧尼將規定的經文默出，取得度牒。

三、進納度僧──出錢購買度牒。

其中的試經度僧，始於唐中宗，因試經而取得度牒最難（詳見後），但卻最昭公信，僧人的資格也最被認同；〔註56〕隋及唐初，帝王「特恩度僧」動輒萬人，〔註57〕中宗時，安樂、長寧公主與一干外戚在賣「斜封官」的同時，

〔註54〕延載元年，武則天曾勅僧尼舊隸司賓（鴻臚寺），後改爲祠部；開元二十二年曾一度改爲鴻臚寺轄管，天寶六載，歸兩街功德使。詳見宋・釋志磐，《佛祖統紀》卷54〈僧籍免丁〉《大正藏》第49冊，頁472。按：釋志磐，《佛祖統紀》卷54認爲玄宗時：「始令祠部給牒用綾素。」贊寧《大宋僧史略》卷中，卻認爲「給牒自玄宗朝始也。」《大正藏》第54冊，頁246。然從中宗時已舉辦試經度僧的情形來看，朝廷授度牒的年代至遲應在中宗前就有，在玄宗時祠部給牒才用綾素。

〔註55〕唐代的「度牒」樣式，以不空於廣德二年（764），上表爲大興善寺請度七僧的祠部敕牒爲例，其中包含了請度與批准的程序，包含三大部分：開頭爲不空所奏之「請度七僧名簿」，有慧通等七人的法名、年齡、籍貫、俗家姓名、戶籍狀況、請住何寺；接著是中書省和門下省給祠部的「宣敕牒」，有中書、門下、尙書三省，共六位宰相的職銜跟姓名；最後是祠部給不空的「准度牒」。參見：釋圓照集，《代宗朝贈司空大辨正廣智三藏和上表制集》卷1〈降誕日請度七僧祠部敕牒〉。《大正藏》第52冊，頁831。七位僧人憑此度牒，就可以附入請助寺院的「名籍」，可見其隆重。

〔註56〕宋・釋志磐，《佛祖統紀》卷45：「唐中宗始詔天下試經度僧，是猶漢家以科舉取士，最可尙也。」《大正藏》第49冊，頁414。

〔註57〕宋・釋志磐，《佛祖統紀》卷39，載隋文帝開皇十年：「勅臣僚士庶，有欲出家聽，是歲度僧至五十萬。」唐太宗貞觀22年：「九月，詔京城諸郡，各度

「錢三萬則度爲僧尼」，〔註58〕導致佛門薰蕕不分，更突顯出由試經得度的僧人之難能可貴。

試經度僧之外，另一個可以看出唐帝王一開始就十分留意僧尼問題的，是高宗時由長孫無忌帶頭編纂的《唐律疏義》，其中對於私度僧尼的處罰，有明令規定，〔註59〕從私度者本人要受罰，父母以及所屬寺院的三綱（寺主、知事、維那），州縣的官員都要連坐，顯見唐王朝一開始對私度問題的重視，對私度者之所以要嚴懲，目的是要掌握對「僧尼籍」的控管。

安史之亂前，《唐律疏義》已明訂禁止私度的辦法，中宗時試經度僧，將頒度牒的權力由中央控制，開元十七年，玄宗始下令造「僧尼籍」，〔註60〕安史亂後，朝廷針對逃僧、亡僧追繳度牒，〔註61〕均可看出唐王朝對於佛教的管理，立場是始終一致，而隨著安史之亂的爆發，朝廷將賣度牒所得，納入增加財源的要項，此例一開，使得地方州郡私度的情形層出不窮，成爲武宗毀佛時，還俗僧侶高達二十六萬人的遠因。

圓仁記會昌五年，敕令五十歲以下，以及沒有祠部牒的僧尼，強制一律還俗，有祠部牒的，再經由州、縣考察是否確爲本人，長安城的僧尼是由功德使負責，功德使先是把京城僧、尼押到軍營查核，祠部牒上若稍有污損，或是跟入保牒所載生年不符合的，一律勒令還俗，全都檢查沒有問題的，一概編入軍籍，這種「使諸寺僧尼同無告身」的做法，圓仁記：「大家皆云：『不還告身者，不留僧尼之謀樣。』」〔註62〕相較於武宗原本打算要把兩街編入軍

僧。每寺五人，凡度一萬七千人。」《大正藏》第49冊，頁360、366。

〔註58〕宋・司馬光，《資治通鑑》卷209〈唐紀〉25：「屠沽臧獲，用錢三十萬，則別降墨敕除官，斜封付中書，時人謂之『斜封官』。錢三萬則度爲僧尼。」頁6623。

〔註59〕唐・長孫無忌等編、劉俊文點校，《唐律疏議》卷12〈戶婚〉：「諸私入道及度之者，杖一百（若由家長，家長當罪）；已除貫者，徒一年：本貫主司及觀寺三綱知情者，與同罪。若犯法合出觀寺，經斷不還俗者，從私度法。即監臨之官，私輒度人者，一人杖一百，二人加一等。」（北京：法律出版社，1998年），頁256～257。下引版本同。

〔註60〕宋・釋志磐，《佛祖統紀》卷54：「玄宗開元十七年，詔天下僧尼，三歲一造籍。」《大正藏》第49冊，頁472。志磐認爲僧尼籍「供帳始此。」見《佛祖統紀》卷40。《大正藏》第49冊，頁374。另：「文宗太和五年，勅州郡造僧尼籍。」按：文宗應是鑑於安史亂後，私度無數，僧尼籍亂的情形，才下令敕造。

〔註61〕宋・釋志磐，《佛祖統紀》卷54：「德宗建中三年，勅僧尼事故，三綱申州納符，告注毀。在京於祠部納告。」《大正藏》第49冊，頁472。

〔註62〕〔日〕圓仁，《入唐求法巡禮行記》卷4，頁100。

籍的僧尼人頭，一齊斬下，用來塡大內仙臺所挖的深土坑，〔註63〕武宗將僧尼編入軍籍，是力除佛教僧寶的做法。

（二）公度與私度

安史之亂爆發，首倡賣度牒籌軍餉的是楊國忠，〔註64〕亂發當時，楊國忠認爲籌措軍餉「不可耗正庫之物」，於河東一地公度僧、道，十日左右得錢百萬，如此的無本生意，唐王朝的大臣自不會視若無睹；肅宗時，宰相裴冕建議向全國公開賣度牒，請來慧能的弟子神會主持，《宋高僧傳‧唐洛京荷澤寺神會傳》：

> 十四年范陽安祿山舉兵內向，兩京版蕩，駕幸巴蜀。副元帥郭子儀率兵平殄，然於飛輓索然。用右僕射裴冕權計，大府各置戒壇度僧。僧稅緡謂之香水錢，聚是以助軍須。初洛都先陷，會越在草莽。……群議乃請會主其壇度，……所獲財帛頓支軍費。代宗郭子儀收復兩京，會之濟用，頗有力焉。肅宗皇帝詔入內供養。〔註65〕

由神會主持的，開風氣之先的「賣官鬻度」的度僧大會，贊寧語帶保留說道：「會之濟用，頗有力焉。」實際的情形是，肅宗「賣官鬻度」一事：「僧尼、道士以軍儲爲務，人有不願，科令就之。其價益賤，事轉成弊。」〔註66〕贊寧未明言神會幫朝廷共籌得「香水錢」多少，但在「科令就之」之下，度牒「其價益賤」，正史亦未言當時公度一僧得錢多少；按《佛祖統紀》載同一年（至德元年）十二月，釋道標因能夠「誦經百紙」，被「賜明經出身爲僧」而爲寺主，提到「或納錢百緡者，許請牒剃度。」〔註67〕由此可知唐朝公賣度牒的明確價錢爲一百緡。安史亂起，朝廷以「公度」籌措軍需的做法，使得安史亂後的僧尼人數大增，也使得地方官吏有前例可循；肅宗採裴冕之議，鬻度僧、道，地方官吏起而效之，舉辦大規模的度僧大會，最有名的是王智

〔註63〕〔日〕圓仁，《入唐求法巡禮行記》卷4：「皇帝宣云：『殷土之坑極深，令人恐畏不安，朕欲得塡之。事須祭台之日，假道設齋慶臺，□追兩街僧尼集左軍裡，斬其頭，用塡坑者。』」頁100。

〔註64〕《舊唐書》卷48：「及安祿山反於范陽，兩京倉庫盈溢而不可名。楊國忠設計，稱不可耗正庫之物，乃使御史崔眾於河東納錢度僧尼、道士，旬日間得錢百萬。」頁2087。

〔註65〕宋‧釋贊寧，《宋高僧傳》卷8〈唐洛京荷澤寺神會傳〉。《大正藏》第50冊，頁756～757。

〔註66〕宋‧釋贊寧，《大宋僧史略》卷下〈度僧規利〉。《大正藏》第54冊，頁252。

〔註67〕宋‧釋志磐，《佛祖統紀》卷40。《大正藏》第49冊，頁376。

興，《舊唐書》載穆宗長慶四年（824）：

> 徐泗王智興請置僧尼戒壇，浙西觀察使李德裕奏狀論其姦幸。時自
> 憲宗朝，有勅禁私度戒壇，智興冒禁陳請，蓋緣久不興置，由是天
> 下沙門奔走如不及。智興邀其厚利，由是致富，時議醜之。〔註68〕

朝廷對於私設戒壇的官員，規定是罰以一季或一月的俸料，〔註69〕王智興請
置僧尼戒壇一事，《舊唐書》評以「時議醜之」，然而，在白居易眼中，卻視
爲是「中興像教」之舉，〔註70〕而在當時目睹其事的李德裕，則認爲王智興
的出發點是想要「鬻牒致富」，《舊唐書・李德裕》：

> 江、淮自元和二年後，不敢私度。自聞泗州有壇，戶有三丁必令一
> 丁落髮，意在規避王徭，影庇資產。自正月已來，落髮者無算。臣
> 今於蒜山渡點其過者，一日一百餘人，勘問唯十四人是舊日沙彌，
> 餘是蘇、常百姓，亦無本州文憑，尋已勒還本貫。訪聞泗州置壇次
> 第，凡僧徒到者，人納二縉，給牒即回，別無法事。若不特行禁止，
> 比到誕節，計江、淮已南，失卻六十萬丁壯。此事非細，繫於朝廷
> 法度。狀奏，即日詔徐州罷之。〔註71〕

「人納二縉，給牒即回。」相較於至德元年十二月的一百縉，李德裕言
王智興因私度致富，估計「江、淮已南，失卻六十萬丁壯。」贊寧認爲王智
興私度一事：「念此爲弊事，復毀法門吁哉。」〔註72〕李德裕憂的是國計民生，
贊寧憂的是釋門敗類增多，按：筆者認爲王智興之所以能使「落髮者無算」，
是與其治徐州時「法令甚嚴」有關，《因話錄》載一則王智興不聽百姓聲稱過
失殺人，即命斬之的故事，〔註73〕可見王智興私度僧尼致富，是跟百姓多認

〔註68〕五代、後晉・劉昫等撰，《舊唐書》卷17（上），頁513。

〔註69〕五代、後晉・劉昫等撰，《舊唐書》卷17（上），敬宗寶曆二年（826）：「江西
觀察使殷侑請於洪州寶曆寺置僧尼戒壇，勅殷侑故違制令，擅置戒壇，罰一
季俸料。」又文宗太和三年（829）：「江西沈傳師奏：皇帝誕月，請爲僧尼起
方寺戒壇。詔曰：『不度僧尼，累有勅命。傳師忝爲藩守，合奉詔條。誘致愚
妄，庸非禮道，宜罰一月俸料。」頁519、533。

〔註70〕唐・白居易，〈大唐泗州開元寺臨壇律德徐泗濠三州僧正明遠大師塔碑銘〉：「師
與徐州節度使王侍中有緣，遂合願叶力，再造寺宇。乃請師爲三郡僧正，奏
乞連置戒壇。因其施利，廓其規度。侍中又以家財萬計助而成之。」《全唐文》
卷678，頁6935～6936。

〔註71〕五代、後晉・劉昫等撰，《舊唐書》卷174〈李德裕〉，頁4514。

〔註72〕宋・釋贊寧，《大宋僧史略》卷下〈度僧規利〉。《大正藏》第54冊，頁252。

〔註73〕唐・趙璘，《因話錄》卷6：「王智興在徐州，法令甚嚴。有防秋官健交代歸，其

爲其「法令甚嚴」，因而敢大力參與違法，而從殷侑與沈傳師不顧王命，私設戒壇以中飽私囊，結果是被罰俸料的記載來看，可見當時效王智興舉行私度的地方官員，不在乎被罰一季或一月的俸料；再看文宗太和四年（830），「祠部請令天下僧尼非正度者，許具名申省給牒，時入申者七十萬人。」〔註74〕衡諸李德裕六十萬的估計，應是包含了官度與私度的總人數。〔註75〕百姓買度牒的目的是爲逃避稅役，文宗朝高達七十萬人申請祠部牒，其中非正度的「僞濫僧」數目，已無法估算，至武宗會昌毀佛，還俗的自然多是「僞濫僧」。

三、沙汰僧尼

　　唐以前，帝王沙汰僧尼的原因大別有二：一、僧人行爲不檢；二、僧人耗蠹國財；唐帝王沙汰僧尼的做法是逐步漸進，唐前期敕令沙汰僞濫僧，盛唐之後除了以「試經」的方式進一步對僧品控管，亦將僧尼視爲「蠹物」沙汰，會昌毀佛沙汰二十六萬多僧尼，是唐帝王管控佛教最直接的做法。

（一）沙汰僞濫僧

　　南朝宋武帝劉裕下〈沙汰僧徒詔〉，原因是：「佛法訛替，沙門混雜。……姦心頻發，凶狀屢聞。敗道亂俗，人神交忿。」〔註76〕詔中命令執行沙汰的人員，若有不實，須負連坐之責，〔註77〕有大德參與沙汰工作，不僅成效良好，且有其合理性存在；北朝沙汰的原因較南朝複雜，北齊文宣帝〈議沙汰釋李詔〉：

> 乃有緇衣之眾，參半於平俗；黃服之徒，數過於正戶。所以國給爲此不充，王用因茲取乏。欲擇其正道蠲其左術，一則有潤邦家；二

妹壻於家中設饌以賀。自於廚中磨刀，將就生割羊腳。磨訖，持之疾行，妻兄自堂走入廚，倉卒相值，鋒正中妻兄心，即死。所在擒之以告，智興訊問，但稱過誤，本無惡意，智興不之信，命斬之。刀輒自刑者手中躍出，徑投於地，三換皆然。智興異之，乃不殺。……而徐州者神爲之辯耳。」轉引自楊家駱主編，《唐國史補等八種》（臺北：世界書局，1991年），頁49～50。下引版本同。

〔註74〕宋·釋志磐，《佛祖統紀》卷42。《大正藏》第49冊，頁385。

〔註75〕按：謝和耐認爲從天寶十四載（755）起，至文宗太和四年（830）止，官賣度牒與私售度牒的總數共達七十萬人。參見謝和耐著、耿昇譯，《中國五～十世紀的寺院經濟》，頁70。

〔註76〕唐·釋道宣，《廣弘明集》卷24〈沙汰僧徒詔〉。《大正藏》第52冊，頁272。

〔註77〕唐·釋道宣，《廣弘明集》卷24：「可符所在與寺耆長精加沙汰，後有違犯，嚴其誅坐。主者詳爲條格。」《大正藏》第52冊，頁272。

則無惑群品。〔註78〕

北齊文宣帝所面臨的是佛、道二教勢凌天下的情形，文宣帝懾於其勢，不敢以朝廷的公權力悍然介入沙汰佛、道，而是要求緇衣之眾，自動將自身優劣陳說無隱，作為沙汰的依據；〔註79〕到了唐代，帝王之所以公布沙汰僧尼詔，主要是因為僧品過於複雜，而因沙汰僧尼連帶引發的檢括寺產，則主要是因為寺院龐大的經濟能力，引起帝王的隱憂，甚至是覬覦；高祖時，僧品複雜的情形是：「出入閭里，周旋闤闠。驅策畜產，聚積貨財。耕織為生，估販成業。事同編戶，迹等齊人。」高祖下詔：

> 其不能精進，戒行有闕者，不堪供養，並令罷道，各還桑梓。所司
> 明為條式，務依法教。違制之事，悉宜停斷。〔註80〕

北齊文宣帝沙汰僧、道，尚須聽取各方意見，不敢貿然進行，唐高祖是令出而事竟不行，高祖〈出沙汰佛道詔〉提及的「迹等齊人」的僧人，也就是「偽濫僧」，唐代「偽濫僧」的人數，在中宗朝暴增，主要原因是：「中宗時，公主外戚皆奏請度人為僧尼，亦有出私財造寺者，富戶強丁，皆經營避役，遠近充滿。」〔註81〕初即位的玄宗，在開元二年，記取惠範與太平公主勾結謀逆的教訓，聽從中書令姚崇的建議，決定沙汰僧尼，〔註82〕此番沙汰，史書所記總人數不一，《唐會要》記「三萬餘人」；《舊唐書》所記較少，有「萬二千餘人」，〔註83〕數字相差雖多，有一點可以確定：開元二年沙汰「偽濫僧」之舉，是唐朝開國以來，帝王抑制佛教的一大「創舉」，揆剛登基不久的玄宗心理，對於惠範以「左道僧」亂權的憂懼，當是沙汰的主因。

開元二年的詔令，除了命「偽濫僧」還俗外，玄宗接下來一連串限制佛教的具體措施，從開元二年至開元十九年（714～731），十七年間陸續下達的

〔註78〕唐・釋道宣，《廣弘明集》卷24〈議沙汰釋李詔〉。《大正藏》第52冊，頁273。

〔註79〕唐・釋道宣，《廣弘明集》卷24〈議沙汰釋李詔〉：「且積競穌來，行之已久。頓於中路，沙汰實難。至如兩家升降，二途脩短。可指言優劣，無鼠首其辭。」《大正藏》第52冊，頁273。

〔註80〕唐・釋道宣，《廣弘明集》卷25〈出沙汰佛道詔〉。《大正藏》第52冊，頁283。

〔註81〕五代、後晉・劉昫等撰，《舊唐書》卷96〈姚崇〉，頁3023。

〔註82〕五代、後晉・劉昫等撰，《舊唐書》卷37：「玄宗初即位，……後姚崇秉政，以僧惠範附太平亂政，謀汰僧尼。」頁1374。

〔註83〕宋・王溥，《唐會要》卷47〈議釋教〉上：「上乃令有司精加銓擇，天下僧尼偽濫還俗者，三萬餘人。」頁837。《舊唐書》卷96〈姚崇〉：「上納其言，令有司隱括僧徒，以偽濫還俗者萬二千餘人。」頁3023。

限佛命令有：不得建新寺院，破寺要先申報所司；百官家中，不得讓僧尼往來出入；若要舉行佛事，得先陳報州縣；寫經、鑄佛一律禁止，要拜佛的，逕往就近的佛寺；要讀經的，只能用寺僧所寫之經；六十歲以下的僧尼，要能夠背出二百紙經，三年一考，背不出的就得還俗；朝廷已二十多年不度僧，民間卻仍有二十歲以下的僧尼存在，命令府縣將二十歲以下的僧尼「檢責處分」；僧人遠就山林，別居蘭若，公然聚眾者，禁斷一切居止。〔註84〕開元年間，長達十七年的禁令，是否讓「私度僧」就此絕跡了呢？答案是否定的。

開元十四年，御史中丞宇文融「請括天下逃戶及籍外剩田，置十道勸農使。」宇文融立意雖好，右丞相兼中書令張說卻「嫌其擾人不便」，宇文融後來與崔隱甫、李林甫奏彈張說，說他「引術士夜解及受賕。」結果是：

> 說兄左庶子光詣朝堂割耳稱冤。時中書主事張觀、左衛長史范堯臣並依倚說勢，詐假納賕，又私度僧王慶則往來與說占卜吉凶，爲隱甫等所鞫伏罪。〔註85〕

私度僧王慶則能公然出入張說家，「有才智而好賄」的張說，終究難逃鞫問，可見開元禁令無法徹底杜絕私度僧的問題；天寶五載（746），「京兆尹蕭炅奏：私度僧尼等，自今已後有犯，請委臣府司，男夫並一房家口，移隸磧西。」〔註86〕此亦可見天寶十四載安史亂起以前，私度僧的問題依然普遍存在。

〔註84〕宋・王溥，《唐會要》卷49〈雜錄〉：「開元二年二月十九日勅，天下寺觀，屋宇先成，自今已後，更不得創造；若有破壞，事須條理，仍經所司陳牒檢驗，先後所詳。七月十三日勅，如聞百官家，多以僧尼、道士等爲門徒往還，妻子等無所避忌；或詭託禪觀，禍福妄陳；事涉左道，深戾大猷。自今已後，百官家不得輒容僧尼等。至家緣吉凶，要須齋者，皆于州縣陳牒寺觀，然後依數聽去。二十九日勅，佛教者，在于清淨，存乎利益，今兩京城內，寺宇相望，凡欲歸依，足申禮敬。如聞坊巷之內，開鋪寫經，公然鑄佛，自今已後，村坊街市等，不得輒更鑄佛寫經爲業；須瞻仰尊容者，任就寺禮拜；須經典讀誦者，勒於寺贖取。如經本少，僧爲寫供，諸州寺觀，亦宜准此。十二年六月二十六日，勅有司，試天下僧尼，年六十已下者，限誦二百紙經，每一年限誦七十三紙，三年一試，落者還俗，不得以坐禪對策義試；諸寺三綱統，宜入大寺院。十九年六月二十八日勅，朕先知僧徒至弊，故預塞其源，不度人來，向二十餘載。訪聞在外，有二十已下小僧尼，宜令所司，及府縣檢責處分。又曰：惟彼釋、道，同歸凝寂。各有寺觀，自宜住持。如聞遠就山林，別爲蘭若，兼亦聚眾，公然往來；或妄說生緣，輒在俗家居止，即宜一切禁斷。」頁860～861。

〔註85〕五代、後晉・劉昫等撰，《舊唐書》卷97〈張說〉，頁3055。

〔註86〕宋・王溥，《唐會要》卷49〈雜錄〉，頁861。

（二）以「試經」沙汰

玄宗可說是有唐以來，最有決心沙汰佛教的帝王，細看開元年間所下的五道限佛敕令，與其他限佛帝王的詔令相比較，有其不合情理處，如：開元十二年規定六十歲以下的僧尼，要能夠誦出二百紙經，一年限誦七十三紙，三年一試，不及格的就得還俗，而且還不能夠用「坐禪」、「對策」的方式來抵試；北周釋曇積，曾向毀佛的北周武帝上〈諫周祖沙汰僧表〉，提到出家人無法誦出經文的五項理由：

> 或有僧尼生年在寺，節儉自居。願行要心，不犯諸禁。燒香旋塔，
> 頂禮慇勤。合掌低頭，忘寢以食。但受性愚鈍，於讀誦無緣。習學
> 至苦，而不得一字。〔註87〕

曇積提到正命沙門應行之事，對同樣背不出經文的僧人轉生同情，〔註88〕「受性愚鈍，於讀誦無緣。習學至苦，而不得一字。」相較於北周，唐玄宗要僧尼一年限誦七十三紙，對唐代僧人水平的提高無疑起到絕大影響；玄宗「磨勘」僧尼的作法，〔註89〕在當時不僅收效甚微，且有小說家因此不平而鳴，寫出奪玄宗之位的，正是「胡僧」安祿山（詳見後）。

唐代是個佞佛與排佛都十分極端的朝代，宗教政策前後頗不一致的玄宗，〔註90〕對佛教政策是多所限制，〔註91〕限制的成效值得檢驗；開元二年

〔註87〕唐・釋道宣，《廣弘明集》卷24〈諫周祖沙汰僧表〉。《大正藏》第52冊，頁279。

〔註88〕唐・釋道宣，《廣弘明集》卷24〈諫周祖沙汰僧表〉：「或有專歸樹下，擎錫持盂。望中而飡，正命自活。名聞頓捨，利養無心。理觀除煩，遂闕文誦。論其人入道，則內業有餘。究其文解，則相功不足。何必聚眾京華，悉是德僧；孤拔林野，咸非行士。……或有營經造像，屬力積年。修補伽藍，慇勤累歲。捨身濟物，不以寒苦經心。施樂與人，不以飢貧易志。但無聰力，日誦不過一言；旦夕栖栖，日讀不盈數紙。准其迴向，則善不空施；徵其發趣，則佛之眞子。今無辜退俗，是枉濫行人，直性頓非。」《大正藏》第52冊，頁279。

〔註89〕清・董誥等編，《全唐文》卷30〈括檢僧尼詔〉：「僧尼數多，踰濫不少。先經磨戡，欲令眞偽區分。仍慮猶有非違，都遣括檢聞奏。憑此造籍，以爲準繩。……」頁337。

〔註90〕唐玄宗不僅對於佛教措施十分兩極化，對於史家而言，更是一個具「里程碑」作用的帝王，陳寅恪〈統治階級之氏族及其升降〉，認爲：「舉凡進士科舉之崇重，府兵之廢除，以及宦官之專擅朝政，蕃將即胡化武人之割據方隅，其事俱成於玄宗之世。……是以論唐史者必以玄宗之朝爲時代劃分界線。」《唐代政治史述論稿》（上海：上海古籍出版社，1997年），頁48。

〔註91〕唐玄宗，迎不空入宮，自己受戒爲菩薩弟子，卻在開元年間連續頒佈了三道限制僧人與俗人往來活動的詔書。

下〈禁創造寺觀詔〉，〔註92〕玄宗不久偕吳道子駕幸東洛時，〔註93〕裴旻舞劍、道子作畫、張旭草書，三人於洛陽天宮寺各逞技能，讓洛陽百姓「一日之中，獲睹三絕。」若非玄宗詔令不行，吳道子豈能在在玄宗跟前，違反〈禁創造寺觀詔〉的規定，在天宮寺「創造」作畫？又：開元二年下詔，「村坊街市等，不得輒更鑄佛寫經爲業。」〔註94〕玄宗不准百姓以寫經爲業，卻在開元二十三年御注《金剛般若波羅密多經》頒行天下，親自推薦《金剛經》給全國百姓，作爲最佳的佛經讀本；另外，天寶元年，玄宗「召不空三藏入內，持誦仁王護國密語。」〔註95〕成爲不空的灌頂弟子，可以確切的說，玄宗不是在晚年才對佛教政策不一，開元末年，其佛教政策已多所鬆動。

　　肅宗於安史之亂，敕京城僧、道、父老：「各宜寧居，勿懷反側。……與卿等不久相見。」〔註96〕肅宗也怕出家人趁機跟著造反，這種「恐懼」雖是戰亂使然，但同樣出現在以爲《仁王經》眞能護國的代宗身上，〔註97〕代宗還夢到已逝的六祖惠能，要請傳法袈裟歸曹溪，〔註98〕也跟玄宗一樣，除了禁止僧尼、道士往來聚會，更進一步禁斷公私借寺觀居止；〔註99〕到了德宗，言寺觀可以隨事修葺的同時，更強調州府寺、觀「不得宿客居住」，〔註100〕李叔明更上疏請將天下佛寺分爲三等，可見佛教除了「使農夫工女，墮業以避役。」〔註101〕佛教僧人的戒律鬆弛，已使玄、肅、代、德四朝帝王，擔心

〔註92〕宋・王溥，《唐會要》卷49〈雜錄〉：「開元二年二月十九日勅，天下寺觀，屋宇先成，自今已後，更不得創造；若有破壞，事須條理，仍經所司陳牒檢驗。」頁860。

〔註93〕宋・釋志磐，《佛祖統紀》卷40，載吳道子於開元二十四年，「上召入內供奉。」《大正藏》第49冊，頁375。

〔註94〕宋・王溥，《唐會要》卷49〈雜錄〉：「如聞坊巷之內，開鋪寫經，公然鑄佛，自今已後，村坊街市等，不得輒更鑄佛寫經爲業；須瞻仰尊容者，任就寺禮拜；須經典讀誦者，勒於寺贖取。如經本少，僧爲寫供，諸州寺觀，亦宜准此。」頁860。

〔註95〕宋・釋志磐，《佛祖統紀》卷40。《大正藏》第49冊，頁375。

〔註96〕清・董誥等編，《全唐文》卷44〈宣慰京城僧道父老敕〉，頁482。

〔註97〕代宗命不空譯《仁王經》，並親爲作序。見《全唐文》卷49〈新翻護國仁王般若經序〉，頁546。

〔註98〕清・董誥等編，《全唐文》卷48〈遣送六祖衣鉢諭刺史楊瑊敕〉，頁530。

〔註99〕清・董誥等編，《全唐文》卷46〈禁僧尼道士往來聚會詔〉、〈禁斷公私借寺觀居止詔〉，頁508。

〔註100〕清・董誥等編，《全唐文》卷52〈修葺寺觀詔〉，頁564。

〔註101〕唐・李叔明，〈請刪汰僧道疏〉，《全唐文》卷394，頁4005。

日漸增多的僧尼人數所帶來的問題。

安史亂後，唐王朝元氣大傷，私度僧增多，規避徭役的問題漸趨嚴重，代宗大曆十三年四月，劍南東川觀察使李叔明，奏請澄汰佛、道二教，代宗下尚書省集議，都官員外郎彭偃曰：

> 今天下僧道，不耕而食，不織而衣；廣作危言險語，以惑愚者。一僧衣食，歲計約三萬有餘，五丁所出，不能致此。舉一僧以計天下，其費可知。陛下日旰憂勤，將去人害，此而不救，奚其為政？〔註102〕

彭偃此奏，著眼於僧費過多，澄汰佛、道二教的目的，為的是增進國家財源，增加生產力，〔註103〕使財源充足，不讓安史亂後，過多的「偽濫僧」嚴重消耗國庫；觀彭偃建議讓僧尼、道士、女冠捐輸布匹的做法，〔註104〕可見安史亂後，「偽濫僧」已將宗教當成「避難所」，用來躲避稅收的情形十分普遍；德宗時，劉玄佐藉汴州相國寺的佛像「流汗」，得「將吏商賈」所捐的大批金錢贍軍；〔註105〕安史亂起，楊國忠在公庫有錢的情形下，卻想到公度僧尼賣度牒以廣軍需，導致大批「偽濫僧」的出現，楊國忠之舉，實為百年禍國殃民之計，安史亂後，朝廷已無法有效禁止私度，文宗〈條流僧尼勅〉：

> 丁壯苟避於征徭，孤窮實困於誘奪。永言斯弊，宜峻科條。自今已後，京兆府委功德使，外州府委所在長吏，嚴加捉搦，不得度人為僧尼。〔註106〕

文宗面對勢無可遏，「私度」為患的情形，在詔中還明定一連串的「禁斷」措施，大要有：寺院必須在諸神視察人間善惡，亦即每年的一、五、九月的「三長月」，〔註107〕才能開俗講，一有違法，立刻還俗；僧尼午後可以行遊；僧尼

〔註102〕唐·彭偃，〈刪汰僧道議〉，《全唐文》卷445，頁4544～4545。

〔註103〕裴垍曾上〈汰僧道議〉，以女子四十九絕生育，男子六十四絕陽化，建議將年紀超過生育的僧道「許終身在道，餘悉還為編人。」《全唐文》卷616，頁6222。

〔註104〕宋·王溥，《唐會要》卷47〈議釋教〉上：「『臣伏請僧、道未滿五十者，每年輸絹四疋；尼及女道士未滿五十者，輸絹二疋；……臣竊料其所出，不下今之租賦三分之一，然則陛下之國富矣！蒼生之害除矣！』頁837～838。

〔註105〕宋·王讜撰、周勛初校證，《唐語林》卷6：「汴州相國寺，言佛像有流汗。劉元佐遽命駕，自持金帛以施。日中，其妻亦至。明日，復起齋場。由是將吏商賈，奔走道路，如恐不及。因令官為簿書，以籍所入。十日，乃閉寺門。曰：『汗止矣！』所得蓋鉅萬，計以贍軍。」（北京：中華書局，1997年），頁549。下引版本同。

〔註106〕宋·宋敏求編、洪丕謨等點校，《唐大詔令集》卷113，頁542。

〔註107〕宋·道誠集，《釋氏要覽》卷下〈三長月〉：「《不空骨索經》云：『諸佛神通

試經五百紙，最低不可少於三百紙，但准許州府之僧尼有三個月的「準備期」，如試不過，便須還俗；年過五十或是未滿五十，但身有痼疾、啞巴、聾子、殘疾，無法養活自己，或被公推爲道行表率者，可以不用試經；另外，大小寺院皆不許興建。〔註108〕

　　觀文宗〈條流僧尼勑〉，較之玄宗對於佛教的限制，對於僧尼午後不行雖已不禁，但透露出兩樁玄宗朝所沒有的問題，一是私度僧尼的情形更加嚴重；二是「俗講」盛行；至於對僧尼試經，「不能誦」或「有德者」的僧人在免試行列，表面上似乎較玄宗人性化許多，但由開元年間的二百紙，變成太和年間的三百紙及格，五百紙才算通過，文宗對佛教的禁令，總的來說，仍屬嚴格，也正因此，小說家們又爲僧尼試經一事所引起的效應，多所發揮，《本事詩》載：

> 李章武學識好古，有名于時。唐太和末，勑僧尼試經若干指，不通者，勒還俗。章武時爲成都少尹，有山僧來謁云：「禪觀有年，未嘗念經，今被追試，前業棄矣，願長者念之。」章武贈詩曰：「南宗向許通方便，何處心中更有經。好去芟翦雲水畔，何山松栢不青青。」主者免之。〔註109〕

山僧求謁於李章武，請其推薦得免試經，上幅二句有開脫之功，下幅二句頗饒興味，這位山僧若是個雲水僧，大可千山萬水獨行，不管試經，則李章武「何處心中更有經」，對山僧來說，就是挖苦；看來這位喜禪觀的山僧，應是居止於固定的寺院，才會被「追試」，孟棨此記也從側面披露出文宗〈條流僧

之月。』《智論》云：『天帝釋以大寶鏡，從正月照南剡部洲，二月照西洲；至五、九月，皆照南洲，察人善惡。』故南洲人多於此月，素食修善。故經云：『年三長齋也』又一說：北方毘沙門天王，巡察四洲善惡，正月至南洲，亦如鏡照至五、九月，皆察南洲故。」《大正藏》第54冊，頁304。

〔註108〕宋・宋敏求，《唐大詔令集》卷113：「比來京城及諸州府，三長齋月置講，集眾兼戒懺。……且僧尼本律科戒甚嚴，苟有違犯便勒還俗；若有自願還俗者，官司不須制立。如聞兩街功德使，近有條約不許僧尼午後行遊，雖曰緇徒無非赤子，有妨自送，亦軫予懷，從今以後，午後任行。其僧尼在城，委功德使；其諸州府，委本任長吏試經，僧尼並須讀得五百紙文字，通流免有舛誤，兼數內念得三百紙，則爲及格。京城勒下後，諸州府勒到後，許三箇月溫習，然後試練，如不及格，便勒還俗，其有年過五十以上，筋力既衰；及年齒未至，凤嬰痼疾，并瘖聾跛躄，不能自存者，並不在試經限。若有戒律清高，修持堅苦，風塵不雜，徒眾共知者，亦不在試經限。天下更不得創造寺院、普通蘭若等，如因破壞，即任修葺。」頁542。

〔註109〕轉引自《太平廣記》卷496〈李章武〉，頁4073。

尼勅〉對僧尼「試經」的規定，在當時確實有起到作用。

（三）視為「蠹物」沙汰

僧尼「試經」，是帝王以統治力控管僧尼品質，對於僧尼人數起到軟性的抑制作用，真正讓唐帝王對佛教大力干涉的，則是經濟問題；武德八年，傅奕點出僧尼「遊手竊食，易服以逃租賦。」〔註110〕綿州振響寺沙門明概雖以「僧尼費少」，道士費多予以反駁，〔註111〕然從唐初開始就不斷增加的僧尼人數，〔註112〕武宗毀佛之後，共二十六萬多的僧、尼還俗，僧、尼不繳稅使國庫空虛，而鑄佛像所需銅的消耗量，對唐代經濟所起的影響，才是武宗會昌毀佛真正的著眼點，由三階教徒所造，被視為偽經〔註113〕的《像法決疑經》提到：

> 爾時世尊復告常施菩薩：善男子，未來世中，道俗之中，有諸惡人
> 造立我形像或菩薩形像，販賣取財以用自活，一切道俗不知罪福，
> 買取供養，二俱得罪。五百世中常被他賣。〔註114〕

買、賣佛像兩俱獲罪，比起太宗下令州縣檢校佛像的買賣問題，〔註115〕《像法決疑經》裡的買賣雙方，「五百世中常被他賣」的誇大形容，也可看出鑄造佛像所延伸出來的，唐朝廷缺乏銅鑄錢幣的經濟問題，直到會昌毀佛才得以

〔註110〕宋・釋志磐，《佛祖統紀》卷 39〈唐高祖〉。《大正藏》第 49 冊，頁 362。

〔註111〕唐・釋道宣，《廣弘明集》卷 12〈決對傅奕廢佛法僧事〉：「計僧尼一齋止飧一鉢一，著唯　衣數縑，而言損田夫十口殺蠶十萬者。計道士一醮酒脯百盤，一年命綾千匹。應損千軍之食，殺萬億之蠶。而奕知道士損多，佯癡不計。僧尼費少，子細偏論。此全黨言君子弗聽。」《大正藏》第 52 冊，頁 172。

〔註112〕謝和耐據彭偃於 778 年所上的的奏摺，言「一僧衣食，歲計約三萬有餘。」指出：「624 年的出家人數為五萬人，在 650～683 年間則增長到六萬人，在八世紀前半葉玄宗執政期間為十二萬六千一百人，到了 842～845 年的還俗運動之前則達到了二十六萬人。」統計出到了 780 年，唐王朝供養佛教僧侶，動用到正常稅收的五分之一。參見：謝和耐，《中國五～十世紀的寺院經濟》，頁 49。

〔註113〕有關三階教的「偽經」問題，詳見拙作：〈三階教滅亡芻議〉，國立中興大學文學院《興大人文學報》第 39 期，2007 年 9 月。

〔註114〕《像法決疑經》卷 1。《大正藏》第 85 冊。

〔註115〕唐・釋道宣，《廣弘明集》卷 28〈唐太宗斷賣佛像勅〉：「勅旨佛道形像事極尊嚴，伎巧之家多有造鑄。供養之人，競來買贖。品藻工拙，揣量輕重。買者不計因果，止求賤得；賣者本希利潤，唯在價高。罪累特深，福報俱盡。違犯經教，並宜禁約。自今以後，工匠皆不得預造佛道形像賣鬻。其見成之像，亦不得銷除。各令分送寺觀，令寺觀徒眾酬其價直，仍仰所在州縣官司檢校。勅到後十日內使盡。」《大正藏》第 52 冊，頁 329。

緩解。〔註116〕唐代中後期出現「錢重貨輕」的錢荒問題，論者有歸結爲安史之亂的破壞；有認爲是商人私鑄惡錢的影響；有認爲是兩稅法實行後，富商之積錢逐利，董惠民認爲錢幣銷熔爲宗教器物亦爲錢荒的主因，〔註117〕筆者認爲，除了朝廷需銅孔亟的經濟問題之外，僧尼不須繳稅使兩稅戶減少，亦爲武宗沙汰的考量之一，陳國燦〈武周長安年間的括戶運動〉，提到均田制下，百姓的逃亡現象從初唐即已開始，武周時由於邊境軍事頻繁，國庫開支增大，使農民逃亡情形更爲嚴重，逃離自己份地的農民離開了戶籍，國家編戶丁口與土地控制及租稅減少，敦煌出土的一批長安三年至四年，共八件的檢括逃戶的戶籍檢查，出現了前所未有的法令，即：「逃人可以爭取不還或遲還本貫」，顯示官府對農民的讓步。〔註118〕

　　朝廷爲了爭取稅收，自武后開始即注意到「逃戶」的問題，在均田制實施下，有些人是不需負擔賦役的，如皇親國戚、貴族官僚（及子孫）、孝子順孫、義父節婦、國學諸生，兩稅法實行後，貴族官僚也須納稅，韓國磐《唐代社會經濟諸問題》提及唐後期，享有特權的新戶種──進士科及第者之「衣冠戶」（進士科及第爲衣冠戶的必備條件），有冒充「衣冠戶」逃避徭役、奴役農民的情形，〔註119〕「逃戶」、「衣冠戶」均不如僧、尼不須繳稅來得讓帝王憂心，武宗毀佛之前，文宗只因臣子形容佛教徒爲「蠹物」，因而「勅中外罷緇徒講說佛經」，文宗後來親自碰上鼎中「群卵呼觀世音菩薩」，以及蛤蜊「變爲大士形」的靈異事件，最主要的，是向文宗解此二疑的終南山惟政禪師，言：「應以此身得度者，即現此身而爲說法。」使得文宗登時「詔天下寺院立觀音像」，毀佛時，來自終南山的惟政禪師，再返終南山隱居，其意含雙關的「避仇」一語，〔註120〕可見文宗身邊已有毀佛空氣，只是時機尚未成熟！

　　《北山錄》的作者北山律宗神清，卒於元和年間，贊寧形容他：「與奘三

〔註116〕劉玉峰，〈唐代的貨幣問題〉，認爲唐代帝王均認爲貨幣是：「國之權柄，是理財、平天下的工具。」全都致力於從財政與政治問題的原則去使用貨幣，沒有著眼於社會經濟的發展，「造成財政利益，政治利益與經濟自然法則之間的矛盾與對立。」《唐代工商業型態論稿》（濟南：齊魯書社，2002 年），頁 233。

〔註117〕參見：董惠民，〈唐代中後期「錢荒」原因探析〉，《湖州師專學報》第 20 卷第 2 期，1998 年 4 月。

〔註118〕陳國燦，《唐代的經濟社會》（臺北：文津出版社，1999 年），頁 50～58。

〔註119〕韓國磐，〈經濟與人文活動〉，《唐代社會經濟諸問題》（臺北：文津出版社，1999 年），頁 198～204。

〔註120〕宋・釋志磐，《佛祖統紀》卷 42〈文宗〉。《大正藏》第 49 冊，頁 385。

藏道顏同攝物，異時一體耳。」〔註121〕觀神清描述中唐僧人對於「財」與「難」的態度，神清以「法族之懸疣，人流之駢指。」來形容，〔註122〕雖不見得會昌毀佛前的「住持」都是如此，然少部分應是如此，也難怪開成年間，文宗身邊的臣子會以「蠹物」來形容出家人。

民間百姓崇佛最直接的方式，是以銅鑄佛像來膜拜，敬宗寶曆元年（825），「十月庚子朔，河南尹王起奏，盜銷錢爲佛像者，請以盜鑄錢論。」〔註123〕私鑄佛像罪等同盜鑄錢；文宗大和三年（829），詔令禁用銅鑄佛像，有「盜鑄者死」的規定，〔註124〕僧尼在會昌毀佛以前被視爲蠹物，除了不事生產的因素，與銅鑄佛像導致朝廷需銅孔急，無銅鑄錢有絕大關係。

四、會昌毀佛

杜牧上文宗的奏摺提到：「古者三人共食一農人，今加兵佛，一農人乃爲五人所食，其間吾民尤困於佛。」〔註125〕從文宗〈條流僧尼勅〉，對僧尼的諸多限制看武宗毀佛，會昌毀佛其實早已有跡可尋；文宗〈條流僧尼勅〉已限制「天下更不得創造寺院、普通蘭若。」會昌五年，毀佛行動達到最高點，《唐大詔令集・拆寺制》記其成果：

> 其天下所拆寺四千六百餘所，還俗僧尼二十六萬五十（《舊唐書》卷18（上）「十」作：「百」）人，收充兩稅戶。拆招提、蘭若四萬餘所，收膏腴上田數千萬頃。收奴婢爲兩稅戶十五萬人，隸僧尼屬主客，顯明外國之教。勒大秦、穆護、祆（應作「祆」）二（《舊唐書》卷 18（上）「二」作：「三」）千餘人，並令還俗，不雜中華之風。〔註126〕

〔註121〕宋・釋贊寧，《宋高僧傳》卷 6〈唐梓州慧義寺神清傳〉。《大正藏》第 50 冊，頁 741。

〔註122〕唐・釋神清，《北山錄》卷 8〈住持行〉：「或有假釋氏之官籍，規僧田之法蔭。勞務所及，崔躍掉頭。以爲寧居逸體，得志遂性，其在我而已。寺有損益，不驅不馳；寺有貨植，不躬不親；寺有鍾磬，不孝不擊；寺有庭戶，不掃不灑，於財與難，但苟而已矣。此乃法族之懸疣，人流之駢指也。」《大正藏》第 52 冊，頁 624。

〔註123〕五代、後晉・劉昫等撰，《舊唐書》卷 17（上），頁 517。

〔註124〕宋・歐陽修、宋祁撰，《新唐書》卷 54（臺北：鼎文書局，據北京：中華書局，1975 年點校本），頁 1390。

〔註125〕唐・杜牧，《樊川文集》卷 10。《四部叢刊》本，初編，集部。

〔註126〕宋・宋敏求編、洪丕謨等點校，《唐大詔令集》卷 113，頁 543。

會昌毀佛是全國性的重點工作，〔註127〕從敕下僧尼還俗之後，武宗殷殷垂問進度可知；〔註128〕毀佛的具體成果，《唐大詔令集》列出了拆毀的大小寺院數目，〔註129〕唐朝廷最重要的收益，是增加了還俗僧尼以及依寺生活的淨人，共四十一萬的兩稅戶，〔註130〕雖然，其中的「收膏腴上田數千萬頃。」〔註131〕值得懷疑，但有一項大益於民的措施，就是對於「悲田養病坊」的規定更加完善。〔註132〕

武宗毀佛不僅僅要寺中的銅像鐘磬，連衣冠士庶之家，由金銀銅鐵所鑄的佛像，都規定要納官，〔註133〕可以說，會昌毀佛的主要目的是國家經濟，初步達到經濟目的後，其配套措施的不完善，直接引發了「還俗僧」的社會問題；武宗敕令州縣將還俗僧尼，衣服盡數焚燒之後，還俗僧尼：「乍作俗形，無衣可著。」圓仁言：「唐國僧尼本來貧」（按：此當與圓仁在開成荒年抵中國，一路所見的饑荒問題並看），官府抓到的，都是「便入鄉村，劫奪人物。」

〔註127〕〔日〕圓仁，《入唐求法巡禮行記》卷4，描述在「草木高深，蚊虻如雨。」位處大唐東北地極的登州，「就佛上剝金，打碎銅鐵佛，稱其斤兩。」的做法，與京城沒兩樣，頁107。

〔註128〕〔日〕圓仁，《入唐求法巡禮行記》卷4：「（會昌五年）緣准敕行，故從四月一日起首，年三十以下僧尼盡勒還俗，遞歸本貫，每日三百僧還俗。十五日，年三十以下僧尼方盡。從十六日起首，五十以下僧尼還俗，直到五月十日方盡也。十一日起首，五十以上，無祠部牒者還俗。前年以來，牒疏僧尼，即簡麤行不依本教者，盡勒還俗，遞歸本貫。今年不簡，高行麤行，不論驗僧、大德、內供奉也，但到次第，便令還俗。頻有敕問：『已還俗者多少？未還俗者多少？』催進其數。」頁101。

〔註129〕〔日〕圓仁，《入唐求法巡禮行記》卷4，記長安青龍、安國、章敬三寺未拆，「爲通內園。」頁104。

〔註130〕唐‧李德裕，〈賀廢毀諸寺德音表〉：「臣某等伏奉今日制，拆寺蘭若共四萬六千六百餘所，還俗僧尼並奴婢爲兩稅戶共約四十一萬餘人。得良田約數千頃。」《全唐文》卷700，頁7194。

〔註131〕《唐會要》卷47作：「四千萬頃」，謝和耐舉玄宗末年，中國耕地面積不過一千四百萬頃，認爲毀佛後所收之「良田」數目有誤。參見：謝和耐著、耿昇譯，《中國五～十世紀的寺院經濟》第三章〈財富的累積〉，頁156。

〔註132〕清‧董誥等編，《全唐文》卷77〈選者壽勾當悲田養病坊敕〉：「悲田養病坊，僧尼還俗，無人主持，恐殘疾無以取給，兩京量給寺田賑濟，諸州府七頃至十頃，各於本管選者壽一人勾當，以充粥料。」頁806。

〔註133〕五代‧後晉‧劉昫等撰，《舊唐書》卷18（上）〈武宗本紀〉：「中書又奏：天下廢寺，銅像、鐘磬委鹽鐵使鑄錢，其鐵像委本州鑄爲農器，金、銀、鍮石等像銷付度支。衣冠士庶之家所有金、銀、銅鐵之像，勅出後限一月納官，如違，委鹽鐵使依禁銅法處分。其土、木、石等像合留寺內依舊。」頁605。

〔註134〕的還俗僧，經濟問題引發的治安問題，當是武宗及李德裕所始料未及，而在小說家筆下，對於會昌毀佛後的「還俗僧」問題，頗為關切：

> 武宗六年，揚州海陵縣還俗僧義本且死，託其弟言：我死必為我剃鬚髮，衣僧衣三事。」弟如其言，義本經宿卻活。言見二黃衣吏追至冥司，有若王者問曰：「此何州縣？」吏言：「揚州海陵縣僧。」王言：「奉天符沙汰僧尼，海陵無僧，因何作僧領來？」令迴，還俗了領來。僧遽索俗衣，衣之而卒。〔註135〕

暫不論義本至死仍想成為「真僧」的心態，義本死後得知管陰間死人的閻司，也奉帝王之命要「沙汰」僧尼，可見當時的還俗僧人數，遠近充滿到足以引人關注；還俗僧人當中，自是不乏偽濫僧，會昌毀佛所沙汰的「偽濫僧」，以京師為例：

> 京城佛寺，率非真僧。曲檻迴廊，戶牖重複。有一僧室當門，有櫃扃鎖甚牢，竊知者云：「自櫃而入，則別有幽房。邃閣詰曲，深嚴囊橐。奸回何所不有。」〔註136〕

李綽言「京城佛寺，率非真僧。」代表士大夫階層對會昌毀佛基本上是不反對的，反對的是少數百姓。〔註137〕經過文宗的調流僧尼，以及武宗令二十六萬多的僧尼還俗，隨著宣宗〈復廢寺敕〉的頒行，〔註138〕孫樵給宣宗上奏所提到的十七萬群髡，〔註139〕不是考驗宣宗是否真為「小太宗」的問題，〔註140〕

〔註134〕〔日〕圓仁，《入唐求法巡禮行記》卷4，頁108。

〔註135〕唐・段成式，《酉陽雜俎》續集卷3，頁219。

〔註136〕唐・李綽，《尚書故實》，（北京：中華書局，1985年），頁6。下引版本同。

〔註137〕唐・黃滔，〈龜洋靈感禪院東塔和尚碑〉，言志忠和尚與其師在武宗毀佛時：「大師允檀信之迎，隱於數家；和尚棲於巖穴之內，不離茲山。」《全唐文》卷826，頁8700。

〔註138〕清・董誥等編，《全唐文》卷81〈復廢寺敕〉：「天下州府，應會昌五年四月所廢寺宇，有宿舊名僧，復能修創，一任住持，所司不得禁止。」頁844。

〔註139〕清・董誥等編，《全唐文》卷794〈復佛寺奏〉，8321～8322。

〔註140〕宣宗為「小太宗」之說，見《資治通鑑》大中十三年八月：「宣宗性明察沈斷，用法無私，從諫如流，重惜官賞，恭謹節儉，惠愛民物，故大中之政，訖於唐亡，人思詠之，謂之『小太宗』。」曾仲勉駁司馬光此記，舉大中朝重臣韋澳云：「時事寖不佳」；蔣伸云：「亂亦非難」；司馬光的前輩宋祁云：「賢臣斥死，庸懦在位，厚賦深刑，天下愁苦。」（《新唐書》卷225（下））孫甫云：「知人君之小節而不知其大體。」（《唐史論斷》（下））其駁司馬光言宣宗為「小太宗」，最有力的一點是胡三省在大中元年閏三月，「僧尼之弊，皆復其舊」。注云：「觀《通鑑》所書，則會昌、大中之是非可見矣。」另舉胡三省亦「忍耐不住」，

而是透露出僧尼的管理，始終是唐帝王揮之不去的問題。

第二節　唐代帝王的佛教政策

　　唐朝二十一帝，除了武宗李炎毀佛，其他帝王的佛教政策是因人而異，但均基於鞏固政權爲出發點，唐初帝王多下詔度僧，目的是收買民心，於穩定政局有益；安史之亂，神會設壇度僧，收取「香水錢」幫肅宗籌措軍需，這種互利關係，在不安定的年代中，佛教成爲唐帝王「治國」不可缺的一環，而在政治承平時，佛教就成了儒道的補充，有助王化的推行。〔註141〕

一、基於鞏固政權的需要

　　禪宗五祖弘忍於咸亨五年（674）圓寂，法如於垂拱二年（686）任少林寺法主；法如於永昌元年（689）圓寂，神秀在老安的推薦下，於大足元年（701），以九十三歲的高齡，被武則天迎入東都洛陽，神秀的同門老安、玄賾在中宗、睿宗朝相繼被召入宮，神秀弟子普寂（651～739）、義福（658～736），均先後成爲唐帝王的國師，神秀的禪法正式被公認爲「北宗禪」〔註142〕、「官方禪」，「官方禪」的另一個稱呼，就是「御用僧人」，唐帝王自太宗起，便有「御用僧人」，〔註143〕貞觀十五年，太宗幸弘福寺，表面上是施齋供、淨財，從「用其

對司馬光「反脣相譏」有多條。岑仲勉認爲：「唯司馬惡王安石，故遷怒於同樣得君之李德裕，唯惡德裕，故揄揚貶死德裕之宣宗。」《通鑑隋唐紀比事質疑》〈譽宣宗爲小太宗〉條（北京：中華書局，2004 年），310～311。

〔註141〕俞曉紅，〈佛典的傳譯、流播和佛教的本土化〉，認爲唐帝王在調和三教時，有時候甚至會抬高佛教的地位來鞏固政權。《佛教與唐五代白話小說研究》（北京：人民出版社，2006 年），頁 60。按：唐帝王調和三教的用心，以佞佛的武則天爲顯迫切，武后召集了數十人爲編書班底，將太宗時以儒家精神爲主的《文思博要》，「更加佛、道二教及親司、姓名、方域等部。」（《唐會要》卷 36），由麟台監張易之總領，編成了一部匯集三教思想的《三教珠英》。胡可先〈論武則天時期的文學環境〉一文，認爲由《文思博要》到《三教珠英》，「標誌著唐代君主在思想統治方面，由儒家主導到三教並重的轉變。」《唐代文學研究》第十一輯。廣西師範大學出版社主編，2006 年，頁 268。

〔註142〕中國禪宗，嚴格來說，應肇始於四祖道信（580～651）以「一行三昧」（《文殊說般若》）與「諸佛心第一」（《楞伽經》）的安心法門；奠基於五祖弘忍（601～674）承繼道信的東山法門，大成於馬祖道一「平常心是道」的洪州禪。

〔註143〕羅時進，〈唐初文館與初唐詩風〉，認爲「御用」的根源在於體制，「在君主專制的政治體制內，爲臣者政治身份的附屬性，必然決定其文化身份的御用性。」

功德，奉爲先靈。願心悟無生，神遷妙喜。」〔註144〕或許在太宗心裡，只有在作功德的前提下，宗教才有其存在的必要；安史亂時，神會設壇度僧籌軍需有功，然直到肅宗上元元年，才免去僧尼稱臣的規定，贊寧曾感嘆「沙門德薄」必須「法委國王」，〔註145〕佛教在唐代，純爲「御用」的性質再明顯不過，在「御用」的大纛下，唐帝王可以藉僧之助安天下，甚至是奪天下。

（一）藉僧人之助定天下

武德三年〔620〕，秦王李世民準備征討王世充，曾去函少林寺，秦王告少林寺主等：

> 比者天下喪亂，萬方乏主。……王世充叨竊非據，敢逆天常，……，法師等並能深悟幾變，早識妙因。克建嘉猷，同歸福地。擒彼凶孽，廓茲淨土。〔註146〕

少林武僧襄助李世民打敗王世充，間接幫他建立了唐王朝，「早識妙因」、「廓茲淨土」，李世民指出佛教應負「救世」之責，其理性還可由不信符瑞得知；貞觀二年〔628〕九月，太宗針對群臣上表賀祥瑞一事，下〈諸符瑞申所司詔〉：

> ……且安危在乎人事，吉凶繫於政術。若時主昏虐，靈貝兄未能成其美；如治道休明，咎徵不能致其惡。以此而言，未可爲恃。今後麟、鳳、龜、龍大瑞之類，依舊表奏，自外諸瑞，宜申所司。〔註147〕

此詔規定只有「四獸」可以表奏，已透露出他是半個無神論者，貞觀三年〔629〕

《唐詩演進論》（江蘇：古籍出版社，2001年），頁8～9。

〔註144〕唐·釋道宣，《集古今佛道論衡》卷丙〈文帝幸弘福寺立願重施敘佛道先後事〉。《大正藏》第52冊，頁386。

〔註145〕宋·釋贊寧，《宋高僧傳》卷15〈唐常州興寧寺義宣傳〉：「自漢至唐肅宗朝，始見稱臣，由此沿而不革。良以沙門德薄，日就衰微，一往無復矣。又以法委國王，誠難改作。王謂爲是，楷定莫移。」《大正藏》第50冊，頁800。

〔註146〕清·葉封，《嵩陽石刻集記》卷下，原注：「上有橫刻『開元神武皇帝書』七字，似屬後人所爲耳。又按：碑內王字皆鑿沒，不知何時何人所爲附記。」王雲五主編，《四庫全書珍本》第十一集，頁1～2。

〔註147〕宋·宋敏求，《唐大詔令集》卷114。按：太宗對於麟、鳳、龜、龍還准許表奏；憲宗即位後不久，即頒布〈不許奏祥瑞詔〉：「自今以後，所有祥瑞，但令依式申報有司，不須聞獻。其珍禽異獸，亦宜停進。」憲宗對所有祥瑞，下令不得奏聞；而文宗對於所有祥瑞，下令不得奏聞，亦不得申牒，〈令諸道不得奏祥瑞詔〉：「其諸道應有三等祥瑞，並不得更有聞奏，亦不要申牒所司。」唐代帝王對於麟、鳳、龜、龍等諸瑞是否申奏的看法，可略窺其對「天命論」思想的接受程度，頁544。

鬧饑荒，朝廷下令僧人可以出外覓食，玄奘因此得以趁機出京西行求法，貞觀十九年，玄奘取經回國，並未影響到強調「我命在我不在天」的唐太宗開始崇佛，太宗因玄奘取經一事，對於玄奘譯經的支持，以及派王玄策出使天竺，目的是爲了樹立其崇佛帝王的形象，〔註148〕以及維持與天竺友好的外交關係，而更主要的原因是，爲了瞭解西域的情勢。

太宗於即位不久，下〈爲戰亡人設齋行道詔〉，之所以搬出佛教的戒殺，主要目的是要讓被自己手刃的千人亡魂，能夠「滅怨障之心，趣菩提之道。」〔註149〕下〈度僧於天下詔〉：「比因喪亂，僧徒減少。華臺寶塔，窺戶無人。」〔註150〕是因寺院在戰亂後荒廢無人管理；下〈諸州寺度僧詔〉，是因他風疾稍癒之後的，一時心血來潮的「感應」之舉；〔註151〕〈令諸州寺觀轉經行道詔〉，規定全天下的僧尼道士於每年正月、七月，「七日七夜轉經行道」，是因爲「恐風雨失時」，〔註152〕引起百姓收成欠佳；捨通義宮的皇家舊宅爲興聖寺，爲的是「思憑冥福，……微伸凱風之思。」〔註153〕爲的是塑造他的孝子形象，以上有關太宗的崇佛作爲，或多或少均含有其他的用意。

太宗於貞觀三年下詔爲陣亡將士「濟其營魄」所立之寺，明白承認是「思所以樹立福田」；〔註154〕於臨終前跟玄奘說：「與法師相見恨晚」，〔註155〕也僅是遺憾未能多助譯經以邀福；玄奘奉太宗之命，詳述西域各國國情的《大

〔註148〕清・董誥等編，《全唐文》卷7〈答玄奘還至于闐國進表詔〉，太宗於詔中要玄奘：「其國（于闐）僧解梵語及經義者，亦任將來。朕已敕于闐等道使諸國送師，人力鞍乘，應不少乏。令敦煌官司於流沙迎接，鄯善於沮沫迎接。」頁88。

〔註149〕清・董誥等編，《全唐文》卷4：「竊以如來聖教，深尚慈仁。禁戒之科，殺害爲重。永言此理，彌增悔懼。今宜爲自征討以來，手所誅翦，前後之數，將近一千。皆爲建齋行道，竭誠禮懺。朕之所服衣物，並充檀捨。冀三途之難，因斯解脫。萬劫之苦，藉此宏濟。滅怨障之心，趣菩提之道。」頁57～58。

〔註150〕清・董誥等編，《全唐文》卷5，頁66。

〔註151〕清・董誥等編，《全唐文》卷8〈諸州寺度僧詔〉：「昔隋季失御，……朕屬當戡亂。躬履兵鋒，亟犯風霜，宿於馬上。比加藥餌，猶未痊除。近日已來，方就平復。豈非善福所感，而致此休徵耶？」頁104。

〔註152〕清・董誥等編，《全唐文》卷9，頁107～108。

〔註153〕清・董誥等編，《全唐文》卷9〈捨舊宅造興聖寺詔〉，頁107。

〔註154〕宋・王溥，《唐會要》卷48〈議 釋教〉下，頁849。

〔註155〕宋・釋志磬，《佛祖統紀》卷39：「貞觀二十三年四月，太宗幸翠微宮，召奘法師陪同。太宗歎曰：「與法師相見恨晚，未盡弘法之意。五月上崩。」《大正藏》第49冊，頁366。

唐西域記》完稿後，上呈太宗請題，太宗於〈答玄奘法師進西域記書詔〉，坦言：「朕學淺心拙，在物猶迷。況佛教幽微，豈能仰測。」〔註156〕在〈答玄奘謝御製三藏序敕〉，言：「至於內典，尤所未閑。」〔註157〕以上均不能視爲太宗晚年已信佛的證明，張海沙認爲唐太宗對於佛教，「不僅限於政治上的利用，亦遠逾于求福田，而是慕其境界、究其義理。」〔註158〕此可從太宗延請元康入安國寺講經，僅因好奇於元康之「辯給」得證，〔註159〕可以說，李世民是唐代對佛教心態最持平的帝王。

（二）藉佛經以安天下

太宗利用少林武僧幫他打天下的同時，也並未忘記利用道教徒，〔註160〕唐帝王利用佛、道二教，目的都是爲了安邦定國；以佛教「起家」的武則天，曾經要法藏施法對付契丹族；〔註161〕玄宗在去除諸韋的過程中，亦得僧助；〔註162〕宣宗朝，釋門教首洪辯幫助張義潮擊退吐蕃，沙州（敦煌）起義成功，使沙州復歸唐朝版圖，〔註163〕佛教僧人除了幫助唐帝王保家衛國，薛懷義等

〔註156〕清・董誥等編，《全唐文》卷8，頁95～96。
〔註157〕清・董誥等編，《全唐文》卷9，頁109～110。
〔註158〕張海沙，〈早期的禪學與初唐詩歌〉，《初盛唐佛教禪學與詩歌研究》（北京：中國社會科學出版社，2001年），頁26。
〔註159〕宋・釋贊寧，《宋高僧傳》卷4〈唐京師安國寺元康傳〉：「既入京城，見一法師，盛集講經化導。康造其筵，近其座。便就所講義申問，往返數百言。人咸驚康之辯給如此。復戲法師曰：『甘桃不結實，苦李壓低枝。』講者曰：『輪王千箇子，巷伯勿孫兒。』蓋譏康之無生徒也。康曰：『丹之藏者赤，漆之藏者黑。隨汝之赤者非纁絳焉，入汝之黑者非鉛墨焉。』舉眾皆云：『辭理渙然，可非垂跡之大士也。』帝聞之喜曰：『何代無其人。』詔入安國寺講此三論，遂造疏解中觀之理。」《大正藏》第50冊，頁727。
〔註160〕太宗藉少林武僧之力平王世充後，與房玄齡去見道士王遠知，王遠知說：「『此中有聖人，得非秦王乎？』太宗因以實告，遠知曰：『方作太平天子，願自惜也。』」《舊唐書》卷192，頁5125。
〔註161〕〔新羅〕崔志遠，《唐大薦福寺故寺主翻經大德法藏和尚傳》：「神功元年，契丹拒命，出師討之。特詔藏，依經教過寇虐。乃奏曰：『若令摧伏怨敵，請約左道諸法。』詔從之。法師盟浴更衣，建立十一面道場，置光音像行道。始數日，羯虜覩王師無數神王之眾，或矚觀音之像，浮空而至。犬羊之群，相次逗撓，月捷以聞。天后優詔勞之。」《大正藏》第50冊，頁283。
〔註162〕宋・司馬光，《資治通鑑》卷209〈唐紀〉25：「兵部侍郎崔日用素附章、武，與宗楚客善，知楚客謀，恐禍及己，遣寶昌寺僧普潤密詣隆基告之，勸其速發。」頁6644。《舊唐書》卷8〈玄宗本紀〉：「上乃與崇簡、朝邑尉劉幽求、長上折衝麻嗣宗、押萬騎果毅葛福順、李仙鳧、寶昌寺僧普潤等，定策誅之。」頁166。
〔註163〕張義潮的歸義軍，來自三方力量：沙州的名門望族，如張、索、李；釋門教

僧人進呈《大雲經》，助武則天鞏固才剛奪取的李氏天下，則屬於特例，在特例之下，帝王與僧人均互蒙其利。

1. 唐初帝王對於譯經的貢獻

初唐帝王贊助佛經翻譯，在佛教史上，是值得大書特書之事，太宗、高宗雖然都曾經拒絕玄奘兩次提出前往少林寺譯經的要求，[註164] 並非對玄奘前往少林寺有何顧忌，而是希望玄奘能在京師譯經，確保譯場的工作，能在天子腳下進行；貞觀二十二年，太宗幸玉華宮，就玄奘譯《瑜伽師地論》，作〈大唐三藏聖教序〉，高宗因〈大唐三藏聖教序〉而作〈述聖記〉，[註165] 高宗繼位之後仍襄助譯經工作；中宗出生剛滿月，高宗即令皈依玄奘，神龍二年（706），中宗勅菩提流志於佛光殿譯經，中宗「親臨筆受，百僚侍坐，妃后同瞻。」先天元年，睿宗因菩提流志等進新譯《寶積經》百二十卷，御製〈聖教序〉以冠經首，[註166] 相對於其他「天書御製」的帝王，[註167] 武則天是唐代頗能審時度世，充分利用佛教的帝王，[註168] 不論是下令「諸州各

首及僧徒，如洪辨，在吐蕃統治沙州時，位任「知釋門都法律兼攝行教授」；豪傑義士，如安景旻、閻英達。參見：劉進寶，〈千載滄桑話敦煌〉，《敦煌學論述》（臺北：紅葉文化公司，1995年），頁69～70。

〔註164〕貞觀十九年正月，玄奘返抵長安，奏云：「玄奘從西域所得梵本六百餘部，一言未譯。今知此嵩岳之南少室山北有少林寺，遠離壃落泉石清閑。是後魏孝文皇帝所造，即菩提留支三藏翻譯經處。玄奘望爲國就彼翻譯。伏聽勅旨。帝曰：『不須在山，師西方去後。朕奉爲穆太后於西京造弘福寺，寺有禪院甚虛靜，法師可就翻譯。」《大唐大慈恩寺三藏法師傳》卷6。高宗顯慶二年，玄奘又奏：「今已翻出六百餘卷，皆三藏四含之宗要，大小二乘之樞軸。……但斷伏煩惱，必定慧相資。……玄奘少來頗得專精教義，唯於四禪九定，未暇安心。今願託慮禪門澄心定水，竊承此州嵩高少室，……實海內之名山，……佛事尊嚴，房宇閑遠。即後魏三藏菩提留支譯經之處也。實可依歸以修禪觀。……帝覽表不許。」《大唐大慈恩寺三藏法師傳》卷9。《大正藏》第50冊，頁253、273～274。另見：《全唐文》卷15〈答玄奘請入少林寺繙經書〉，頁176。

〔註165〕唐‧慧立本、釋彥悰箋，《大唐大慈恩寺三藏法師傳》卷7。《大正藏》第50冊，頁257。

〔註166〕宋‧釋志磐，《佛祖統紀》卷40。《大正藏》第49冊，頁373。

〔註167〕唐代帝王爲翻譯經典作序，尚有玄宗御注《金剛般若經》；代宗爲不空三藏重譯《仁王經》御製序；憲宗般若三藏譯《本生心地經》御製序。參見宋‧釋志磐，《佛祖統紀》卷51。《大正藏》第49冊，頁452。

〔註168〕宋‧李昉等編，《太平廣記》卷236〈則天后〉，言武則天：「又造天樞于定鼎門，並番客胡商聚錢百萬億所成。其高九十尺，下以鐵山爲腳，鑄銅爲二麒麟，以鎮四方。上有銅盤，徑三丈。蛟龍人立，兩足捧大火珠，望之如日初出。鐫文于柱曰：『大周萬國術德天樞。』後開元中推倒，銅入上方。」頁

置大雲寺。」〔註169〕或是下令天下僧尼「人出一錢」造大像，〔註170〕命明佺等人刊定眾經目錄，支持翻譯華嚴經，御製〈華嚴經序〉，在利用佛教鞏固權位的同時，也讓佛教的地位上升到前所未有的高度。

2. 武則天與佛教

武則天奪取李氏天下，利用造經，使武周政權合理化，武則天所選的兩部佛經是《大雲經》和《寶雨經》，《大雲經》是《大方等無想經》的異名，北涼天竺三藏曇無讖譯，載初元年（689），「東魏國寺僧法明等撰《大雲經》四卷，表上之，言太后乃彌勒佛下生，當代唐爲閻浮提主，制頒於天下。」〔註171〕《舊唐書・外戚》載法明等僧人上《大雲經》，武則天所給的賞賜：

> 懷義與法明等九人並封縣公，賜物有差，皆賜紫袈裟、銀龜袋。其
> 僞《大雲經》頒於天下，寺各藏一本，令升高座講說。〔註172〕

法明等人就《大方等無想經》中的：「即以女身當王國土，……爲化眾生現受女身。」〔註173〕言武則天就是經中所說的：「以女身當王國土」的天女，則天還擔心法明等人增衍附會的《大雲經》，〔註174〕無法將「女身當王國土」的說法遍及天下，下令「諸州各置大雲寺」，「寺各藏一本」，用來作爲她以武周奪李唐的「正名」之舉，爲了答謝法明等九人，則天賜予「紫袈裟」，爲中國僧人「賜紫」的開始。

武則天利用佛經造勢，除了《大雲經》以外，還有《佛說寶雨經》，《佛說寶雨經》爲天竺三藏達摩流支譯，該經的主要內容是：東方日月光天子曾「種無量善根因緣。」佛陀告日月光天子，將於「贍部洲東北方摩訶支那國，

1815～1816。

〔註169〕五代、後晉・劉昫等撰，《舊唐書》卷6〈則天皇后本紀〉，頁121。《唐會要》卷48〈議釋教〉下，載則天天授元年（690）下令：「天下諸州，各置大雲寺一所。」開元二十六年（738）六月一日，「並改爲開元寺」，頁850。

〔註170〕五代、後晉・劉昫等撰，《舊唐書》卷89〈狄仁傑〉：「則天又將造大像，用功數百萬，令天下僧尼每日人出一錢，以助成之。」頁2893。

〔註171〕宋・司馬光，《資治通鑑》卷204〈唐紀〉20，頁6466。

〔註172〕五代、後晉・劉昫等撰，《舊唐書》卷183，頁4742。

〔註173〕北涼・天竺三藏曇無讖譯，《大方等無想經》卷4。《大正藏》第12冊，頁1098。

〔註174〕陳寅恪，〈武曌與佛教〉，認爲武則天以佛教經典來支撐其政權，「而此佛教典若爲新譯或僞造，則必假託譯主，或別撰經文。其事既不甚易作，其書更難取信於人。仍不如即取前代舊譯之原本，曲爲比附，較之僞造或重譯者，猶爲事半而功倍。」《陳寅恪先生論文集》（上）（臺北縣：文理出版社，1977年），頁434。

位居阿鞞跋致。實是菩薩故現女身爲自在主。……名曰月淨光。」〔註175〕按：將達摩流支所譯的《佛說寶雨經》，與梁朝扶南三藏曼陀羅仙，共僧伽婆羅所譯的《大乘寶雲經》作對照，〔註176〕可以發現則天朝的達摩流支，所翻譯的《佛說寶雨經》，是對《大乘寶雲經》的重譯，只是添加了《大乘寶雲經》所沒有的「於摩訶支那國」、「現女身爲自在主」的內容，達摩流支之所以杜撰經文，動機是與法明等人增衍附會《大雲經》的內容一樣。

　　武則天除了以《大雲經》與《佛說寶雨經》，作爲「正名」的依據，還請實叉難陀攜梵本《華嚴經》到洛陽重譯，〔註177〕目的是爲了證實她以「日月淨光」天子，建立佛國世界的形象，以闡揚《華嚴經》爲主的華嚴宗，因而受到則天的大力支持，華嚴三祖法藏，〔註178〕曾爲則天講解新譯的八十卷《華嚴經》，法藏講到天帝網義十重玄門、海印三昧門、六相和合義門、普眼境界門時，則天是「茫然未決」，法藏於是手指鎭殿的金獅子爲比喻，「帝遂開悟其旨」，〔註179〕賜法藏「賢首國師」。

　　武則天崇佛所造成的影響是：僧人排斥老君，道士誹謗佛法，則天下〈禁僧道毀謗制〉，認爲毀謗佛、道者，是「人而無良，一至於此。」採取杖決後令其還俗的嚴苛作法，〔註180〕而在〈僧道並重敕〉中，規定道士入寺要瞻仰佛像，僧人入觀要禮拜天尊，違者「各勒還俗，仍科違敕之罪。」〔註181〕可見武后表面上是佛、道兩教均懲，眞正的目的是爲了平息女主登基所引起的處士橫議，則天爲此是用盡心機，天中寺僧徒葬舍利骨，則天認爲僧人「素

〔註175〕唐·天竺三藏達摩流支譯，《佛說寶雨經》卷1。《大正藏》第16冊，頁284。

〔註176〕按：曼陀羅仙與僧伽婆羅合譯的《大乘寶雲經》，是跟據曼陀羅仙所獨譯的《寶雲經》。

〔註177〕東晉時，天竺三藏佛馱跋陀羅譯《華嚴經》六十卷，則天命于闐國三藏實叉難陀所譯的新本《華嚴經》，實叉難陀共有八十卷。唐·釋智昇，《開元釋教錄》卷9，載：實叉於證聖元年（695），和義淨在洛陽大遍空寺同宣梵本，再由復禮、法藏等於佛授記寺譯出，聖曆二年（699）譯畢。《大正藏》第55冊，頁566。

〔註178〕華嚴初祖爲敦煌杜順，杜順傳華嚴法界觀，授弟子二祖智儼的是東晉佛馱跋陀羅所譯的六十卷本，智儼傳三祖法藏。

〔註179〕宋·釋贊寧，《宋高僧傳》卷5，載十分善巧設喻的法藏，講十重玄門時，「又爲學不了者設巧便，取鑑十面八方安排，上下各一，相去一丈餘。面面相對，中安一方像。燃一炬以照之，互影交光。學者因曉刹海涉入無盡之義。」《大正藏》第50冊，頁732。

〔註180〕清·董誥等編，《全唐文》卷95，頁983～984。

〔註181〕清·董誥等編，《全唐文》卷95，頁983～984。

服哭泣」是「不達妙理」的行爲，在〈禁葬舍利骨制〉中提到「恐學者有疑，曾不毀謗。」〔註182〕對於佛學多所涵泳的武則天，〔註183〕其唯恐動輒得「咎」的心理，正顯示其充分利用佛教以奪權。

第三節　唐代帝王與僧人之交涉

唐初，懷戎沙門高曇晟，藉設齋之際，與五千位僧人擁齋眾造反；〔註184〕安史之亂，八十多歲的中岳寺僧圓靜幫史思明造反；〔註185〕德宗朱泚之亂，西明寺僧法堅幫叛軍造雲梯攻城；〔註186〕貞元三年（787），僧李廣弘自言當爲人主，與市人董昌等同謀爲逆；〔註187〕文宗時，李訓謀反，事敗後入終南山，被宗密收留；〔註188〕在帝王眼中，僧人造反或幫助叛亂，是其對佛教觀感不良的主因，而被唐代帝王延請入宮之異僧，可說是太平盛世下的產物，

〔註182〕清‧董誥等編，《全唐文》卷96，頁990～991。
〔註183〕武則天的佛學造詣，除了〈賜少林寺僧書〉爲修功德，不務多言之外，其他爲譯經所作之序，如爲中天竺地婆訶羅主譯之《方廣大莊嚴經》作序、從于闐國迎來梵本《華嚴經》，譯成之後爲作〈大周新譯大方廣佛華嚴經序〉、爲義淨於大福先寺譯經，作〈三藏聖教序〉、爲于闐僧實義難陀與復禮等人合譯之《大乘入楞嚴經》作序，〈大福先寺浮圖碑〉洋洋灑灑，下筆千言，將大福先寺的殿、樓，描繪有如「帝釋之居」、「兜率之天」。參見《全唐文》卷98，頁1000～1012。
〔註184〕宋‧司馬光，《資治通鑑》卷186〈唐紀〉2，武德元年（618）：「（曇晟）殺縣令及鎮將，自稱大乘皇帝，立尼靜宣爲邪輸皇后，改元法輪。」頁5833～5834。
〔註185〕五代、後晉‧劉昫等撰，《舊唐書》卷124：「窮理得其魁首，乃中岳寺僧圓靜，年八十餘，嘗爲史思明將，偉悍過人。初執之，使巨力者奮鎚，不能折脛。圓靜罵曰：『鼠子，折人腳猶不能，敢稱健兒乎！』乃自置其足教折之。」頁3539。
〔註186〕宋‧司馬光，《資治通鑑》卷228〈唐紀〉44：「使西明寺僧法堅造攻具，毀佛寺以爲梯衝。韓遊瓌曰：『寺材皆乾薪，但具火以待之。』」頁7363。《舊唐書》卷200（下）：「泚乃大驅百姓填塹，夜攻城，城中設奇以應之，賊乃退縮。西明寺僧法堅有巧思，爲泚造雲梯。十五日辰時，梯臨城東北隅，城內震駭。」頁5388。
〔註187〕五代、後晉‧劉昫等撰，《舊唐書》卷144：「廣弘言岳瀆神言，可以十月十日舉事，必捷。……皆有署置爲宰相，以智因尼爲后。……令內官王希遷等捕其黨羽斬之，德宗因禁止諸色人不得輒入寺觀。」頁3920。
〔註188〕五代、後晉‧劉昫等撰，《舊唐書》卷169〈李訓〉：「是日，訓中拳而仆，知事不濟，乃單騎走入終南山，投寺僧宗密，訓與宗密素善，欲剃其髮匿之，從者止之。」頁4398。

入宮之異僧多身懷異能，主要目的是為了服務帝王，服務的內容有：為帝王預言國之休咎、合藥、祈雨、娛樂皇室及官員等，唐代帝王與異僧的交涉，是唐代佛教勢力，藉帝王之手而持續壯大的原因之一，主要表現在帝王對僧人的禮遇，以及對異僧之崇敬。

一、對僧人之禮遇

唐朝諸帝如唐文宗，能直斥異僧之妄的帝王並不多見，〔註189〕唐帝王與佛教僧人產生互動，是以「相信」作為前提，玄宗元宵節觀燈，聽從胡僧婆陀的建議「燃燈」，〔註190〕可見開元年間多次下限佛禁令的玄宗，在登基之初，對佛教僧人並不排斥；初不信佛的代宗，因看了元載、杜鴻漸、王縉的「飯僧」行為，加上聽多了三人對於「福業報應」的陳述，在西蕃入寇時，「必令群僧講誦《仁王經》，以攘虜寇，苟幸其退，則橫加錫賜。」「相信」佛教，進而「迷信」佛教的唐帝王，〔註191〕實非代宗莫屬；帝王對僧人的禮遇，最直接的方式，就是下詔迎請僧人入宮，延為內道場供奉大德；其次，賜紫衣以示榮寵；再次，對僧人駐錫的寺院賜予寺額，提高至官寺的規格；最後，僧人死後賜與諡號，以示恩渥。

（一）延為內道場供奉

唐以前，被帝王延入內道場的僧人，必具凡僧之所不能；南朝劉宋釋慧琳，精通儒、釋，曾作〈均善論〉（又稱〈白黑論〉），藉黑先生與白先生之口，論儒、釋二道乃「殊途同歸」，宋文帝讀後大加讚賞，《南史》記慧琳以才學得幸：

> 元嘉中，遂參權要，朝廷大事，皆與議焉。賓客輻湊，門車常有數十輛，四方贈賂相係，勢傾一時。方筵七、八，座上恒滿。琳著高屐，

〔註189〕唐·趙璘，《因話錄》卷 1：「文宗時，有正塔僧履險險若平，換塔杪一柱，傾都奔走，皆以為神。上聞之曰：『此塔固由人工所成，當時匠者，豈亦有神？』沙門後果以妖妄伏法。」頁7。

〔註190〕《舊唐書》卷 99〈列傳〉49：「睿宗好樂，聽之忘倦，玄宗又善音律。先天二年正月望，胡僧婆陀請夜開門燃百千燈，睿宗御延喜門觀樂，凡經四日。」頁3103。

〔註191〕代宗除了封帶領「內道場」諸僧祈福護國有功的胡僧不空為「肅國公」，「凡京畿之豐田美利，多歸於寺觀，吏不能制。僧之徒侶，雖有臟姦畜亂，敗戮相繼，而代宗信心不易。乃詔天下官吏不得箠曳僧尼。」《舊唐書》卷 118〈列傳〉68，頁3417。

披貂裘，置通呈書佐，權侔宰輔。會稽孔顗嘗詣之，遇賓客填咽，暄
涼而已。顗慨然曰：「遂有黑衣宰相，可謂冠履失所矣！」〔註192〕

孔顗譏慧琳乃「黑衣宰相」，《南史》記慧琳「權侔宰輔」，靠的是他會通儒、
釋二道的本領，無可非議；隋代釋靈藏，與隋文帝爲「布衣知友」，靈藏有意
憑著這層關係，先是選擇帝都左面的遵善坊蓋了大興善寺，寺成之後：

中使重沓，禮遇轉隆。厚味嘉肴，密與封送。王人繼至，接軫相趨。
又勅左右僕射兩日一參，坐以鎮之與語而退。時教網初張，名德雲
攗。皆陳聲望，莫與爭雄。宮闈嚴衛，來往難阻。帝辛須見，頻闕
朝謁。乃勅諸門不須安籍，任藏往返。及處內禁，與帝等倫。坐必
同榻，行必同輿。〔註193〕

靈藏與文帝「坐必同榻，行必同輿。」連左、右僕射都必須對靈藏兩日一參，
從道宣對靈藏「光價朝宰」的形容，知靈藏與慧琳一樣，均以出世之身行入
世之事，唐代高僧則不然，安史亂後，肅宗欲迎慧忠法師入內，信中寫道：「良
緣斯在，勿以爲勞。杖錫而來，京師非遠。齋心已久，副朕虛懷。」〔註194〕
代宗大曆三年（768），迎大覺禪師（徑山法欽）入內，代宗設想周到：「敕令
本州供送，凡到州縣，開淨院安置。官吏不許謁見，疲師心力；弟子不算多
少，聽其隨侍。」〔註195〕唐帝王在家園險遭變色之後，廣納佛教大德，欲藉
高僧同安社稷，是普遍不安定的心理使然，《因話錄》提到元和之後，「大德」
氾濫的情形，〔註196〕以及書生入京應「不求聞達科」的笑話，〔註197〕一場改
變唐帝國命運的安史之亂，使得帝王利用宗教力量的腳步加速；唐帝王爲僧

〔註192〕唐・李延壽，《南史》卷 78，楊家駱主編，《新校本南史附索引》（臺北：鼎
　　　　文書局，1985 年），頁 1964。
〔註193〕唐・釋道宣，《續高僧傳》卷 21〈隋京師大興善寺釋靈藏傳〉。《大正藏》第
　　　　50 冊，頁 610。
〔註194〕清・董誥等編，《全唐文》卷 43，頁 477。
〔註195〕清・董誥等編，《全唐文》卷 48，頁 531。
〔註196〕唐・趙璘《因話錄》卷 4：「元和以來，京城諸僧及道士，尤多大德之號。偶
　　　　因勢進，則得補署，遂以爲頭銜。各因所業談論，取本教所業，以符大德之
　　　　目，此猶近於理，至有號文章大德者，夫文章之稱，豈爲緇徒設耶？訛亦甚
　　　　矣！」轉引自：楊家駱主編，《唐國史補等八種》，頁 28。
〔註197〕唐・趙璘《因話錄》卷 4：「有似昔歲，德宗搜訪懷才抱器不求聞達者。有人
　　　　於昭應縣逢一書生，奔馳入京，問求何事。答云：『將應不求聞達科。』此科
　　　　亦豈可應耶？號欺聾俗，皆此類也。」轉引自：楊家駱主編，《唐國史補等八
　　　　種》，頁 28。

人御作「像讚」，〔註198〕是最直接籠絡僧人的手段，此乃帝王敦禮高僧之餘，最具高價值的附加產物，韋處厚記馬祖道一的弟子大義禪師，為順宗與德宗兩位帝王釋惑，在場的還有天台宗的「對手」，〔註199〕可知被帝王延入內道場的僧人，必為佛門龍象，並非尋常僧人。

（二）賜紫方袍

僧衣有赤、黃、黑、青，並無紫色的規定，武則天以紫衣賜僧，作為雲宣等人上《大雲經》的酬庸，首開僧人賜紫的先例；開元二十年（732）九月，波斯王派遣大德僧及烈到唐，玄宗勅賜及烈紫袈裟一副，遣還本國；安史亂起，肅宗過金城縣寺，沙門道平勸肅宗靈武起兵，肅宗以道平為左金吾大將軍，累立戰功之後，道平還乞為僧，肅宗勅配崇福、興慶兩寺，賜紫衣入內；大安國寺僧子鄰，因兼通外學，且精於捷對，肅宗敕賜紫方袍；〔註200〕鎮國寺梵僧紀陀，年六百歲，臨終前派弟子奉衣鉢上皇帝，代宗勅賜紫衣；德宗朝，詔端甫入內殿，與儒、道論義，備受德、順、憲三朝帝王恩寵〔註201〕的端甫，獲賜紫方袍，〔註202〕以上諸帝賜紫，有禮遇外來高僧，如玄宗、代宗；有感念僧人為國忘軀，如肅宗；有內殿講論，欽崇僧人才學，如肅宗、德宗，唐帝王賜僧人紫衣，大致不出以上三種。

帝王賜紫並非全都「名正言順」，宣宗是所有唐代帝王中，最愛賜紫的帝王，除了在自己的生日遍賜內道場僧人紫衣，至佛寺禮佛牙亦賜紫，〔註203〕

〔註198〕文宗為華嚴四祖清涼國師作像讚，《全唐文》卷75，頁797。

〔註199〕唐·韋處厚，〈興福寺內道場供奉大德大義禪師碑銘〉，《全唐文》卷715，7352～7354。

〔註200〕宋·釋贊寧，《宋高僧傳》卷3〈唐京師大安國寺子鄰傳〉：「隣後求解經論，至于關輔間。外學兼通，美聲籍甚。以名僧之選，恒入肅宗內殿應奉。高其舌端，精於捷對。御前口占，敘述皇道，時輩靡及。勅賜紫方袍，充供奉僧。」《大正藏》第50冊，頁722。

〔註201〕宋·釋贊寧，《宋高僧傳》卷6〈唐京師大安國寺端甫傳〉：「德宗皇帝聞其名徵之，一見大悅。常出入禁中，與儒道議論，賜紫方袍。歲時錫施，異於他等，復詔侍皇太子於東朝。順宗皇帝深仰其風，親之若昆弟。相與臥起，恩禮特隆。憲宗皇帝數幸其寺，待之若賓友。常承顧問，注納偏厚。而甫符彩超邁，辭理響捷。迎合上旨，皆契真乘。」《大正藏》第50冊，頁741。

〔註202〕宋·釋贊寧，《大宋僧史略》卷下〈賜僧紫衣〉。《大正藏》第54冊，頁249。

〔註203〕宋·釋贊寧，《大宋僧史略》卷下〈賜僧紫衣〉：「大中四年六月二十二日降誕節，內殿禪大德並賜紫，追福院主宗莒亦賜紫。次有沙州巡禮僧悟真至京，及大德玄暢句當藏經，各賜紫。又法乾寺都撿挍僧從睞賜紫。帝幸莊嚴寺禮佛牙，靈慧律師賜紫。崇福寺叡川賜紫。」《大正藏》第54冊，頁249。

復佛的宣宗在賜紫一事上，還曾經有「以貌」賜紫的行為，《東觀奏記》載安國寺僧從晦：

> 道行高潔，兼攻詩，以文章應制。上每擇劇韻令賦，亦多稱旨。晦積年供奉，望紫方袍之賜，以耀法門。上兩召至殿，上謂之曰：「朕不惜一副紫袈裟與師，但師頭耳稍薄，恐不勝耳！」竟不賜，晦悒悒而終。〔註204〕

唐代以文章邀幸帝王的僧人，終生指望的就是一襲紫袈裟，從晦對紫衣的渴望，側面突顯出唐代僧人「以得朱、紫為榮」的情形，〔註205〕也為後人鄙視紫衣僧留下見證；〔註206〕與從晦之渴求賜紫不同的，是雪峰義存禪師，義存自從居於雪峰後，「天下之釋子，不計華夏，驅之如赴召。」僖宗聞之，賜真覺大師，請閩人陳延郊代授紫袈裟，「大師授之如不授，衣之如不衣。」〔註207〕唐代賜紫浮濫的帝王，除了宣宗外，就是懿宗，〔註208〕懿宗賜紫，除了日僧圓載遣還日本，賜紫衣禮遇外來高僧，無可非議，此外，兩街僧人於延慶節入內講論，均蒙賜紫，這些入內講經的僧人，是由負責左右街佛教事務的功德使推薦的，並非因其才學德行俱佳而入內。

代宗大曆三年，章信寺僧崇惠，上刀梯、探油湯、餐鐵葉，打敗主動要

〔註204〕唐・裴庭裕，《東觀奏記》下卷（北京：中華書局，1994年），頁130。下引版本同。

〔註205〕宋・王讜撰、周勛初校證，《唐語林》卷2：「宣宗每行幸內庫，以紫衣金魚、朱衣銀魚三二副隨駕，或半年、或終年不用一副。當時以得朱、紫為榮。」頁94。

〔註206〕唐・鄭谷，〈寄獻狄右丞〉：「逐勝偷閒向杜陵，愛僧不愛紫衣僧。身為醉客思吟客，官自中丞拜右丞。殘月露垂朝闕蓋，落花風動宿齋燈。孤單小諫漁舟在，心戀清潭去未能。」《全唐詩》卷676，頁7744。宋・歐陽修，《六一居士詩話》：「吳僧贊寧，國初為僧錄，頗讀儒書，博覽強記，亦自能撰述，而辭辯縱橫，人莫能屈。時有安鴻漸者，文辭雋敏，尤好嘲詠，嘗街行遇贊寧，與數僧相隨，鴻漸指而嘲曰：『鄭都官不愛之徒，時時作隊。』贊寧應聲答曰：『秦始皇未坑之輩，往往成群。』時皆善其捷對，鴻漸所道，乃鄭谷詩云：『愛僧不愛紫衣僧也。』」（北京：中華書局，1985年），頁2。

〔註207〕唐・黃滔，〈福州雪峰山故真覺大師碑銘〉，《全唐文》卷826，8703。

〔註208〕宋・釋贊寧，《大宋僧史略》卷下〈賜僧紫衣〉：「懿宗咸通四年，有西涼府僧法信，進《百法論疏抄》，勘實賜紫；十一年十一月十四日延慶節，兩街僧、道赴內，於麟德殿講論，可孚賜紫；又日本國僧圓載住西明寺，辭迴本國，賜紫還遭：十二年延慶節，內殿講論，左街清韻、思禮、雲卿等五人，右街幼章、慧暉、清遠等四人，並賜紫（原注：尋街分，各賜紫衣，自咸通始也）。」《大正藏》第54冊，頁249。

求較技的太清宮道士史華，代宗御賜崇惠紫方袍一副，詔授鴻臚卿，號曰「護國三藏」，〔註209〕崇惠以「異能」獲賜紫，在迷信的代宗朝不足爲奇；贊寧言僖宗、昭宗賜諸道所薦僧紫衣極多，因而不錄，然身處唐末、五代之交的名僧，其獲賜紫的尊榮，仍有其異於凡僧之處，如：辯光長於草隸，「昭宗詔對，御榻前書，賜紫方袍。」〔註210〕僖宗朝的雪峰義存對賜紫無動於衷，可見僧人對此最高殊榮的反應，也正彰顯其德行之高低。

（三）賜寺額與謚號

除了賜紫衣，唐代帝王對僧人直接的寵賜，就是賜寺院匾額，以及賜與僧人謚號；一般寺院想成爲可以免稅，受到國家保護的大寺，最快速的辦法是由皇帝「賜額」開始；被尼姑一手帶大的隋文帝，在遷都時，命人在殿前台階上排列出一百塊寫有寺名的匾額，〔註211〕有能力修寺或建寺者都可來領取；唐代帝王於御賜「寺額」一事，在唐初十分熱絡，武則天下令各州都要建一座「大雲寺」；而爲了紀念李唐「復國」，令各州有一寺名「龍興寺」；玄宗登基後，下令各州有「開元寺」，至盛唐初期，各州至少有三座名爲「大雲寺」、「龍興寺」、「開元寺」的官寺；德宗朝崔行先，上表謝賜額爲寺，提到「於當府抽有道行僧二十七人，住持修理。」〔註212〕可見帝王御賜寺額的行爲，也保障了官寺的僧品素質。

會昌毀佛時，拆毀「蘭若」四萬多所，同時並拆的山台、野邑，應被歸入「蘭若」的範圍，會昌毀佛之前，如前所述，玄宗是限制佛教最多，也是

〔註209〕宋・釋贊寧，《宋高僧傳》卷 17〈唐京師章信寺崇惠傳〉：「太清宮道士史華上奏，請與釋宗當代名流，角佛力道法勝負。于時代宗欽尚空門，異道憤其偏重，故有是請也。遂於東明觀壇前架刀成梯，史華登躡如常磴道焉。時緇伍互相顧望推排，且無敢躡者。惠聞之，謁開府魚朝恩。魚奏請於章信寺庭樹梯，橫架鋒刃若霜雪然。增高百尺，東明之梯極爲低下。時朝廷公貴，市肆居民，駢足摩肩而觀此舉。時惠徒跣，登級下層。有如坦路，曾無難色。復蹈烈火，手探油湯。仍餐鐵葉，號爲餺飥。或嚼釘線，聲猶脆餳。史華怯懼慚惶，掩袂而退。時眾彈指歎嗟，聲若雷震。帝遣中官鞏庭玉宣慰再三，便齎賜紫方袍一副焉。詔授鴻臚卿，號曰：『護國三藏。』勅移安國寺居之。」《大正藏》第 50 冊，頁 816～817。

〔註210〕宋・釋贊寧，《宋高僧傳》卷 30〈後唐明州國寧寺辯光傳〉：「（辯光）長於草隸，……光書體當見酋健，轉腕迴筆，非常所知。乃西上，昭宗詔對，御榻前書，賜紫方袍。」《大正藏》第 50 冊，頁 898。

〔註211〕詳見：《兩京新記》「十字街東北建法尼寺」。

〔註212〕唐・崔行先，〈謝賜貞元寺額狀〉，《全唐文》卷 620，頁 6259。

對佛教政策最搖擺不定的帝王，於拆寺亦然，先天二年（713，即開元元年。）玄宗命採訪使王志愔在各州拆毀「無敕寺院」，慧雲和尚蓋的「建國寺」佛像放光，王志愔上奏玄宗，「帝亦預有瑞夢，與所奏冥符。」於是賜「建國寺」爲「大相國寺」；〔註213〕十四年後，開元十五年，玄宗下令拆天下村坊、佛堂，豫州新息縣令李虛，醉中大怒，「約脅正敢毀拆者斬。」在此詔令下，僅新息一縣獨存，李虛一年後死去又活來，復活的原因是，閻王念他保存新息縣佛堂有功，「合拆一生無數罪惡，延年三十。」〔註214〕縣令李虛並非護教人士，此僅說明上舉的村坊佛堂、野邑蘭若，在沒有帝王賜額的情形下，成爲唐帝王佛教政策下的首批犧牲品，在會昌毀佛首先遭到被拆的命運，李虛讓新息縣佛堂免於被拆，也可證明開元年間，玄宗的限佛措施未能實際執行的原因，多與類似李虛的地方官員不配合有關。

　　御賜寺額之外，另一項帝王恩賜，就是賜僧人諡號，後魏高僧法果，死後得諡「胡靈公」，此爲僧人賜諡之始；〔註215〕後魏之後，第二位賜諡的帝王爲唐中宗，神龍二年（706）神秀得賜諡「大通禪師」；開元中，菩提留支以一百五十六歲高齡去世，玄宗諡「一切遍知三藏」；「天師」沙門一行，玄宗諡「大慧禪師」；文宗諡端甫「大達法師」，除了賜諡之外，還有「追諡」，如：宣宗追諡廬山慧遠爲「大覺法師」、懿宗追諡南山道宣爲「澄照大師」。〔註216〕

　　唐代高僧死後，依釋門慣例，通常由帝王賜諡，但也有當朝要員代僧人向帝王謝賜諡號，如張說爲神秀謝御書「大通禪師碑額」，〔註217〕也有官員主動要求帝王賜諡僧人，如：李德裕曾上奏爲鶴林玄素要求賜諡「大額」，〔註218〕被賜諡或追諡的僧人都是高僧，相較於帝王賜紫，得帝王賜諡號的僧人，可說是實至名歸。

〔註213〕宋・釋志磐，《佛祖統紀》卷40〈玄宗〉：「初沙門慧雲望隋河北有異氣，乃入汴州。至司馬園池見水中有上天宮闕，欲謀建寺。乃化緣鑄丈六彌勒像，貿鄭景宅爲院。掘地獲碑云：『北齊天保六年，立建國寺。』因名曰：「建國」。志愔至雲禮像泣告，像忽放光。志愔以事聞，帝亦預有瑞夢，與所奏冥符。以自相王龍飛，因賜名「大相國寺」。」《大正藏》第49冊，頁373。

〔註214〕宋・釋志磐，《佛祖統紀》卷40〈玄宗〉。《大正藏》第49冊，頁374。

〔註215〕宋・釋贊寧，《大宋僧史略》卷下〈賜諡號〉：「後魏重高僧法果，生署之以官；死幸之而臨，乃追贈胡靈公。此僧諡之始也（原注：果爲沙門統。封公爵。追贈胡靈諡也）。」《大正藏》第54冊，頁252。

〔註216〕參見：宋・釋贊寧，《大宋僧史略》卷下〈賜諡號〉。《大正藏》第54冊，頁252。

〔註217〕唐・張說，〈謝賜御書大通禪師碑額狀〉，《全唐文》卷224，頁2259。

〔註218〕唐・李德裕，〈請宣賜鶴林寺僧諡號奏〉，《全唐文》卷701，頁7196。

二、唐代帝王與異僧之交涉

隋、唐、五代十國的帝王，多在內道場進行宗教活動，帝王宗教活動的主要內容有：念經、聽僧講經說法、受菩薩戒和灌頂、爲佛經作注撰序、迎奉法門寺佛指舍利等；〔註219〕拜開放政策之賜，漢地「異僧」與來唐「異僧」，使唐代帝王有多於他朝帝王增廣見聞的機會，所謂「異僧」，是指已證得六證法〔註220〕（六神通）之部分神通的僧人，唐人小說中的異僧事蹟，未必皆眞，但異僧事蹟反應了部分的歷史事實，則不全然爲假，唐代帝王除了因耳聞、親見異僧的特殊事蹟，因而對異僧產生好奇心理，帝王自身所遇到的靈異事件，〔註221〕也是其親近異僧的要因，親近意味著利用，唐帝王樂於利用的僧人，大別有三種：預言僧、祈雨僧、丹藥僧。

（一）預言僧

貞觀十七年（643），涼州昌松縣鴻池谷發現有文字的石頭，上有「太平天子李世民」，「千年太子李治」，「五王六王七王」等字，貞觀二年（628）九月，太宗下〈諸符瑞申所司詔〉，示其不信瑞兆，貞觀十七年出現「石讖」，太宗卻遣使祭之，〔註222〕觀太宗此舉，除了爲保高宗繼承大位的合法性，還顯示唐朝建國初始，卜讖就被善加利用，作爲鞏固政權的工具，連帶也使得

〔註219〕參見：李斌城、李錦繡等著，〈宗教生活〉，《隋唐五代社會生活史》（北京：中國社會科學出版社，1994年），頁496～503。

〔註220〕元魏・菩提留支譯，《大薩遮尼乾子所說經》卷7：「沙門瞿曇神通行有六種：一者天眼通；二者天耳通；三者他心通；四者宿命通；五者如意通；六者漏盡通。」《大正藏》第9冊，頁351。唐・菩提流志譯，《大寶積經》卷一百一：「一者天眼通，見無障礙故；二者天耳通，聞無障礙故；三者他心通，觀一切眾生心故；四者宿命通，憶念前際故；五者神足通，示現一切神變故；六者漏盡通，盡一切眾生漏故。」《大正藏》第11冊，頁569。按：兩說的差別在第五種神通，「如意通」爲「神足通」的別名，參見唐・法藏，《華嚴經探玄記》卷12，《大正藏》第35冊，頁331。

〔註221〕唐・段成式，《酉陽雜俎》續集卷5〈寺塔記〉（上），記元和年間，長樂坊安國寺的聖容院，廡下有一佛像，憲宗夢見一僧「形容奇偉，訴曰：『暴露數日，豈聖君意耶？』」憲宗隔日駕幸驗問，果如夢中所見，命寺僧將佛像移至堂中，「側施帷帳安之。」頁248。又：唐・蘇鶚，《杜陽雜編》卷中：「（文宗）上好食蛤蜊，一日，左右方盈盤而進，中有擘之不裂者，上疑其異，乃焚香祝之，俄頃自開，中有二人形眉端秀，體質悉備，螺髻瓔珞，足履菡萏，謂之菩薩。上遂置之於金粟檀香合，以玉屑覆之，賜興善寺，令致敬禮。至會昌中毀佛舍，遂不知所在。」頁18～19。

〔註222〕宋・歐陽修、宋祁撰，《新唐書》卷35，頁913。

擅長隱言詭語，具有預言能力的僧人，大受帝王垂青；在唐代，具有預言性質的「佛讖」，應以惠能回答慧明的：「遇蒙當居，逢袁可止。」〔註223〕為最早，房琯〈龍興寺碑序〉提到：「法要颺言，佛性可以懸得；禪宗陰契，菩提可以程至。通天上地下之事，達前生後生之理。」〔註224〕房琯此語，可說是對服務帝王的預言僧人，確定了其「不離菩提」的貢獻。

　　百姓眼中的異僧，在小說家筆下，通常具有與凡人無異的弱點，即無法預知一己之生死，以開成年間西域僧金剛仙為例，裴鉶言其能「善囚拘鬼魅，束縛蛟螭。」金剛仙能夠「彈舌搖錫而咒物」，咒水則水關能見底，遇龍則藥煮之以為膏，金剛仙卻無法預知龍王已買通峽山寺寺家人，將對他鴆以毒酒，〔註225〕此亦可見受帝王垂青的預言僧人，其所具的「異能」，相較於擁有特異能力的法術僧人，是更高一籌。

　　僧傳中多見釋迦牟尼以及許多高僧，多具有預言的本領，佛陀也鼓勵釋子要修習六種神通，〔註226〕除了「漏盡通」為釋尊獨證之外，其他五種神通，成了僧人修行次第的最佳見證，東漢到魏晉南北朝之「異僧」，如：寶志禪師、佛圖澄、支道林，就經常以預言替帝王服務，目的是為佛教作宣傳，到了唐朝，靠預言能力為自己找前途、謀利益的僧人不在少數，有預言能力的僧人，基本上得具備六神通當中的「他心通」或「宿命通」；《禪法要解》釋「他心通」：「知是眾生以何深心行何法，何因緣，有何相，喜何事。」〔註227〕預言僧人知眾生心相，即具有「他心通」，能準確說出眾生前世的罪福、因緣，若能同時具備「憶念前際」的「宿命通」，〔註228〕則其神蹟自然是喧騰眾口，為世所奇，唐代的預言僧人，能同時具備「他心通」與「宿命通」的僧人，最有名的是「帝師」萬迴與「天師」一行。

〔註223〕宋・釋贊寧，《宋高僧傳》卷8〈唐袁州蒙山慧明傳〉。《大正藏》第50冊，頁756。

〔註224〕清・董誥等編，《全唐文》卷332，頁3369。

〔註225〕唐・裴鉶，《傳奇・金剛仙》，轉引自：楊家駱主編，《唐國史補等八種》，頁9～10。

〔註226〕唐・玄奘譯，《大般若波羅蜜多經》卷582：「令勤修學或五眼或六神通，無數菩薩，……，以神通力往一世界或十或百或千或萬，乃至或往無量世界，隨至其所，種種方便示現教導讚勵慶喜。」《大正藏》第7冊，頁1009。

〔註227〕姚秦・鳩摩羅什譯，《禪法要解》卷下。《大正藏》第15冊，頁296。

〔註228〕姚秦・鳩摩羅什譯，《禪法要解》卷下：「自知己身及他恒河沙劫所經由事，悉皆念知。以宿命事教化眾生，作如是言，我某處如是姓字，如是生，如是壽命所經苦樂，亦說彼所經之事。」《大正藏》第15冊，頁297。

1.「帝師」萬迴

神僧萬迴，歷經高宗、中宗、睿宗、武后、玄宗共五朝帝王，蘇頲曾爲其作贊，〔註229〕萬迴僅以其預言多中，被封爲「帝師」，「萬迴」之得名，是因其一日往返能行萬里，段成式《酉陽雜俎》載：

> 僧萬迴，年二十餘，貌癡不語。其兄戍遼陽，久絕音問，或傳其死，其家爲作齋，萬迴忽卷餅茹，大言曰：兄在，我將饋之，出門如飛，馬馳不及。及暮而還，得其兄書，緘封猶濕，計往返一日萬里，因號焉。〔註230〕

段成式說明「萬迴」之名的由來，更點出「往返一日萬里」的萬迴，具有「示現一切神變故」的「神足通」；〔註231〕萬迴自小因「貌癡不語」，父母「以豚犬畜之」，長大後，因耕田「遇溝坑乃止」的異常舉止，而被父親責打，〔註232〕萬迴因示現得兄消息的神足通，以及日後玄奘的識拔，〔註233〕開始了他一連串的神蹟，其中大部分跟預言有關。

萬迴入朝成爲帝師，靠的是他的「宿命通」，未入朝之前，萬迴就曾預言睿宗當爲天子；〔註234〕入朝之後，爲了睿宗第二子惠莊太子，因母親出生低賤而不討喜，萬迴在武則天面前「詭稱」惠莊太子是「西域大樹精」轉世，「養之宜兄弟」；〔註235〕中宗號爲「佛光王」，〔註236〕奉佛至謹，曾問萬迴：僧伽

〔註229〕唐・蘇頲，〈元通大居士法雲公贈司徒虢國公萬迴大師贊〉，《全唐文》卷256，頁2594。

〔註230〕唐・段成式，《酉陽雜俎》前集卷3，頁39。

〔註231〕宋・釋贊寧，《宋高僧傳》卷18〈唐虢州閿鄉萬迴〉：「然口自呼萬迴，因爾字焉。」言「萬迴」一名是萬迴「自名」；一日之內，萬里尋兄之事，《宋高僧傳》記其事發生於萬迴十歲。《大正藏》第50冊，頁823～824。

〔註232〕宋・李昉等編，《太平廣記》卷92〈萬迴〉，據《談賓錄》與《兩京記》：「迴生而愚，八九歲乃能語，父母亦以豚犬畜之。年長，父令耕田，迴耕田直去不顧，口但連稱平等，因耕一壟，耕數十里遇溝坑乃止，其父怒而擊之，迴曰：『彼此總耕，何須異相。』乃止擊而罷耕。」頁606～607。

〔註233〕宋・李昉等編，《太平廣記》卷92〈萬迴〉：「玄奘法師向佛國取經，見佛龕題柱曰：『菩薩萬迴，謫向閿鄉地教化。』奘師馳驛至閿鄉縣，問此有萬迴師無？令呼之萬迴至，奘師禮之，施三衣瓶鉢而去。」頁607。

〔註234〕宋・李昉等編，《太平廣記》卷92〈萬迴〉：「睿宗在藩邸時，或遊行人間，萬迴於聚落街衢中，高聲曰：『天子來！』或曰：『聖人來！』其處信宿間，睿宗必經過徘徊也。」頁607。

〔註235〕宋・李昉等編，《太平廣記》卷92〈萬迴〉：「惠莊太子，即睿宗第二子也。初，則天曾以示萬迴，萬迴曰：『此兒是西域大樹精，養之宜兄弟。』」頁607。
按：此說亦見於《新唐書》卷81，作：「西土樹神。」頁3600；《舊唐書》卷

大師是何人？萬迴舉《法華經‧普門品》之「觀音化身」作爲回答，〔註237〕最神奇的是，萬迴準確說出中宗的死期。〔註238〕

　　帝室之外，對於天潢貴冑，萬迴的預言更是言無虛發，則天朝，恃帝恩寵的張易之大興宅第，萬迴指著新宅說：「將作」，張易之後來被殺，「以其宅爲將作監」；萬迴望見即將被誅的安樂公主，每每對其車塵唾曰：「血腥不可近也。」〔註239〕又常跟韋后及安樂公主說：「三郎斫汝頭」；〔註240〕韋后先下手爲強，鴆殺中宗，最後是被睿宗及群臣呼爲「三郎」的玄宗所誅；〔註241〕太平公主特愛萬迴，在住家旁替萬迴置宅，〔註242〕萬迴臨終前，討家鄉的水喝，還能預言出堂前有水源；〔註243〕對於武后專任酷吏，羅織罪名，剷除異己之舉，萬迴救博陵王崔玄暉免於被族滅，以行動展現的「預言」，《酉陽雜俎》載：

> 母憂之，曰：「汝可一迎萬迴，此僧寶誌之流，可以觀其舉止禍福也。」及至，母垂泣作禮，兼施銀匙筯一雙，萬迴忽下階，擲其匙筯於堂屋上，掉臂而去。一家謂爲不祥，一日，令上屋取之，匙筯下得書一卷，觀之乃讖緯書也。遽令焚之，數日，有司忽即其家，大索圖讖，不獲，得雪。〔註244〕

萬迴雖未開口說任何話，其讓崔玄暉一家免於遭厄的舉措，仍可視爲「預

95 作：「西域大樹之精。」頁 3015；《唐會要》卷 4〈雜錄〉作：「西域大樹之精」，頁 49。以上文本，僅《新唐書》卷 81，點出萬迴之說爲「詭曰」。

〔註236〕唐‧釋智昇，《開元釋教錄》卷 8：「五日有勅令報法師，皇后分難已記。端正奇特神光滿院，自庭燭天。……遂號爲佛光王。……其佛光王即中宗孝和皇帝初生之瑞號也。」《大正藏》第 55 冊，頁 560。

〔註237〕宋‧李昉編，《太平廣記》卷 96〈僧伽大師〉，頁 639。

〔註238〕唐‧段成式，《酉陽雜俎》前集卷 1：「上嘗夢日（一作白）鳥飛蝙蝠數十，逐而墮地，驚覺召萬回，僧曰：『大家即是上天時。』翌日而崩。」頁 2。

〔註239〕唐‧鄭綮，《開天傳信記》（北京：中華書局，1985 年），頁 6。下引版本同。

〔註240〕宋‧李昉等編，《太平廣記》卷 92〈萬迴〉，頁 607。

〔註241〕唐‧劉肅，《大唐新語》卷 9：「太平公主沉斷有謀，……睿宗與群臣呼公主爲太平，玄宗爲三郎。凡所奏請，必問曰：『與三郎商量未？』其見重如此。」（北京：中華書局，1997 年），頁 144。

〔註242〕宋‧李昉等編，《太平廣記》卷 92〈萬迴〉：「太平公主爲造宅於巳宅之右。」頁 607。

〔註243〕宋‧李昉等編，《太平廣記》卷 92〈萬迴〉：「臨終大呼，遣求本鄉河水，弟子徒侶覓無，萬迴曰：『堂前是河水』眾于堦下掘井，忽河水湧出，飲竟而終，此坊井水至今甘美。」頁 607。

〔註244〕唐‧段成式，《酉陽雜俎》前集卷 3，頁 39。

言」。萬迴對五朝帝室宗親的「預言」，令中宗賜萬迴號「法雲公」，「武后賜之錦袍金帶」；〔註245〕玄宗「內出二宮人日夕侍奉」，還「於集賢院圖形」；〔註246〕王昌齡對萬迴發出「聖哉爲帝師」的景仰，〔註247〕而同爲釋徒的皎然，在忻羨萬迴「紫綬拖身上，妖姬安膝前。」的同時，也認同萬迴是位「至人」。〔註248〕萬迴一生的事蹟，從玄奘所認爲的菩薩謫化，到備極帝王榮寵，深受四朝帝王禮遇，萬迴的神異事蹟，宋僧贊寧認爲：

> 日行萬里非人必矣！爲鬼神邪？爲仙術邪？通曰：「觀行知人。」迴無邪行，非鬼神也；無故作意，非仙術也，此得通耳。故《智度論》中此通有四：一、身能飛行如鳥無礙；二、移遠令近不往而到；三、彼沒此出；四、一念能至。或曰：「四中迴具何等？」通曰：「俱有哉，故號如意通矣。《瑜伽論》神境同也。」云：「或羅漢有大堪能現三神變焉。」〔註249〕

贊寧將萬迴的神通歸爲四種，統稱爲「如意通」，或稱爲「神境通」、「身通」，〔註250〕由末句之羅漢能現「三神變」，〔註251〕知贊寧與玄奘一樣，同意萬迴乃菩薩謫化人間。

〔註245〕宋・司馬光，《資治通鑑》卷208〈唐紀〉24，頁6598。

〔註246〕唐・鄭綮，《開天傳信記》，頁6。

〔註247〕唐・王昌齡，〈香積寺禮拜萬迴平等二聖僧塔〉：「眞無御化（一作北）來，借（一作昔）有乘化（一作花）歸。如彼雙塔內，孰能知是非。愚也駭蒼生，聖哉爲帝師。當爲時世出，不由天地資。萬迴主（一作至）此方，平等性無違。今我一禮心，億劫同不移。肅肅松柏下，諸天來有時。」《全唐詩》卷141，頁1431。

〔註248〕唐・釋皎然，〈萬回寺〉：「萬里種逆花，愚蠢性亦全。紫綬拖身上，妖姬安膝前（一作邊）。見他拘坐寂，故我是眠禪。吾知至人心，杳若青冥天。」《全唐詩》卷820，頁9249。

〔註249〕宋・釋贊寧《宋高僧傳》卷18〈唐虢州閿鄉萬迴〉。《大正藏》第50冊，頁824。

〔註250〕唐・法藏，《華嚴經探玄記》卷12：「別名中一名神足通，難測曰「神」，履涉稱「足」，從用就喻爲名；又釋「神」是通用，「足」是所依之定，定與通爲足故，定用從喻爲名，亦名「如意通」；出沒隨心故；亦名「身通」，通慧依身故，亦名「神境通」，是通慧所變境故。」《大正藏》第35冊，頁331。

〔註251〕彌勒菩薩說、玄奘譯，《瑜伽師地論》卷第二十七：「復有諸相圓滿教授，其事云何？謂由三種神變教授。三神變者，一、神境神變；二、記說神變；三教誡神變。由神境神變，能現種種神通境界，令他於己生極尊重，……由記說神變，能尋求他心行差別；由教誡神變，如根如行如所悟入，爲說正法於所修行能正教誡，故三神變能攝諸相圓滿教授。」《大正藏》第30冊，頁435。

2.「天師」一行

僧一行，不似萬迴多以預言示警，一行活躍於玄宗朝，憑藉的是他驚人的記憶力，以及對天文歷算的如運諸掌，因而得到「天師」（天子之師）的稱號；正史中的一行，在開元七年（719），與善無畏合譯《大毘盧遮那成佛神變加持經》，《舊唐書》將一行事蹟列入〈方伎〉類，從一行善著書，〔註252〕以及奉玄宗之令，考定前代曆法，改撰新曆成《開元大衍曆經》，還帶領梁令瓚等人創「黃道游儀」，「以考七曜行度」，〔註253〕可以說，一行是個不折不扣的天文僧，精通曆象、陰陽、五行的一行，在小說家筆下，卻多強調他的預言本領，以及善觀天象，為人作法解厄。

最早使一行成名的是兩位道士——尹崇與盧鴻，二人先後印證了一行超強的記憶力；《明皇雜錄》載一行曾向道士尹崇借揚雄的《太玄經》，沒兩天就把書還給尹崇，還拿出所寫的《大衍玄圖》及《義決》一卷，給研究《太玄經》多年，仍不得其旨的尹崇看，贏得尹崇大嘆：「此後生顏子也」；一行師事普寂禪師，在千人的法會場中，道士盧鴻受邀作讚文，盧鴻自以為數千文「字僻而言怪」的讚文，必須自己親自教授普寂門下的弟子，方能在法會場中成事，普寂找來一行，一行「伸紙微笑，止於一覽，復致於几上。」盧鴻還來不及怪一行「疏脫」，一行已「攘袂而進」，把僅看一遍，「字僻而言怪」的數千字讚文，「抗音興裁，一無遺忘。」盧鴻向普寂道：「非君所能教導也，當縱其遊學。」〔註254〕

一行是為了避武三思欲強行交往而出家為僧，卻因玄宗的強召而入京，〔註255〕被強召入京的一行，《明皇雜錄》記一則於《舊唐書・方伎》所未載，玄宗對一行記憶力的考試：

> 既召見，謂曰：「卿何能？」對曰：「唯善記覽。」玄宗因詔掖庭，取宮人籍以示之，周覽既畢，覆其本，記念精熟，如素所習讀。數

〔註252〕後晉・劉昫，《舊唐書》卷191：「一行尤明著述，撰《大衍論》三卷、《攝調伏藏》十卷、《天一太一經》及《太一局遁甲經》、《釋氏系錄》各一卷。」頁5112。

〔註253〕後晉・劉昫，《舊唐書》卷191，頁5112。

〔註254〕唐・鄭處誨，《明皇雜錄・補遺》（北京：中華書局，1997年），頁42～43。下引版本同。

〔註255〕後晉・劉昫，《舊唐書》卷191：「武三思慕其學行，就請與結交，一行逃匿以避之，尋出家為僧，隱於嵩山，師事沙門普寂。……開元五年，玄宗令其族叔禮部郎中洽齎勅書就荊州強起之。」頁5112。

幅之後，玄宗不覺降御榻，爲之作禮，呼爲聖人。〔註256〕

宮女名冊跟盧鴻的法會讚文，對一行來說，都是他的本色當行，記憶力與天生資質有關，可以無師自通，一行造《開元大衍曆經》，則是經過努力學習的結果；〔註257〕入宮後的一行，其「異術」令人眼界大開，先是在內庫中找到了一個有「鼻盤龍」的古鏡，以之祈雨，解決了旱象，〔註258〕繼而作法使北斗七星忽現忽隱，一行與北斗七星的故事，頗堪玩味，〔註259〕北斗七星變作七豕，〔註260〕隔天太史奏曰：「昨夜北斗不見」，一行說：

> 「後魏時失熒惑，至今帝車不見，古所無者，天將大警於陛下也。……
> 莫若大赦天下。」玄宗從之。又其夕，太史奏北斗一星見，凡七日
> 而復。〔註261〕

鄭處誨不對一行欺上之舉作任何評論，自承對此事頗以爲怪的段成式，則交代爲何要記一行抓北斗星的原因：「然大傳眾口，不得不著之。」〔註262〕可知一行的神異事蹟，在玄宗朝已是被人津津樂道；北斗七星何以被一行作法後變成七頭豬，又逐日回復，並不重要，比起梵僧不空的捏泥龍止雨，金剛智

〔註256〕唐・鄭處誨，《明皇雜錄・補遺》，頁42。

〔註257〕唐・鄭處晦，《明皇雜錄・補遺》，載一行離開普寂後，「因窮大衍，自此訪求師資。」遊學至天台國清寺，「稽首請法」而得其術。贊寧，《宋高僧傳》卷5〈唐中嶽嵩陽寺一行傳〉：「自是三學名師罕不諮度，因往當陽值僧真纂成律藏序，深達毘尼，然有陰陽讖緯之書，一皆詳究，尋訪算術不下數千里，知名者往詢焉。」《大正藏》第50冊，頁732。知一行主要是在悟真處學陰陽讖緯。按：筆者日前訪國清寺，寺門口不遠處矗著塊「一行到此水西流」的石碑，惜唐人小說未明說是哪位國清寺僧傳授一行布算之術。

〔註258〕唐・段成式，《酉陽雜俎》前集卷3：「開元中嘗旱玄宗令祈雨，一行言：『當得一器，上有龍狀者方可致雨。』上令於內庫中遍視之，皆言不類。數日後，指一古鏡鼻盤龍，喜曰：『此有眞龍矣。』乃持入道場，一夕而雨。」頁40。

〔註259〕大意是：一行小時家貧，鄰居王姥時相周濟，後來王姥之子犯殺人罪，當時「承上敬遇」的一行，在王姥求救不得，載手大罵「何用識此僧一行」後，命渾天寺的工役搬來大甕，教兩個常住奴拿著布囊，在「某坊某角有廢園」等著捉拿「七物」（七豕）。

〔註260〕另有「北斗七星」化爲僧人的記載，唐・牛肅，《紀聞》，載太宗朝，太史李淳風奏說將有北斗七星化爲七個婆羅門僧，到西市酒肆喝酒，使者到酒肆宣入宮，七個婆羅門僧說：「必李淳風小兒言我也。」把使者騙下樓等，七僧亦不見。轉引自：《太平廣記》卷76〈李淳風〉，頁479。

〔註261〕唐・鄭處誨，《明皇雜錄・補遺》，頁44。

〔註262〕唐・段成式，《酉陽雜俎》前集卷1，頁10。

的設壇請雨，〔註263〕一行用鼻盤龍鏡祈雨，〔註264〕以及詭稱的天象「大警」，
都是他平日善觀天象的結果，一行可說是開元年間，唯一能跟「開元三大士」
媲美的唐僧。

　　一行的事蹟，唐代小說家多樂於傳述，正史未載的，尚有一行對玄宗的
預言，且多與安史之亂有關，《松窗雜錄》載：

　　玄宗幸東都，偶然秋霽，與一行師共登天宮寺閣，臨眺久之。上遐
　　顧淒然，發歎數四，謂一行曰：「吾甲子得終無患乎？」一行進曰：
　　「陛下行幸萬里，聖祚無疆。」西狩初至成都前，望大橋上舉鞭問
　　左右：「是橋何名？」節度崔圓躍馬前進曰：「萬里橋」，上因追歎曰：
　　「一行之言，今果符之，吾無憂矣！」〔註265〕

「西狩」是玄宗因戰亂而避地西蜀的委婉說詞，一行在洛陽天宮寺所預言的，
玄宗「行幸萬里」，被小說家予以附會的，尚見於《開天傳信記》：「一行將卒，
留物一封，命弟子進於上，發而視之，乃蜀當歸也。上初不諭，及幸蜀回。乃
知微旨，深歎異之。」〔註266〕成都「萬里橋」的預言，可視爲一行對玄宗的解
憂語，〔註267〕至於蜀地「當歸」，則與一行另一則臨終前的預言，同樣神奇：

　　開元十五年，一行禪師臨寂滅遺表云：「他時慎勿以宗子爲相，蕃
　　臣爲將。」後李林甫擅權於內，安祿山弄兵於外，東都爲賊所陷。
　　〔註268〕

〔註263〕唐・段成式，《酉陽雜俎》前集卷 3：「梵僧不空得總持門，能役百神，玄宗
　　　　敬之，歲常旱，上令祈雨，不空言可過某日，今祈之必暴雨。上乃令金剛三
　　　　藏設壇請雨，連日暴雨不止，坊市有漂溺者，遽召不空令止之，不空遂於寺
　　　　庭中捏泥龍五六當溜水，作胡言罵之，良久復置之，乃大笑，有頃，雨霽。」
　　　　頁 39。

〔註264〕唐・段成式，《酉陽雜俎》前集卷 3：「僧一行窮數有異術。開元中嘗旱，玄
　　　　宗令祈雨，一行言當得一器，上有龍狀者，方可致雨。上令於內庫中遍視之，
　　　　皆言不類。數日後，指一古鏡，鼻盤龍，喜曰：『此有眞龍矣。』乃持入道場，
　　　　一夕而雨。」頁 40。

〔註265〕唐・李濬，《松窗雜錄》（北京：中華書局，1991 年），頁 2～3。下引版本同。

〔註266〕唐・鄭棨，《開天傳信記》，頁 6。

〔註267〕唐・李肇，《唐國史補》卷上：「蜀郡有萬里橋，玄宗至而喜曰：『吾常自知，
　　　　行地萬里則歸。』」不及一行之語。《唐國史補等八種》（臺北：世界書局，1991
　　　　年），頁 19。

〔註268〕宋・李昉等編，《太平廣記》卷 140〈僧一行〉，引《廣德神異錄》，頁 1009。又：
　　　　錢易《南部新書》（壬），記一行老病將死，「玄皇執手問之曰：『更有何事相救？』
　　　　行曰：『尚有二事。其一曰：勿遣胡人掌重兵。不獲巳用之，勿與內宴。若使見

安祿山在天寶九載（750），首開以節度使封王的先例，〔註269〕開元十五年（727）
一行去世，一行能夠預言到二十八年後的安史之亂（天寶十四載，755），可
謂神奇，一行自身臨終前的「大事」，小說家同樣也不忘記上一筆，《明皇雜
錄》引師事普寂禪師的河南尹裴寬，見證了一行臨死前，與其師普寂共同演
出的「告別式」：

> 居一日，寬詣寂，寂云：「方有少事，未暇款語，且請遲回休憩也。」
> 寬乃屏息，止於空室，見寂潔滌正堂，焚香端坐。坐未久，忽聞叩
> 門，連云：「天師一行和尚至矣。」一行入，詣寂作禮，禮訖，附耳
> 密語，其貌絕恭，寂但頷云：「無不可者。」一行語訖，降階入南室，
> 自闔其戶。寂乃徐命弟子云：「遣鍾，一行和尚滅度矣。」左右疾走
> 視之，一如其言。〔註270〕

「天師一行和尚至矣」，《酉陽雜俎》作：「大師一行和尚至矣」；〔註271〕《宋
高僧傳》注云：「僧號天師始見於此，言天子師也。」〔註272〕神秀弟子普寂稱
其徒一行爲「天師」，應是認同玄宗稱一行爲「聖人」；道士尹崇與盧鴻，使
一行揚名天下，道教人士認同一行是「聖人」的，有道士邢和璞：

> 嘗謂尹愔曰：「一行其聖人乎？漢之洛下閎造《大衍曆》，云：『後八
> 百歲當差一日，則有聖人定之。』今年期畢矣，而一行造《大衍曆》，
> 正在差謬，則洛下閎之言信矣。」〔註273〕

此記亦見於《舊唐書·方伎》，而在唐代詩人中，劉禹錫認爲一行繼漢代洛下
閎造《大衍曆》，〔註274〕《開元大衍曆經》五十二卷，爲不刊之典，是佐天子
之「聖人」，劉禹錫言：「有外臣一行，亦聖之徒與。刊曆考元，書成化去。」
〔註275〕一行去世，玄宗「爲一行製碑文，親書於石，出內庫錢五十萬，爲起

富貴，必反逆以取。其二曰：禁兵勿付漢官，須令內官兼統。』及幸蜀，臨渭
水，與肅皇別，歎曰：『吾不用一行之言。』後方置神策軍。」頁144。

〔註269〕後晉·劉昫，《舊唐書》卷9，載天寶九載夏五月，「安祿山進封東平郡王。
節度使封王，自此始也。」頁224。

〔註270〕唐·鄭處誨，《明皇雜錄·補遺》，頁44。

〔註271〕唐·段成式，《酉陽雜俎》前集卷5，頁59。

〔註272〕宋·釋贊寧，《宋高僧傳》卷5〈唐中嶽嵩陽寺一行傳〉。《大正藏》第50冊，
頁733。

〔註273〕唐·鄭處誨，《明皇雜錄·補遺》，頁43。

〔註274〕按：宋·曾慥，《類說》，李石，《續博物志》，記武帝時洛下閎此則預言，均
作一千年「當差一天」。

〔註275〕唐·劉禹錫，〈送惟良上人（并引）〉，《全唐詩》卷354，頁3971。

塔於銅人之原。」〔註276〕一行「天師」之譽，實當之無愧。

唐帝王迷信「預言」的程度不一，《太平廣記》引《逸史・迴向寺狂僧》，〔註277〕帝王夢中之預言，若經事後諸葛證實，自然易被小說家記下，特別是預言帝王不久後崩駕，〔註278〕以及與國祚短長有關的預言，最能聳動後人，預言僧人的預言事蹟，也就因此被後人鉅細靡遺傳述下來。

（二）祈雨僧

另一種與帝王關係密切的異僧是「祈雨僧」，景雲中，長安霖雨超過兩個月，胡僧寶嚴自稱有法術能止雨，寶嚴開設壇場，誦念經咒，不管當時禁屠的命令，除了用二十頭羊，兩匹馬來祈祭，另外還努力「請經」，五十多天之後，結果是「其雨更盛」，睿宗最後是「斬逐胡僧，其雨遂止。」〔註279〕胡僧寶嚴被斬而後雨止，可說是巧合；玄宗在位時間最久，對祈雨的需求，比其他唐帝王更為迫切，不管和尚或道士，凡有祈雨能力者，均得蒙詔進宮，玄宗還同時命和尚、道士一同祈雨，以較其功力高低。〔註280〕

圓仁記會昌四年（844）乾旱少雨，武宗命令長安兩街功德使，通知各寺觀的道士、和尚求雨，雨下之後，「道士偏蒙恩賞，僧尼寂寥無事。」長安城的百姓登時傳言：「祈雨即惱亂師僧，賞物即偏與道士。」〔註281〕武宗之不喜佛教，導致賞賜有差，連長安百姓也難忍。

（三）丹藥僧

唐代服食丹藥的十一位皇帝，有明確宣示不相信神仙之說，如太宗、高宗、玄宗；有目睹前朝帝王為丹藥所誤，卻仍願相信丹藥的誘惑，如穆宗、

〔註276〕後晉・劉昫，《舊唐書》卷191，頁5113。
〔註277〕大意是：玄宗作了個要向「迴向寺布施」的夢，奉命前往布施的僧人，在谷中大霧處找到了「迴向寺」，寺中一僧告訴布施僧人，玄宗前世是個愛玩「尺八」的僧人，被謫為人間當帝王；而坐在旁邊的「胡僧」，是號為「磨滅王」，後來「權代汝主」的安祿山。參見：《太平廣記》卷96〈迴向寺狂僧〉，頁639～640。
〔註278〕唐・段成式，《酉陽雜俎》前集卷1：「上嘗夢日烏飛，蝙蝠數十逐而墮地。驚覺，召萬回僧，曰：『大家即是上天時。』翌日而崩。」頁2。
〔註279〕唐・張鷟，《朝野僉載》卷5，頁116。
〔註280〕唐・段成式，《酉陽雜俎》前集卷3：「玄宗又嘗召術士羅公遠與不空同祈雨，互校功力。上俱召問之，不空曰：『臣昨焚白檀香龍。』上令左右掬庭水嗅之，果有檀香氣。」頁39。
〔註281〕〔日〕圓仁，《入唐求法巡禮行記》卷4，頁97。

文宗、宣宗，可以說，唐代帝王並非全因相信神仙之說才服食金丹，服丹主要是爲了治療家族遺傳的「風疾」；〔註282〕「風疾」又稱「氣疾」，猶今之高血壓，從高祖得「風疾」而去世，〔註283〕而史書又多記太宗因得「氣疾」，必須熱天避暑，不能親行封禪，〔註284〕小說家同時也記下太宗服「乳煎蓽撥」的藥方，以治療「氣疾」的經過，〔註285〕史書亦載高宗、順宗、穆宗、文宗苦於「風疾」，〔註286〕可以確定，唐皇室有高血壓的遺傳病史。

《唐律疏義》規定誤醫致人於死的處罰是「徒二年半」，〔註287〕罪責不可謂重，永徽四年雖也規定「道士、女冠、僧、尼等，不得爲人療病。」〔註288〕然唐代帝王多令道士合藥，規定的落實情形，也就可想而知；唐代帝王爲了療風疾，令道士合丹的記載較爲多見，〔註289〕而因服藥不當，導致無效甚或致死

〔註282〕參見：王永平，〈識釋唐代諸帝多餌丹藥之謎〉《歷史研究》1999年第4期。作者認爲唐代服食金丹的11位帝王：太宗、高宗、武則天、玄宗、憲宗、穆宗、敬宗、文宗、武宗、宣宗、僖宗；除了武后以外，之所以前仆後繼的服食丹藥，是因爲要對抗皇室的遺傳疾病——風疾。

〔註283〕宋·司馬光，《資治通鑑》卷194〈唐紀〉10，貞觀九年：「太上皇自去秋得風疾，庚子，崩於垂拱殿。」頁6112。

〔註284〕宋·司馬光，《資治通鑑》卷194〈唐紀〉10，貞觀六年：「上將幸九成宮，通直散騎姚思廉諫。上曰：『朕有氣疾，暑則頓劇，往避之耳。』」頁6094。《舊唐書》卷73〈姚思廉〉：「太宗諭曰：『朕有氣疾，熱便頓劇，固非情好遊賞也。』」頁2593。《唐會要》卷7〈封禪〉，貞觀六年：「然朕往昔蒙犯霜露，遂嬰氣疾。但恐登封之後，彌增誠懼。有乖營衛，非所以益朕也。少欲自怡，用安年壽，公卿等勿復爲言。」頁81。

〔註285〕宋·李昉等編，《太平廣記》卷221〈張同藏〉，記與袁天綱齊名的張同藏，預言年五十三歲，尚爲三衛的裴某，進「乳煎蓽撥」的藥方，得療太宗氣疾，因得三品官的經過，頁1697～1699。

〔註286〕《舊唐書》卷6〈則天本紀〉載高宗：「帝自顯慶已後，多苦風疾，百司表奏，皆委天后詳決。自此內輔國政數十年，威勢與帝無異，當時稱爲『二聖』。」頁115。《舊唐書》卷37：「貞元二十一年，順宗風疾，叔文用事，連月霖雨不霽。乃以憲宗爲皇太子，制出日即晴。」頁1363。《資治通鑑》卷242載穆宗長慶二年（822）：「上與宦者擊毬於禁中，有宦者墜馬，上驚，因得風疾，不能履地，自是人不聞上起居；宰相屢乞入見，不報。」頁7822。《資治通鑑》卷244載文宗太和七年（833）：「庚子，上始得風疾，不能言。於是王守澄薦昭義行軍司馬鄭注善醫；上徵注至京師，飲其藥，頗有驗，遂有寵。」頁7894。

〔註287〕唐·長孫無忌等撰、劉俊文點校，《唐律疏義》卷26〈雜律〉：「諸醫爲人合藥及題疏、針刺，誤不如本方，殺人者，徒二年半。」頁520。

〔註288〕宋·王溥，《唐會要》卷50〈雜錄〉：「永徽四年四月勅，道士、女冠、僧、尼等，不得爲人療病及卜相。」頁878。

〔註289〕唐代諸帝餌丹藥，支持道士煉丹，對道士的優待、禮遇，詳見任繼愈主編，《中

的情形，朝廷對於合藥的道士卻處罰不一，但對於合藥的胡僧，卻從未見處罰，固然因為唐帝王本就較少令僧人合丹，而奉命合長年藥的僧人，亦僅見於來自殊方異域的「胡僧」。

　　唐高祖活了七十歲才發風疾，病來得快人也去得快，高祖還來不及接觸丹藥，第一位對胡僧之長年藥感興趣的是太宗，貞觀二十二年（648），王玄策破天竺，帶回婆羅門僧那羅邇娑婆寐，那羅邇娑婆寐「自言有長生之術，太宗頗信之，深加禮敬，使合長生藥。」〔註290〕從貞觀六年（632）開始，太宗即為風疾所苦，除了命那羅邇娑婆寐於「金飆門合延年藥」，還「發使四方求奇藥異石」，甚至遠到婆羅門諸國採藥，結果藥未製成，太宗便將那羅邇娑婆寐放還，王玄策是深信那羅邇娑婆寐有能力合長年藥，對太宗放還那羅邇娑婆寐感到可惜，無神論者的太宗事後說道：「自古安有神仙！秦始皇、漢武帝求之，疲弊生民，卒無所成，果有不死之人，今皆安在！」那羅邇娑婆寐被放還後有再到長安，李勣附和太宗，說道：「此婆羅門今茲再來，容髮衰白，已改於前，何能長生！」〔註291〕首位替唐代帝王合長生藥的胡僧，最後是老死在長安，其為太宗合藥之事，被認為是致太宗於死的原因，唐代臣子常以之作為勸阻帝王勿餌丹藥的活教材。〔註292〕

　　高宗因風疾而不能視事，被迫形成「二聖」之局，其對丹藥的興趣自然遠較諸帝為高；高宗為了療風疾，曾命道士劉道合「合還丹」，高宗服後無效，劉道合卒於咸亨中，弟子後來將其改葬，謂其「尸解」而去，〔註293〕高宗聞之不悅，曰：「劉師為我合丹，自服仙去。其所進者，亦無異焉。」〔註294〕高宗雖認為後來所進丹藥無效，然並未從此對丹藥死心，曾詔胡僧盧伽阿逸多合長年藥，郝處俊諫曰：

國道教史》上卷，第十一章〈唐代道教外丹〉（北京：中國社會科學出版，2001年），頁499～508。

〔註290〕宋・司馬光，《資治通鑑》卷200〈唐紀〉16，頁6303。

〔註291〕宋・司馬光，《資治通鑑》卷200〈唐紀〉16，頁6303。

〔註292〕憲宗早在元和五年（810），就對長生藥感興趣，曾當廷問宰臣曰：「神仙之事信乎？」李藩對曰：「神仙之說，出於道家；……故秦始王遣方士載男女入海求仙，漢武帝嫁女與方士求不死藥，二主受惑，卒無所得。文皇帝服胡僧長生藥，遂致暴疾不救。」《舊唐書》卷14〈憲宗本紀〉，頁431～432。

〔註293〕五代、後晉・劉昫等撰，《舊唐書》卷192：「其尸惟有空皮，而背上開坼，有似蟬蛻，盡失其齒骨，眾謂『尸解』。」頁5127。

〔註294〕五代、後晉・劉昫等撰，《舊唐書》卷192，頁5127。

修短有命，未聞萬乘之主，輕服蕃夷之藥。昔貞觀末年，先帝令婆羅門僧那羅邇娑寐依其本國舊方合長生藥。胡人有異術，徵求靈草祕石，歷年而成。先帝服之，竟無異效，大漸之際，名醫莫知所爲。時議者歸罪於胡人，將申顯戮，又恐取笑夷狄，法遂不行。龜鏡若是，惟陛下深察。〔註295〕

郝處俊之諫，交代了那羅邇娑婆寐之所以沒有被太宗賜死的原因，是：「名醫莫知所爲，……恐取笑夷狄。」此攸關唐朝君臣的面子問題，高宗聽了郝處俊的建議，未服盧伽阿逸多的長年藥，還封這位外來客爲「懷化大將軍」；相較於太宗、高宗一度相信外來和尙會合藥，《朝野僉載》記則天聖曆年間，僧人胡超自稱數百歲，「望與彭祖同壽」的武則天命他合藥，三年藥成，則天因之改元「久視」，「久視」不久，則天服藥三年而崩；〔註296〕曾親餌丹藥的白居易說：「中天或有長生藥，下界應無不死人。」〔註297〕武后花費巨萬合藥三年後駕崩，在小說家筆下，自是以笑話看待的成分居多；〔註298〕總的來說，唐帝王餌丹藥，固然有療風疾的因素，然亦不能排除有希求長生的心理。

第四節　小　結

　　唐代帝王對佛教的政策，主要表現在：道先佛後的主張，對於度牒、僧尼籍的控管以及沙汰僧尼；武德九年因「京師寺觀，不甚清淨。」而有「道先佛後」的詔令，則天之外的初唐帝王，其「道先佛後」的政策，均顯示佛教在初唐時期，地位遠不如道教，在高宗頒佈〈僧尼不得受父母及尊者禮拜詔〉之後，從兩晉開始至唐初的「沙門不敬王者論」暫息，此標誌著佛教在初唐，已被唐帝王以及多數的臣民認可。

　　唐帝王對佛教的管理，除了控管度牒的發放以及僧尼籍的登錄，連帶也

〔註295〕五代・後晉・劉昫等撰，《舊唐書》卷84〈郝處俊〉，頁2799。

〔註296〕唐・張鷟，《朝野僉載》卷5，頁116。

〔註297〕唐・白居易，〈曲江醉後贈諸親故〉：「郭東丘墓何年客，江畔風光幾日春。只合殷勤逐杯酒，不須疎索向交親。中天或有長生藥，下界應無不死人。除卻醉來開口笑，世間何事更關身。」《全唐詩》卷483，頁4865。

〔註298〕唐・張鷟，《朝野僉載》卷5：「周聖曆年中，洪州有胡超僧出家學道，隱白鶴山，微有法術，自云數百歲。則天使合長生藥，所費巨萬，三年乃成。自進藥於三陽宮，則天服之，以爲神妙，望與彭祖同壽，改元爲久視元年。放超還山，賞賜甚厚。服藥之後三年而則天崩。」頁116。

使僧人入出國的限制十分嚴格，唐代來華之粟特人，除了不能去「蕃地」（少數民族聚居地），在中原地區完全可以自由貿易，〔註299〕漢地僧人較之胡商更不自由，玄奘西行求經與鑑眞東渡日本，都沒有經過朝廷批准，日僧圓仁要返國，上了百道申請依然沒下文，唐朝廷對僧人出入境的限制，顯然較商胡要嚴格許多，此亦可見唐代帝王對佛教嚴格的管理。

唐代不喜佛教的帝王，以玄宗與武宗爲最，兩人同爲唐代崇道帝王的代表；玄宗的崇道純粹意在尊李，武宗的崇道，除了禁天下使用獨輪車，用者當場格殺之外，〔註300〕連黑色的畜生也一併無辜遭禁；〔註301〕會昌毀佛前，李德裕在蜀地（830～831），於蜀先主祠旁的猓村，「其民剔髮若浮圖者，蓄妻子自如。」〔註302〕文宗太和四年（830），向祠部申請給牒的僧人高達七十萬人，李德裕所見之「百姓僧」，應是有度牒的「僞濫僧」，十五年後會昌毀佛，還俗僧尼人數是二十六萬左右，可見「僞濫僧」人數在安史亂後，是不正常的快速增加，宣宗復佛，十七萬群髡在他心中，已不足以動搖唐朝國本，會昌毀佛大量還俗的，並非眞正的佛門龍象，對於受不了世俗誘惑而還俗的僧人，小說家自然是筆之書而後快。〔註303〕

唐朝廷對佛教的政策，從高祖武德九年下令沙汰僧尼，結果「事竟不行」，到武宗會昌毀佛，毀到圓仁所見的，「無人往來」的地步，其中有一關鍵點至爲重要，亦即上情能否確實下達的問題；唐代的中央主管部門，在地方沒有相應的對口機構，〔註304〕於佛教事務則不然，祠部是管天下僧尼度牒的中央

〔註299〕陳海濤、劉惠琴，〈唐代入華粟特人的類別、階段及其原因〉，《來自文明十字路口的民族──唐代入華粟特人研究》（北京：商務印書館，2006年），頁104～105。

〔註300〕〔日〕圓仁，《入唐求法巡禮行記》卷4：「有敕斷天下獨腳車，條疏後有人將獨腳車行者，當處決煞。緣天子信道士教，獨腳車搋破道中心，恐道士心不安歟。」頁108。

〔註301〕〔日〕圓仁，《入唐求法巡禮行記》卷4：「有敕斷天下豬、黑狗、黑驢、牛等。此乃道士著黃，恐多黑色厭黃令減歟。」頁108。

〔註302〕宋·歐陽修、宋祁撰，《新唐書》卷180，頁5332。

〔註303〕宋·孫光憲，《北夢瑣言》卷6，記唐末時，悟達國師知玄收僧澈爲徒，僧澈巴結太尉韋昭度，「京兆與一、二時相，皆因之大拜。」諸相每次見知玄，知玄都請他們去找僧澈喫茶，僧澈後來還俗，伐成都時，田令孜致檄書曰：「伏以太尉相國，頃因和尚，方始登庸。在中書則開舖賣官，居翰林則借人把筆。」（臺北：源流文化事業公司，1983年），頁46。下引版本同。

〔註304〕例如：屯田、營田，中央有工部屯田郎中與司農寺，州郡沒有相對應的主管機構或官員；手工業生產，僅中央有工部、少府監、將作監；畜牧業生產，

機關，敕令僧尼還俗，拆毀寺院，兩街僧尼是委於功德使，地方僧尼是責於州縣，會昌五年所交出的毀佛「成績單」，較之武德九年沙汰僧尼結果「不行」，顯示唐朝政府在安史亂後，對下層地方官吏，亦即州、縣官員的要求，有了具體的成果，此點亦可證明對佛教多下限制令的玄宗，在開元年間所下的多道禁令，幾無成效的原因。

初唐至盛唐，經由佛經的翻譯與流通，與僧徒之西行求法，唐帝王開始了崇佛行爲，在帝王的帶領下，政治、社會、經濟、文化無一不受佛教影響，伴隨著佞佛空氣的盛行，唐代帝王與皇親貴胄，爭相捨宅爲寺以邀冥福，在賦予皇家寺院經濟獨立發展的同時，大型的官寺也成了唐人社會文化的新載體，被唐帝王追入內道場的僧人，大多配居官寺，方便帝王親近，高僧與皇家寺院密不可分；唐代與異僧有最多交涉的帝王是玄宗，主要原因是在位時間最久，其間佛、道鬥法最爲多樣且戲劇性十足，玄宗即位的經過，是唐代三次「內禪」之一，〔註305〕玄宗在繼位之前，所要剷除的對象，除了佞佛的武則天，還有韋后與太平公主，開、天之治長達42年，最能看出玄宗崇道心理，就是欲以玉眞公主嫁給傳言已數百歲的張果一事，張果引當時俗諺云：「娶婦得公主，眞可畏也。」〔註306〕此語除了見證士族所言，唐公主婚事難爲的說法，也證明玄宗的好道，已到視婚事如兒戲的地步；玄宗除了檢驗奉詔入宮的道士，其道行的深淺，〔註307〕還不忘令異僧參與陪同演出，〔註308〕可看

僅中央有工部駕部郎中及殿中省等部門，於是才有「營田使」、「鹽鐵使」、「群牧使」的設置。參見：甯志新，〈唐代使職制度概述〉，《隋唐使職制度研究》（北京：中華書局，2005年），頁112。

〔註305〕唐代有三位皇帝，在不得已的非常情形下，將皇位讓給內定的繼承人，即所謂的「內禪」：高祖禪位於太宗；睿宗禪位於玄宗；順宗禪位於憲宗，三次的「內禪」，也就是三次的宮廷政變。

〔註306〕張果於則天朝隱於中條山，「時人傳其有長年祕術，自云年數百歲矣。」「玄宗好神仙，而欲果尚公主。果固未知之。」張果路逢王迥質、蕭華，言：「娶婦得公主，眞可畏也。」王、蕭二人不知其意，「即有中使至，宣曰：『玉眞公主早歲好道，欲降先生。』果大笑，竟不奉詔。」《舊唐書》卷191，頁5106～5107。

〔註307〕五代、後晉‧劉昫等撰，《舊唐書》卷191〈方伎〉，載玄宗想試張果是否眞有祕術，謂力士曰：「『吾聞飲堇汁無苦者，眞奇士也。』會天寒，使以堇汁飲果。果乃引飲三卮，醺然如醉所作，顧曰：『非佳酒也。』乃寢。頃之，取鏡視齒，則盡燋且黧。命左右取鐵如意擊齒墮，藏於帶。乃懷中出神仙藥，微紅，傅墮齒之齗。復寐良久，齒皆出矣，粲然潔白，玄宗方信之。」頁5106。

〔註308〕五代、後晉‧劉昫等撰，《舊唐書》卷191〈方伎〉：「有師夜光者，善視鬼，

出奉召入宮的「異僧」，與道士一樣，是娛樂帝王的工具。

　　「異僧」本應以其所具有之神通化度有情眾生，但唐人小說中的「異僧」，其所展現之神蹟，卻很少用在拯人於厄，而多用來服務帝王、交通王侯重臣，筆記小說中的「異僧」，有一共同點，即：絕少含有宣揚佛法的成分，在唐代帝王身邊的異僧，多以其異能服務帝王，滿足帝王為踐九五之尊，為保長治久安的是預言僧；奉命為帝王求長生延壽的是合藥僧；為民求雨，舉國矚目的是祈雨僧；為皇室成員尋找歡樂的是擁有特異功能的異僧，在眾多擁有異能的僧人當中，以預言僧最普受尊崇。在唐代，不管是佛教或是道教，不論成佛或成仙，在修證與修煉上的共通點，均是以養性全真為目的，這一點是佛、道二教最主要的互通之處，也是三教合流最大的契合點；〔註309〕萬迴被中宗賜號「法雲公」；不空被代宗賜「肅國公」；玄宗呼一行為「聖人」；武后管惠範叫「聖僧」，圍繞在唐帝王身邊的僧人，多因其神異而為帝王所重，至於聽信「左道僧」之妖言，或命喪「合藥僧」之手的唐代帝王，不明僧品之複雜，是其貽笑後世的主因。

玄宗召果與之密坐，令夜光視之，夜光進曰：『果今安在？』夜光對面終莫能見。」頁5106。又：張鷟《朝野僉載》卷3，記中宗：「令內道場僧與道士各述所能，久而不決。玄都觀葉法善取胡桃二升，並殼食之並盡。僧仍不伏。法善燒一鐵鉢，赫赤兩合，欲合老僧頭上，僧唱『賊』，裊裟掩面而走。孝和撫掌大笑。」頁66～67。

〔註309〕參見：孫昌武，〈三教調和思潮與唐代文學〉，《道教與唐代文學》（北京：人民文學出版社，2001年），頁504。

第三章 唐代皇室貴族與佛教

　　唐之帝室貴胄，爲維護至上權力，對於前朝已有爭論的，佛教不合儒家倫常的部分，如沙門不拜君、親等問題，基於不容教權凌駕於君權之上，又重新庭議沙門「致禮」問題，甚且，將沙門禮拜的對象，擴及到皇室貴族；皇室成員之捨宅立寺與造像，是基於對佛教輪迴果報說的接受，對於佛教的擴展，有絕大助長的影響；唐皇室與貴族之法事活動，不論是爲亡者追福，或是親受菩薩戒，突顯出佛教深入唐朝上層社會的情形；帝室貴胄與來華胡僧接觸，除了使密教得以流佈中土，更帶動庶民崇佛的熱潮。本章首論議沙門致拜君親，次論唐代皇室貴族有關輪迴果報的信仰與法事活動，最後論唐代皇室貴族與胡僧之交涉。

第一節　議沙門致拜君、親

　　佛教入中國，首先面對「不敬王者」與「跪拜父母」的問題，以儒家道統爲主的中國社會，對於沙門不拜君王、父母，所引起的非難與批評，主要來自站在第一線擁護皇權的當朝大臣，唐代官吏因沙門致拜君、親的問題，進一步要求僧、道「拜俗」，此舉爲前代罕見。

一、唐以前之沙門「致禮」問題

　　佛教徒基於「眾生平等」的信仰，對於君王、父母、長者，均只合掌爲禮，並不跪拜，佛經對於沙門不拜的對象有嚴格規定，《梵網經》下卷：「出家法不禮拜國王、父母、六親，亦不敬事鬼、神。」《涅槃經》卷六：「出家

人不禮敬在家人。」《四分律》云：「佛令諸比丘長幼相次禮拜，不應禮拜一切白衣。」〔註1〕然從魏晉南北朝開始，佛所親制的規定受到挑戰，沙門不拜君、親的問題，在中土引發激烈的爭議。

東晉成帝咸康六年（340），丞相王導及太尉庾亮死後，由庾冰輔政，庾冰兩次代晉成帝下詔，謂「沙門應盡敬王者」，詔下禮官詳議；尚書令何充與僕射褚翌、諸葛恢，尚書馮懷、謝廣等「往返三議」，咸認爲「沙門不應盡敬」，〔註2〕其事遂息；安帝時，太尉桓玄「以震主之威下書令拜」，〔註3〕尚書令桓謙持相反意見，中書令王謐與桓玄三難三答，〔註4〕廬山慧遠法師作〈沙門不敬王者論〉以對，僧佑《弘明集》載〈遠法師沙門不敬王者論〉五篇，對於沙門「出家」、「在家」、「求宗不順化」、「體極不兼應」、「形盡神不滅」共五大爭論焦點，〔註5〕全文收錄；慧遠法師〈沙門不敬王者論〉五篇，使桓玄頒下〈許沙門不致禮詔〉，「沙門不敬王者」之爭於焉平息。

到了南北朝，南北情況互有不同，北魏趙郡沙門法果，被道武帝徵召入宮，「每與帝言，多所愜允。」法果卒於泰常中（約420），明元帝三臨其喪，追贈老壽將軍、趙胡靈公；法果生前常說北魏道武帝是：「當今如來沙門，宜應盡禮。」在致拜道武帝時，常與人言：「能弘道者，人主也；我非拜天子，乃是禮佛耳。」法果「依國主」的結果，得到了兩個釋門第一：釋子封官與帝王賜諡；〔註6〕南朝的情況是，宋孝武帝大明六年（462），令僧人必須敬拜帝王，如有不從，則「鞭顏竣面而斬之。」〔註7〕

隋煬帝於大業三年（607）下令：「諸僧道士等，有所啓請者，並先須致

〔註1〕 參見：唐·釋道宣，《廣弘明集》卷25〈西明寺僧道宣等序佛教隆替事簡諸宰輔等狀〉。《大正藏》第52冊，頁286。

〔註2〕 梁·釋僧祐，《弘明集》卷12〈尚書令何充奏沙門不應盡敬〉。《大正藏》第52冊，頁79。

〔註3〕 唐·釋道宣，《廣弘明集》卷25〈西明寺僧道宣等序佛教隆替事簡諸宰輔等狀〉。《大正藏》第52冊，頁285。

〔註4〕 唐·彥悰錄，《集沙門不應拜俗等事》卷1〈桓玄難王謐不應致敬事〉、〈王謐答桓玄應致敬難〉。《大正藏》第52冊，頁445～446。

〔註5〕 梁·釋僧祐，《弘明集》卷5〈遠法師沙門不敬王者論〉。《大正藏》第52冊，頁30～32。

〔註6〕 參見：宋·釋贊寧，《大宋僧史略》卷下〈封授官秩〉、〈賜諡號〉。《大正藏》第54冊，頁250、252。

〔註7〕 參見：唐·釋道宣，《廣弘明集》卷6「宋世祖孝武皇帝」。《大正藏》第52冊，頁126。

敬，然後陳理。」釋彥琮著〈福田論〉以抗之，出家人朝見煬帝時，「並無致敬者」，兩年後，「僧等依舊不拜。」明贍法師對煬帝說：「經中不令拜俗，所以不敢違教。」煬帝不接受這種說法，當廷四次令僧致拜，「僧等峙然」，明贍法師言：「陛下必令僧拜，當脫法服著俗衣。」最後是「帝夷然，無何而止。」〔註8〕

　　縱觀唐以前的沙門致拜問題，不論是否施行強制，全與「君權」形象的樹立有關，到了唐代，沙門致禮的問題更為複雜，沙門被要求致敬的對象不僅是君主，由君王擴大到父母、俗人，爭執的焦點已由樹立君權的形象，上升到對道統的維護。

二、唐代沙門「致禮」問題

　　僧為三寶之一，在家人拜僧是表示信受佛法，唐代帝王，首先下詔僧、尼須致拜父母的是唐太宗，貞觀五年（631），太宗詔僧、尼須致拜父母；〔註9〕而詔令僧、尼不得受父母以及尊者禮拜的是高宗，顯慶二年（657）詔曰：

> 釋典沖虛，有無兼謝。正覺凝寂，彼我俱忘。豈自遵崇，然後為法。聖人之心，主於慈孝。父子君臣之際，長幼仁義之序，與夫周孔之教，異教同歸。棄禮悖德，朕所不取。僧尼之徒，自云離俗，先自遵高，父母之親，人倫以極，整容端坐，受其禮拜，自餘尊屬，莫不皆然。有傷名教，實斁彞典。自今以後，僧尼不得受父母及尊者禮拜。所司明為法制，即宜禁斷。〔註10〕

高宗以儒家的「父子君臣」、「長幼仁義」，亦即正人倫的立場，令僧、尼不得受父母及尊者禮拜，然對於父母及尊者拜不拜僧、尼，並沒有強制，真正引起朝中官吏與京師僧、尼，就致拜問題大起爭議的，是龍朔二年（662）的〈制沙門等致拜君親敕〉：

> 朕稟天經以揚孝，資地義而宣禮。獎以名教，被茲真俗。而瀨鄉之基，克成天構；連河之化，付以國王。裁制之由，諒歸斯矣。今欲令道士、女冠、僧尼，於君皇后及皇太子其父母所致拜。或恐爽其

〔註8〕 隋・釋彥琮，〈福田論〉，轉引自：釋道宣《廣弘明集》卷25。《大正藏》第52冊，頁281。

〔註9〕 宋・司馬光，《資治通鑑》卷193〈唐紀〉9，貞觀五年：「春，正月，詔僧、尼、道士、致拜父母。」頁6086。

〔註10〕 宋・王溥，《唐會要》卷47〈議釋教〉（上），頁836。

恒情，宜付有司詳議奏聞。〔註11〕

龍朔二年四月的詔令，因爲是「付有司詳議奏聞」，朝中大臣對於沙門致禮問題，紛紛上疏直陳己見，京邑之僧二百餘人，眼見茲事體大，道宣、威秀等首先發難，集體往蓬萊宮申表，而在高宗勅令群臣詳議拜與不拜，結果仍未定之際，二百多位僧人決定大集於西明寺，商討如何共陳啓狀。

高宗強調基於維護「名教」的必要，在「揚孝」、「宣禮」的人倫大義下，詔令僧尼致拜的對象包括國君、皇后、皇太子、父母；朝臣詳議後，看法兩極且壁壘分明，令狐德棻等五百三十九人，站在尊重佛教的教規上，議請不拜；〔註12〕閻立本等三百五十四人，則是站在出家人未能逃國，應守「臣君敬父」之禮，議請拜，〔註13〕在議請不拜人數領先的情形下，高宗於龍朔二年六月八日，下〈停沙門拜君詔〉，威秀、崇拔與譯經僧人靜邁，共同爲沙門不合拜父母做出努力，此外，道宣給高宗第六子沛王，〔註14〕以及武后之母榮國夫人的書信，〔註15〕動用到皇室成員的影響力，是釋門最後得勝的要因。龍朔二年（662），高宗所下的〈制沙門等致拜君親敕〉，釋彥悰《集沙門不應拜俗等事》卷三至卷六載之甚詳，從議論拜與不拜的官員總共高達八百九十三人的盛況，〔註16〕以及京師兩百多名高僧齊合努力，高宗最後下〈停沙門

〔註11〕 唐‧釋道宣，《廣弘明集》卷 25〈今上制沙門等致拜君親敕〉。《大正藏》第 52 冊，頁 284。

〔註12〕 唐‧彥悰錄，《集沙門不應拜俗等事》卷 6〈龍朔二年五月五日上中臺司禮太常伯隴西王博乂等執議奏狀〉：「況佛之垂法，事越常規。剔髮同於毀傷，振錫異乎簪紱。出家非色養之境，離塵豈榮名之地。功深濟度，道極崇高。何必破彼玄門，牽斯儒轍。披釋服而爲俗拜，踐孔門而行釋禮。存其教而毀其道，求其福而屈其身。詳稽理要，恐有未愜。」《大正藏》第 52 冊，頁 472。按：此狀出自令狐德棻之手，令狐德棻作有〈議沙門不應拜俗狀〉，共有兩篇，此爲前篇。詳見：《全唐文》卷 137，頁 1368～1369。

〔註13〕 唐‧彥悰錄，《集沙門不應拜俗等事》卷 6：「況太陽垂曜在天，標無二之明。大帝稱尊御宇，極通三之貴。且二教裁範雖絕塵容，事上出家未能逃國。同賦形於奴鏡，皆仰化於姚風。豈有抗禮宸居，獨高眞軌。然輕尊傲長，在人爲悖。臣君敬父於道無嫌，考詳其議跪拜爲允。」《大正藏》第 52 冊，頁 472。

〔註14〕 唐‧釋道宣，《廣弘明集》卷 25〈西明寺僧道宣等上雍州牧沛王論沙門不應拜俗啓〉。《大正藏》第 52 冊，頁 284。

〔註15〕 唐‧釋道宣，《廣弘明集》卷 25〈西明寺僧道宣等上榮國夫人楊氏請論沙門不合拜俗啓〉。《大正藏》第 52 冊，頁 285。

〔註16〕 「拜俗」爭議，見諸《全唐文》，主張應拜俗的有：閻立本〈僧道拜君親議〉，卷 153，頁 1569～1570；李淳風〈議僧道不應拜俗狀〉，卷 159，頁 1631；呂才〈議僧道不應拜俗狀〉，卷 160，頁 1636～1637；郝處俊〈僧道拜君親議狀〉，

拜君詔〉，並非全爲了從眾之議，另有其背後的政治因素（詳見後）。

　　開元二年（714），玄宗除了下詔「自今已後，道士、女冠、僧、尼等，並令拜父母。」〔註17〕同時還沙汰了僞濫還俗的僧尼三萬多人，開元二年的詔令，沙門致拜的對象，已去掉國君、皇后、皇太子，開元二十一年（733）十月，玄宗下〈僧尼拜父母敕〉，〔註18〕重申「致拜父母」，可以說，到了玄宗朝，沙門不再拜君，然對於拜父母，唐朝廷仍未讓步；玄宗兩度下詔要僧、尼拜父母，是佛法與王法，亦即佛教教團與朝廷之間的「主導權」之爭，玄宗以朝廷的力量掌控教權的舉措，還表現在開元二年（714）禁止百官與僧、道往來：

> 如聞百官家，多以僧尼、道士等爲門徒往還，妻子等無所避忌；或詭託禪觀，禍福妄陳；事涉左道，深斁大猷。自今已後，百官家不得輒容僧尼等。至家緣吉凶，要須設齋，皆于州縣陳牒寺觀，然後依數聽去，仍令御史金吾嚴加捉搦。〔註19〕

玄宗將百官的宗教行爲，限制只能在寺、觀進行，違者有御史、金吾捉按，不僅如此，玄宗禁止佛、道發展的一連串配套措施，有禁止坊市鑄佛寫經；〔註20〕禁造寺、觀；〔註21〕〈禁僧道掩匿詔〉規定僧、道的活動範圍，形容僧、道「避其所管，互相掩匿，共成奸詐。」〔註22〕〈禁僧俗往還詔〉言僧人：「兼亦聚眾，公然往來。」〔註23〕〈禁僧道不守戒律詔〉具體描述

卷 162，頁 1656；李寬〈僧道拜君親議狀〉，卷 169，頁 1724；主張不應拜俗的，有劉祥道〈僧道拜君親議狀〉，卷 162，頁 1655～1656；杜君綽〈議沙門不應拜俗狀〉，卷 186，頁 1887；權善才〈議釋道不應拜俗狀〉，卷 186，頁 1887；孔志約〈議釋道不應拜俗狀〉，186，頁 1888；劉審禮〈議釋道不應拜俗狀〉，188，頁 1907；源直心〈議釋道不應拜俗狀〉，卷 189，頁 1913～1914，此外，龍朔二年，官吏針對「沙門不應拜俗」的問題，所撰之文，具見於《全唐文》卷 203～205。

〔註17〕宋・王溥，《唐會要》卷 47〈議釋教〉（上），頁 836。

〔註18〕宋・宋敏求編、洪丕謨等點校，《唐大詔令集》卷 113：「自今已後，僧尼一依道士、女冠，兼拜其父母。」頁 540。

〔註19〕清・董誥等編，《全唐文》卷 21〈禁止百官與僧道往還制〉，頁 243。

〔註20〕清・董誥等編，《全唐文》卷 26〈禁坊市鑄佛寫經詔〉，頁 300。

〔註21〕清・董誥等編，《全唐文》卷 26〈禁創造寺觀詔〉，頁 304。

〔註22〕清・董誥等編，《全唐文》卷 28〈禁僧道掩匿詔〉：「如聞道士僧尼，多有虛挂名籍，或權隸他寺，或侍養私門，託以爲詞，避其所管，互相掩匿，共成奸詐，甚非清淨之意也。自今已後，更不得於州縣權隸，侍養師主父母，此色者並宜括還本寺觀。」頁 323。

〔註23〕清・董誥等編，《全唐文》卷 30〈禁僧俗往還詔〉，頁 339。

當時的出家人是：「或公訟私競，或飲酒食肉，非處行宿。」〔註24〕從僧、道之互為掩匿，可見玄宗一連串對僧、道的限制措施，並未有實質的收效，玄宗也因此更加法嚴令苛，禁止僧尼「除講律之外，一切禁斷。」還規定僧尼「午後不行。」〔註25〕此外，對三階教的處置，可看出玄宗的限佛措施，有其貫徹始終的努力，玄宗除了禁止士、女施錢給盛行三階教的化度寺、福先寺，還下詔分散化度寺的無盡藏院，〔註26〕此舉對於從隋經唐初，勢力如日中天的三階教是一大重創。開元二十一年，玄宗下〈僧尼拜父母敕〉，結果王權並無在教權之上，因為玄宗不久後即下〈令僧尼無拜父母詔〉，〔註27〕玄宗對佛教已無力回「天」，可知時至盛唐，佛教勢力一如盛唐國勢。

第二節　輪迴果報的信仰

　　寺院是僧人傳布佛教，翻譯佛經的場地，佛寺的存在，與佛教的興衰密切相關；唐帝王除了建立寺院與襄助譯經，最大宗的布施就是「造像」，對僧人而言，造佛像是為了觀像以便修行，南朝時，有佚名文人著〈正誣論〉，提到佛像的功用，除了讓上層士人堅定對佛理的信仰，還可引起下層人民對佛教的興趣，進而引導其皈依三寶；〔註28〕不管是何種階層的民眾，目睹佛像的莊嚴，進一步就有可能接受佛教的輪迴信仰；佛教的輪迴信仰，對唐代帝王來說，除了毀佛的武宗以外，無不傾國財以求來生得福報，在最簡單的施齋之外，〔註29〕盡可能立寺、造像、迎佛骨入內供養，以國家之財遂行一己之大布施。

〔註24〕清・董誥等編，《全唐文》卷29〈禁僧道不守戒律詔〉，頁327。

〔註25〕清・董誥等編，《全唐文》卷30〈禁僧徒斂財詔〉，頁339。

〔註26〕清・董誥等編，《全唐文》卷28〈禁士女施錢佛寺詔〉、〈分散化度寺無盡藏財物詔〉，頁320、322。

〔註27〕清・董誥等編，《全唐文》卷30，頁341。

〔註28〕梁・僧祐，《弘明集》卷1〈正誣論〉：「是以諸奉佛者，仰慕遺跡，思存彷彿。故銘列圖象致其虔肅，割珍玩以增崇靈廟。故上士遊之，則忘其蹄筌，取諸遠味；下士遊之，則美其華藻，玩其炳蔚。先悅其耳目，漸率以義方。三塗汲引，莫有遺逸。」《大正藏》第52冊，頁8。

〔註29〕以不信佛的太宗為例，太宗為報母恩，於宏福寺施齋，〈宏福寺施齋願文〉：「惟以丹誠，歸依三寶。謹於宏福道場，奉施齋供，並施淨財，以充檀用。用斯功德，奉為先靈。」《全唐文》卷10，頁124。「貞觀四年正月，敕上宮繡釋迦佛丈六像，奉安勝光寺設千僧齋。」《佛祖統紀》卷39。《大正藏》第49冊，頁363。

一、立寺與造像

　　捨財邀福，是謂財布施，唐代帝王造寺，是「佛、法、僧」三寶兼顧，出自邀福心理的大布施，無非是冀望來世得善報；〔註 30〕唐帝王及宗室建造佛寺、佛像的動機，有爲子女祈福；〔註 31〕子女爲父母祈福、追福；爲夫婿祈福等，捨宅爲寺的名目，有宦官請爲皇后立寺；有武后自稱「齒生髮變」而立寺，〔註 32〕其中，以唐太宗貞觀三年（629），下詔爲建國之初，在所有交兵之處「殞身戎陣」的將士造寺，太宗命虞世南、李百藥、褚遂良、顏師古、岑文本、許敬宗、朱子奢等人爲碑記，其「規模遠舉」爲唐代之最；〔註 33〕太宗爲陣亡將士「濟其營魄」而造寺，爲的是草創天下，能安定民心的帝王形象，此與武則天登基後，造大像的目的是爲了塑造其爲「佛主」，並無兩樣。

　　久視元年（700），武則天要天下僧尼「人出一錢」造大像，狄仁傑上疏諫止，大雲寺僧曇暢帶頭，領著訴貧僧尼上訴，張鷟因而上奏，〔註 34〕此奏並未讓武則天造像邀福的念頭停止，隔年（大足元年，701），武則天又想讓僧尼出錢，在白馬坂造大像，共需錢十七萬貫，李嶠上疏建議將錢拿來救濟十七萬貧戶；〔註 35〕長安四年（704），武則天仍不忘白馬坂造大像，命王攸寧充當檢校大像使，監察御史張廷珪引《金剛經》：「若以色見我，以音聲求我；是人行邪道，不能見如來。」殿中侍御史內供奉呂元泰同樣以該經文諫

〔註 30〕後秦·佛陀耶舍共竺佛念譯，《長阿含經》卷 17，載殺父篡位的阿闍王，懺悔後虔誠事佛，得生爲天人，此爲帝王造寺邀福之依據。《大正藏》第 1 冊，頁 108～109。

〔註 31〕唐高祖李淵曾爲太宗祈福於滎陽縣大海佛寺，曾建一石像誌之。參見：李聽，〈修大海佛寺石像奏〉，《全唐文》卷 713，頁 7320。

〔註 32〕唐代帝王爲親人所造之寺，如：高祖爲子建楚國、靈安二寺；唐太宗爲母造弘福、慈德，爲父造龍田；高宗爲太子時，爲母病立大慈恩寺，爲母親造資聖寺，爲太子病癒造西明寺，爲亡女造崇敬寺；武后爲其姊造崇福寺；中宗爲亡子造溫國、懿德，爲亡女造永壽、永泰；玄宗爲母造昭成寺。有關唐代帝王以何名目立何寺，詳見宋·王溥，《唐會要》卷 48〈議釋教〉下，頁

〔註 33〕宋·王溥，《唐會要》卷 48〈議釋教〉下，頁 849～850。

〔註 34〕唐·張鷟，〈大雲寺僧曇暢奏率僧尼錢造大像高千尺祝國爲福諸州僧尼訴云像無大小惟在至誠聚斂貧僧人多嗟怨既違佛教請爲處分〉，《全唐文》卷 172，頁 1757。

〔註 35〕唐·李嶠，〈諫建白馬坂大像疏〉，《全唐文》卷 247，頁 2497。按：則天天授二年（691），下令各州置大雲寺一所，李嶠作〈宣州大雲寺碑〉，《全唐文》卷 248，頁 2508～2512。

則天勿廣修佛寺，〔註36〕終於勸得武則天停作。〔註37〕

中宗懾於武后淫威，被軟禁長達十五年，其心靈的創傷不獨表現在斥張景源「自今已後，更不得言中興」，〔註38〕還表現在廣造佛寺以邀來生之福；中宗造寺的動機，與其說是爲了迎合武后的佞佛之舉，期待日後能順利登基，不如視爲是自小受戒爲佛弟子（玄奘爲中宗取法名「佛光王」），篤信佛教以求離苦得福有關；中宗繼高宗、武后之後，力贊譯經，〔註39〕而且是唐代第一個爲僧人畫像作「像讚」的帝王，〔註40〕登基後不久，即禁斷《老子化胡經》，不准僧寺將老子畫成胡形，與佛並立，〔註41〕有關中宗佞佛的情形，張鷟《朝野僉載》載：

> 景龍中，瀛州進一婦人，身上隱起浮圖塔廟諸佛形像。按察使進之，
>
> 授五品。其女婦留內道場，逆韋死後，不知去處。〔註42〕

婦人身上有「浮圖塔廟諸佛形像」，委實難以想像，婦人之所以能留在內道場，自是與以左道弄權的韋后等人有關；武則天要僧尼出錢造大像，花的還不全是公庫的錢，然而，上有所好，下必甚之，開元二年，姚崇向玄宗上奏：「中宗時，公主、外戚皆奏請度人爲僧尼，亦有出私財造寺者。」〔註43〕姚崇所奏「太平公主、武三思、悖逆庶人、張夫人等皆度人造寺，竟術彌街。」〔註44〕的情形，中宗的佞佛與之相較，尚有過之，景龍三年（709）：

> 時中宗崇飾寺觀，又濫食封邑者眾，國用虛竭。嗣立上疏諫曰：……

〔註36〕 唐・呂元泰，〈諫廣修佛寺疏〉，《全唐文》卷270，頁2743～2744。

〔註37〕 宋・王溥，《唐會要》卷49〈像〉，頁857～859。按：張廷珪諫武后造大像，共上二表，詳見：《全唐文》卷269，頁2734～2736。

〔註38〕 清・董誥等編，《全唐文》卷17〈答張景源請改中興寺敕〉，頁203。張景源所上之疏，見《全唐文》卷270〈請改中興寺爲龍興疏〉，頁2745～2746。

〔註39〕 義淨於大福先寺譯經，中宗爲作〈三藏聖教序〉。詳見：《全唐文》卷17，頁212。

〔註40〕 中宗曾爲道岸法師與賢首國師作像讚，參見：《全唐文》卷17〈林光宮道岸法師像讚〉、〈賢首國師眞讚〉，頁212。

〔註41〕 清・董誥等編，《全唐文》卷17〈禁化胡經敕〉，頁202～203。

〔註42〕 唐・張鷟，《朝野僉載》卷5，（北京：中華書局，1997年），頁115。下引版本同。

〔註43〕 五代、後晉・劉昫等撰，《舊唐書》卷96〈姚崇〉，頁3023。

〔註44〕 五代、後晉・劉昫等撰，《舊唐書》卷96〈姚崇〉，頁3028。按：「悖逆庶人」是指安樂公主。唐・張鷟，《朝野僉載》卷1：「景龍中，安樂公主於洛州道光坊造安樂寺，用錢數百萬。童謠曰：『可憐安樂寺，了了樹頭懸。』後誅逆韋，並殺安樂，展首懸於竿上，改爲悖逆庶人。」頁10。

> 臣竊見比者營造寺觀，其數極多，皆務取宏博，競崇瓌麗。大則費
> 耗百十萬，小則尚用三五萬餘，略計都用資財，動至千萬已上。……
> 陛下雖有龍象如雲，伽藍概日，豈能禪萬分之一，救元元之苦哉！
> 〔註45〕

韋嗣立說中宗造大寺「費耗百十萬」，非浮誇之言，景雲二年（711），中宗
為西城、隆昌兩位公主入觀造金仙觀、玉眞觀，「逼奪民居甚多，用功數百
萬。」〔註46〕造觀的花費如此，造寺所花費的龐大金錢，辛替否在上奏睿
宗時，言中宗：「造寺不止，費財貨者數百億，度人無窮，免租庸者數十萬。……
奪百姓口中之食以養貧殘，剝萬人體上之衣以塗土木。」〔註47〕睿宗雖「不
能從」辛替否的諫言，然而，玄宗卻是深知中宗因造寺「費財貨者數百億」，
所帶來的無窮後患，揆諸玄宗開元年間多項的限佛措施，多少與帝室成員佞
佛耗蠹國財有關。在所有唐代帝王中，不把造寺、造像等「有為」功德放在
心上的，除了太宗因死去的虞世南托夢，而為其齋僧、造像，以增虞世南的
冥福，〔註48〕此外，就是為經濟考量而限佛的玄宗、毀佛的武宗，以及不
為「有為功德」的德宗。〔註49〕

　　從唐代皇家寺院的建築造價，最能看出唐代皇室貴族耗蠹國財的情形，
《法苑珠林》記高宗：

> 西京造西明寺，因幸東都。即於雒下，又造敬愛寺。寺別用錢，各
> 過二十萬貫。寺宇堂殿，尊像幡華。妙極天仙，巧窮神鬼。又為諸
> 王公主，於西京造資戒、崇敬、招福、福壽二十餘寺。〔註50〕

一寺造價超過二十萬貫，並非最大手筆，〔註51〕加上為諸王、公主所造的二

〔註45〕五代、後晉・劉昫等撰，《舊唐書》卷88〈韋思謙〉，頁2870～2871。

〔註46〕宋・司馬光，《資治通鑑》卷210〈唐紀〉26，頁6665。

〔註47〕宋・司馬光，《資治通鑑》卷210〈唐紀〉26，頁6668。

〔註48〕清・董誥等編，《全唐文》卷9〈為故禮部尚書虞世南齋僧詔〉：「昨因夜夢，
　　　　倏睹斯人，兼進讜言，有若平生之日。追懷遺美，良用悲悼，宜資冥福。……
　　　　可即其家齋五百僧，造佛像一軀。」頁106。

〔註49〕宋・王溥，《唐會要》卷49〈像〉：「建中元年四月，妃父王景仙，駙馬高怡，
　　　　獻金銅佛像以為壽。上使謂曰：『有為功德，吾不欲為久矣。』昇而還之。」
　　　　頁859。

〔註50〕唐・釋道世，《法苑珠林》卷100。《大正藏》第53冊，頁1027。

〔註51〕代宗朝的不空，上表造文殊菩薩閣，一閣造價就高達二萬二千四百八十七貫
　　　　九百五十文。詳見：唐・釋圓照集，《代宗朝贈司空大辨正廣智三藏和上表制
　　　　集》卷第五〈進造文殊閣狀〉。《大正藏》第52冊，頁851～852。

十餘寺，高宗對於佛教的邀福心理，與其襄助譯經工作成正比；礪波護根據塚本善隆所做之龍門造像中，有記名之特定佛像整理表，認爲從南北朝至唐代，中國佛教的信仰對象，從釋迦、彌勒，轉向彌陀、觀音、地藏，〔註52〕因而有「處處彌陀佛，家家觀世音。」的俗諺，衡諸唐初諸帝的立寺、造像之舉，可以確定立彌陀與觀音像，最晚在盛唐時，已是民間普遍的情況。

二、奉迎佛骨

除了造寺、造像以邀福，唐代帝王影響百姓跟著捨財邀福的舉措，就是迎佛骨舍利；鳳翔法門寺的釋迦佛骨，高宗、肅宗、憲宗、懿宗四位帝王，都相信釋迦佛骨「三十年一開」，會「歲豐人安」，因而下詔迎佛指骨入內，〔註53〕元和十三年（819），憲宗敕翰林學士張仲素撰〈佛骨碑〉，碑文中載明唐代帝王奉迎法門寺釋迦佛骨的情況：

> 太宗特建寺宇，加之重塔；高宗遷之洛邑；天后薦以寶函；中宗紀
> 之國史；肅宗奉之內殿；德宗禮之法宮；據本傳必三十年一開，則
> 玉燭調金鏡朗，氛祲滅，稼穡豐云云。〔註54〕

迎佛骨的唐代帝王中，以憲宗與懿宗兩朝最爲轟動，憲宗元和十四年春，「迎鳳翔法門寺佛骨至京師，留禁中三日，乃送詣寺，王公士庶奔走施捨如不及。」〔註55〕元和十四年迎佛骨的盛況，以及當時一般百姓「供養」的情形是：

> 百姓有廢業竭產，燒頂灼臂，而云供養者；又有開肆惡子，不苦焚
> 烙之痛，譎言供養，而蒸其肌膚。繇是佛骨所在，往往盜發。既擒
> 獲，皆向之自灼者，農人多廢東作，奔走京城。〔註56〕

韓愈在目睹百姓藉供佛之名，而行強盜之實，上疏極諫；經過武宗毀佛之後，

〔註52〕〔日〕礪波護著、韓昇、劉建英譯，〈唐中期的佛教與國家〉，《隋唐佛教文化》
（上海：上海古籍出版社，2004年），頁57。

〔註53〕宋・釋志磐，《佛祖統紀》卷53〈鳳翔佛骨〉：「唐高宗，詔迎岐州法門寺護國
真身塔釋迦佛指骨，至洛陽大內供養。皇后以金函九重，命宣律師送還岐山；
肅宗，詔迎法門寺佛骨，至禁中禮敬，傳至諸寺瞻禮；德（按：應爲「憲」）
宗，詔迎法門寺佛骨，入禁中禮敬，歷送京城十寺，……韓愈上表諫，貶潮
州。……懿宗，詔迎佛骨，三百里間車馬不絕，公私音樂，儀衛之盛，過於
南郊，上降樓迎拜。」《大正藏》第49冊，頁461。

〔註54〕宋・釋志磐，《佛祖統紀》卷41。《大正藏》第49冊，頁382。

〔註55〕五代・後晉・劉昫等撰，《舊唐書》卷15〈憲宗本紀〉，頁466。

〔註56〕宋・王溥，《唐會要》卷47〈議釋教〉上，頁838。

唐代最後一次的迎佛骨盛況，在懿宗咸通十四年，懿宗平日就有變服私游寺
觀的行為，民間奸猾者曾假扮懿宗，到大安國寺騙走千匹綾布；〔註57〕
懿宗迎佛骨之前，群臣勸阻者多，甚至舉憲宗迎佛骨不久後暴崩之例以諫，
懿宗聞後道：「朕生得見之，死亦無恨！」〔註58〕懿宗之所以口出此語，是因
為他本身就是個「逢八飯萬僧」也不為過的帝王，〔註59〕咸通十四年三月：

> 詔兩街僧於鳳翔迎法門寺迎佛骨，是日天雨黃土徧地。四月八日佛
> 骨至京，自開遠門達安福門，綵棚夾道，念佛之音震地。上登安福
> 門迎禮之，迎入內道場三日，出於京城諸寺。士女雲合，威儀盛飾，
> 古無其比。〔註60〕

《資治通鑑》記懿宗迎佛骨的場面是：「廣造浮圖、寶帳、香舁、幡花、幢蓋
以迎之，皆飾以金玉、錦繡、珠翠。」〔註61〕僅以數語帶過，與《舊唐書·
懿宗本紀》：「威儀盛飾，古無其比。」的簡單描述相差不多，蘇鶚《杜陽雜
編》記懿宗迎佛骨，對於《資治通鑑》與《舊唐書》的略述，有補白的作用；
〔註62〕咸通十四年，懿宗在「佛聲震地」之下，對元和十四年時，即參與迎
佛骨的「京師耆老」加以賞賜，〔註63〕此一曠古未有的迎佛骨活動，在市井
中的真實情況是：

> 長安豪家，競飾車服，駕肩彌路。四方耆老扶幼來觀者，莫不蔬素
> 以待恩福。時有軍卒斷左臂於佛前，以手執之，一步一禮，血流灑
> 地。至於肘行膝步，齧指、截髮不可算數。又有僧以艾覆頂上，謂
> 之鍊頂，火發痛作，即掉其首呼叫。坊市少年擒之不令動搖，而痛

〔註57〕宋·李昉等編，《太平廣記》卷238〈大安寺〉引《玉堂閒話》，頁1835。

〔註58〕宋·司馬光，《資治通鑑》卷252〈唐紀〉68，頁8165。

〔註59〕五代、後晉·劉昫等撰，《舊唐書》卷178〈李蔚〉：「懿宗奉佛太過，常於禁
中飯僧，親為贊唄。以旃檀為二高座，賜安國寺僧徹，逢八飯萬僧。」頁4625。

〔註60〕五代、後晉·劉昫等撰，《舊唐書》卷19〈懿宗本紀〉，頁683。

〔註61〕宋·司馬光，《資治通鑑》卷252〈唐紀〉68，頁8165。

〔註62〕唐·蘇鶚，《杜陽雜編》卷下：「遂以金銀為寶剎；以珠玉為寶帳。香舁仍用孔
雀氄毛飾，其寶剎小者高一丈；大者二丈，刻香檀為飛廉，花檻瓦木階砌之靈。
其上徧以金銀覆之，舁一剎則用夫數百，其寶帳香舁不可勝紀。工巧輝煥，與
日爭麗。又悉珊瑚、馬瑙、真珠，瑟瑟綴為幡幢，計用珍寶，不啻百斛。其剪
綵為幡、為傘，約以萬隊。」（北京：中華書局，1985年），頁29。下引版本同。

〔註63〕唐·蘇鶚，《杜陽雜編》卷下：「上御安國寺，親自頂禮，泣下霑臆。即召兩
街供奉僧，賜金帛，各有差仍。京師耆老元和迎真體者，悉賜銀椀錦綵。」
頁29。

不可忍，乃號哭卧於道上，頭頂焦爛，舉止蒼迫，凡見者無不大哂焉。〔註64〕

比起元和十四年，韓愈所說的假僧爲盜，咸通十四年的假僧，其「愚不可及」，正透露出在上位者過度的奉佛，〔註65〕必然會導致「佛光慶雲現」之「妖言惑眾」，〔註66〕而被「妖言」所惑的民眾，更把迎佛骨的盛會辦得有如嘉年華會：

> 又坊市豪家，相爲無遮齋大會。通衢間結綵爲樓閣臺殿，或水銀以爲池；金玉以爲樹，競聚僧徒，廣設佛像，吹螺擊鈸，燈燭相繼。又令小兒玉帶金額，白腳呵唱於其間，恣爲嬉戲。又結錦繡爲小車輿，以載歌舞，如是充於輦轂之下。〔註67〕

懿宗引起的佞佛風潮，並沒有邀到一己之福，與憲宗一樣，均於春秋鼎盛之際，崩於迎佛骨的同一年；〔註68〕僖宗即位後，歸佛骨于法門寺，「其道從威儀，十無其一，具體而已。」僖宗沒有像懿宗的邀福心理，然在百姓心中，迎佛骨所造成的邀福情結，卻是影響至鉅，「京城耆耋士女，爭爲送別，執手相謂曰：『六十年一度迎眞身，不知再見復在何時。』即伏首於前，嗚咽流涕。」〔註69〕咸通十四年春天迎佛骨，七月「天子晏駕」，原注曰：「識者以爲物極爲妖」，〔註70〕作爲唐代迎佛骨之結語，頗堪玩味。

第三節　唐朝皇室成員之法事活動

鄭顯文就《宋高僧傳》中，唐前期的北方僧侶約近七十人，其中，出身不詳者二十五人，出身士族、官僚地主家庭的四十一人，家庭貧賤者四人，歸結出士族、官僚地主家庭的子弟競相出家，原因有三：一、唐前期對僧侶出家控

〔註64〕唐・蘇鶚，《杜陽雜編》卷下，頁29。

〔註65〕懿宗迎佛骨入內道後，「即設金花帳、溫清牀、龍鱗之席、鳳毛之褥，焚玉髓之香；薦瓊膏之乳，皆九年訶陵國所貢獻也。」《杜陽雜編》卷下，頁29。

〔註66〕唐・蘇鶚，《杜陽雜編》卷下：「初迎佛骨有詔令，京城及畿甸於路傍壘土爲香剎，或高一二丈，迨八九尺，悉以金翠飾之，京城之內，約及萬數。是妖言香剎搖動，有佛光慶雲現，路衢說者，迭相爲異。」頁29。

〔註67〕唐・蘇鶚，《杜陽雜編》卷下，頁29。

〔註68〕憲宗卒年43，懿宗卒年41。見宋・司馬光，《資治通鑑》卷241〈唐紀〉57，頁7777；卷252〈唐紀〉68，頁8167。

〔註69〕唐・蘇鶚，《杜陽雜編》卷下，頁30。

〔註70〕唐・蘇鶚，《杜陽雜編》卷下，頁29。

制嚴格；二、唐前期僧侶階層在社會上享有許多特例；三、李唐政府對舊士族採打壓政策，在政治上失落，於是轉向空門（如蕭氏家族）。一般百姓出家不易，士族子弟出家人數增多，因而決定了與李唐合作的政治傾向。〔註71〕鄭文指出唐前期有名的僧人，多為士族、官僚地主的子弟，高祖、太宗二朝，僅高祖針對「京城寺、觀不甚清淨」有過沙汰限令，對佛教並未有大動作，世家大族出身的高僧，並沒有與朝廷「合作」的機會，而就前述高宗朝開始的「沙門致禮」爭論，乃唐初最大樁的「教權」與「皇權」之爭，最後是代表「教權」的佛教僧人勝出，再衡諸玄宗甫登基，便開始連下多道限佛措施，若非收效甚微，玄宗於開元年間也不必一而再、再而三頒佈禁止僧、道「教權」擴展的限令，唐初高僧與李唐合作的政治傾向，此說有待商榷。趙杏根將唐代小說中的高僧分為三種：以其言論富有哲理勝者；以求道、體道之堅定勝者；以虛幻神奇的效果勝者；〔註72〕這三類高僧，給予唐代皇室貴族的影響，最明顯的，就是追福的法事活動，大別有二：造寺為亡者追福，受菩薩戒為一己植福。

一、為亡者追福

　　唐代帝王為亡者追福，最常見的，多改私宅為寺，或另立寺名，或賜恩度僧，此均非帝王手筆不可；修德坊興福寺，本是王君廓住宅，貞觀八年時，「太宗為太穆皇后追福，立為宏福寺。」〔註73〕唐高宗為太子時，「為文德太后追福，造慈恩寺及翻經院。」〔註74〕崇仁坊資聖寺，本為太尉長孫無忌宅，高宗龍朔三年，「為文德皇后追福，立為尼寺。」〔註75〕章善坊聖善寺，神龍元年二月立為中興寺，神龍二年，「中宗為武太后追福，改為聖善寺。」〔註76〕道光坊昭成寺，景龍元年，韋庶人立為安樂寺，韋氏被誅後，改為景雲寺，「尋為昭成皇后追福，改為昭成寺。」〔註77〕《西京記》載長安懿德禪院，乃中宗為懿德太子追福所改名；〔註78〕宣陽坊奉慈寺，開元中為虢國夫人宅，安祿山以田乾真為

〔註71〕鄭顯文，《唐代僧侶與皇權關係研究》，首都師範大學歷史系博士論文（高雄縣：佛光山文教基金會出版，2001年），頁84～85。

〔註72〕趙杏根，《佛教與文學的交會》（臺北：臺灣學生書局，2004年），頁177～184。

〔註73〕宋・王溥撰，《唐會要》卷48〈議釋教〉下。按：神龍元年改名興福寺，頁845。

〔註74〕五代、後晉・劉昫等撰，《舊唐書》卷191，頁5109。

〔註75〕宋・王溥撰，《唐會要》卷48〈議釋教〉下。按：咸亨四年，復為僧寺，頁846。

〔註76〕宋・王溥撰，《唐會要》卷48〈議釋教〉下，頁848。

〔註77〕宋・王溥撰，《唐會要》卷48〈議釋教〉下，頁849。

〔註78〕轉引自宋・李昉等編，《太平廣記》卷95〈法通〉，頁637。

京兆尹，取此宅為府，後為郭曖駙馬宅，玄宗即位之初，「太皇太后為昇平公主追福，奏置奉慈寺，……抽左街十寺僧四十人居之。」〔註79〕敢於陳諫帝王為一己追福而造寺，大臣當中，只有高郢連續上書兩道進諫。〔註80〕

太宗為太穆皇后追福，「盡京城僧尼設齋」；〔註81〕太平公主出家為女官，高宗於休祥坊宅置僧寺，「兼各度人追福」；〔註82〕大曆八年田神功卒，肅宗「賜千僧齋以追福」，〔註83〕度人與設齋的追福行為，僅次於以宅為寺，而最奇特的追福行為，是埋舍利為帝王追福，甘露寺殿基的舍利七粒，是李德裕為穆宗追福時所埋，〔註84〕則天聖曆三年（700），已下過〈禁葬舍利骨制〉，〔註85〕李德裕埋舍利為穆宗追福，除了違反法制，埋舍利亦是追福的特例。

玄宗朝，反佛最力的姚崇，就為亡者造像追福一事，有十分引人深思的看法：

> 方便之教，雖則多端，功德須自發心，旁助寧應獲報？遞相欺誑，浸成風俗，損耗生人，無益亡者。……如來普慈，意存利物，損眾生之不足，厚豪僧之有餘，必不然矣。且死者是常，古來不免，所造經像，何所施為？〔註86〕

姚崇認為造像追福，是厚豪僧的行為，姚崇此說，不無受到武后為榮國夫人造像追福，白敏之「自隱用之」的影響，〔註87〕但不可否認的，姚崇確實有先見之明，因為晚於他的王縉，比造像更大手筆的，捨財造寺、捨宅為寺的

〔註79〕唐・段成式，《酉陽雜俎》續集卷6〈寺塔記〉下，頁256。

〔註80〕高郢以「先太后聖德，不必以一寺增輝。」（〈諫造章敬寺書〉）最主要的，是擔心：「土木並起，日計萬工。……愁痛之聲，盈於道路。」（〈再上諫造章敬寺書〉）參見：《全唐文》卷449，頁4595～4597。

〔註81〕宋・王欽若等撰，《冊府元龜》卷27，頁129。

〔註82〕宋・王欽若等撰，《冊府元龜》卷303，頁1574。

〔註83〕五代・後晉・劉昫等撰，《舊唐書》卷124，頁3533。

〔註84〕宋・蘇軾，〈遊甘露寺〉，《古今事文類聚》前集卷35。《四庫全書》文淵閣本，子部，類書類。

〔註85〕宋・宋敏求編、洪丕謨等點校，《唐大詔令集》卷113：「釋氏垂教，本離死生，示滅之儀，固非正法。如聞天中寺僧徒，今年七月十五日下舍利骨，素服哭泣。不達妙理，輕徇常情，恐學者有疑，曾不謗毀。宜令所管州縣，即加禁斷。」頁538。

〔註86〕五代・後晉・劉昫等撰，《舊唐書》卷96，頁3028。

〔註87〕五代・後晉・劉昫等撰，《舊唐書》卷183：「敏之既年少色美，烝於榮國夫人，恃寵多愆犯，則天頗不悅之。咸亨二年，榮國夫人卒，則天出內大瑞錦，令敏之造佛像追福，敏之自隱用之。」頁4728。

追福行爲，〔註88〕純爲「厚己」；王縉以他人之妻爲妾，〔註89〕「縱弟妹女尼等廣納財賄」，《舊唐書》形容他「貪狠之跡如市賈焉。」〔註90〕王縉妄爲的行徑，多在未被元載牽連的大曆十四年以前，肅宗的奉佛行爲，對於老年奉佛益甚的王縉，應起到「上行下效」的作用，大曆八年，田神功因病而卒：

> 上悼惜，爲之徹樂，廢朝三日；贈司徒，賻絹一千匹、布五百端，
>
> 特許百官弔喪，賜屛風茵褥於靈座，并賜千僧齋以追福。〔註91〕

肅宗賜千僧齋追福，使田神功的喪禮「哀榮無比」，足以與太宗爲太穆皇后追福，「盡京城僧尼設齋」，相互比並，而由「追福院」之設立，〔註92〕更可看出唐皇室重視爲亡者追冥福，以厚邀一己來生之福的心理。

二、唐代皇室貴族受菩薩戒

《菩薩受齋經》提到菩薩齋日有十戒：

> 一、不得著脂粉花香；二、不得歌舞捶鼓，伎樂莊飾；三、不得臥
>
> 高床上；四、過中以後不得復食；五、不得持錢刀金銀珍寶；六、
>
> 不乘車牛馬；七、不得捶兒子奴婢畜生；八、菩薩皆持是齋，從分
>
> 檀布施得福……；九、不得飲食盡器中；十、不得與女人相形笑共
>
> 坐席，女人亦爾。〔註93〕

此十戒是欲成未來菩薩的先行條件，其中可看出多項與婦女有關；唐代婦女之受菩薩戒，多少受到帝王、大臣、大臣之妻（貴婦）崇佛活動的影響；僧道亮於中宗神龍元年，「入長樂大內，坐夏安居。時帝命受菩薩戒。」〔註94〕慧忠曾爲肅宗、代宗授菩薩戒；〔註95〕道澄於德宗貞元二年「帝於寺受菩薩

〔註88〕五代、後晉·劉昫等撰，《舊唐書》卷118，言王縉：「與杜鴻漸捨財造寺無限極。妻李氏卒，捨道政里第爲寺，爲之追福，奏其額曰：『寶應』，度僧三十人住持，每節度觀察使入朝，必延至寶應寺，諷令施財，助己修繕。」頁3417。

〔註89〕五代、後晉·劉昫等撰，《舊唐書》卷118：「李氏，初爲左丞韋濟妻，濟卒，奔縉。縉嬖之，冒稱爲妻，實妾也。」頁3418。

〔註90〕五代、後晉·劉昫等撰，《舊唐書》卷118，頁3418。

〔註91〕五代、後晉·劉昫等撰，《舊唐書》卷124，頁3533。

〔註92〕宋·釋贊寧，《宋高僧傳》卷17〈唐京兆福壽寺玄暢傳〉：「暢時充追福院首領。」《大正藏》第50冊，頁818。

〔註93〕西晉·聶道眞譯，《菩薩受齋經》。《大正藏》第24冊，頁1116。

〔註94〕宋·釋贊寧，《宋高僧傳》卷8〈唐越州雲門寺道亮傳〉。《大正藏》第50冊，頁757。

〔註95〕《祖堂集》卷3〈慧忠國師〉。

戒。……五年帝幸其寺，問澄修心法門。又敕爲妃主嬪御受菩薩戒。」〔註96〕
帝王后妃爭相受菩薩戒，是因爲相信菩薩戒：

> 戒如大明燈，能消長夜闇。戒如眞實鏡，照法盡無遺。戒如摩尼珠，
> 雨物濟貧窮。離世速成佛，唯此法爲最。是故諸菩薩，應當勤護持。
>
> 〔註97〕

因爲帝王的崇奉，朝臣追隨唯恐不及，經常是集體受戒；永徽二年，瀛州刺史
賈敦賾、蒲州刺史李道裕、穀州刺史杜正倫、恒州刺史蕭銳因，請玄奘爲授菩
薩戒；〔註98〕玄素親授菩薩戒的朝臣，有吏部侍郎齊澣、廣州都督梁卿、潤州
刺史徐嶠、京兆韋昭理、給事中韓賞、御史中丞李丹、禮部崔令欽；〔註99〕甚
至，有中書舍人王仲，請神暄「於大雲寺爲眾受菩薩戒。」〔註100〕受菩薩戒在
帝王與官吏中如此受歡迎，官吏的女性親屬自然成了最佳代言人，〈大唐故魏國
太夫人河東裴氏墓誌並序〉：

> 夫人諱覺，字寶眞空，……雖金玉滿堂，而施惠滋廣。遂歸心釋氏，
> 不茹於葷。大厭苦集，都忘塵累。有高僧釋善福者，……夫人稽首
> 禮足，因請受菩薩誡，乃發大誓願，願與三代諸佛同一道而詣眞乘。
>
> 〔註101〕

不茹葷是五戒之一，被唐代受過菩薩戒的婦女普遍遵守，景龍三年的裴氏墓
誌，可作爲一般奉佛婦女的代表。

第四節　唐代皇室貴族與胡僧

　　胡如雷認爲，唐代能夠出現類似咸亨二年（671），郭務悰帶領的赴日使
團，人數高達二千餘人的盛況，唐代的中日交往，不能單純用僧侶個人的虔

〔註96〕宋・釋贊寧，《宋高僧傳》卷16〈唐京師章信寺道澄傳〉。《大正藏》第50冊，
　　　　頁806。
〔註97〕慈氏菩薩說、北涼天竺三藏曇無讖譯，《菩薩戒本》。《大正藏》第24冊，頁
　　　　1107。
〔註98〕唐・釋慧立本、釋彥悰箋，《大唐大慈恩寺三藏法師傳》卷7。《大正藏》第
　　　　50冊，頁260。
〔註99〕宋・釋贊寧，《宋高僧傳》卷9〈唐潤州幽棲寺玄素傳〉。《大正藏》第50冊，
　　　　頁762。
〔註100〕宋・釋贊寧，《宋高僧傳》卷20〈唐婺州金華山神暄傳〉。《大正藏》第50冊，
　　　　頁839。
〔註101〕周紹良主編，《唐代墓誌彙編》，頁1092。

誠與日本留學生對唐文化的興趣來作切入點，而應該從兩國的政治狀況來分析，亦即與唐王朝沒有「嚴夷夏之防」，對外採開放政策，唐帝室的對外政策，又跟唐前期政治的統一，社會的繁榮有關，此外，唐代皇室貴族對殊方異物的高度興趣，以及安史亂後，在兵器損失許多的情形下，肅宗乞援日本淳仁天皇，天皇敕南海等道諸國貢牛角七千八百只。〔註102〕唐朝廷的開放政策，不獨對日本，由絲路、海上入唐的，來自殊方異域的僧人，在吸收唐文化的同時，其特殊才能的展現，載之於文獻者，以異能僧人與譯經僧人為最，贊寧就譯經一事論「胡語梵言」，認為胡、梵有別，〔註103〕而從載籍所記，唐代的外來僧人，多有「婆羅門胡」、「西域胡」之稱，為求簡便，以下概以「胡」稱之。胡僧得到皇室貴族的青睞，代表的是唐朝廷對佛教的廣納並蓄，其中以惠範與開元三大士的影響最大。

一、胡僧惠範

曲金良〈佛教文學因子及其在敦煌的聚結〉，提到印度佛教以敦煌作為步入中國的大門，敦煌的佛教徒之所以選擇三危山北、鳴沙山東坡的莫高窟，原因是：

> 由於當時整個社會經濟發展水平的歷史性限制，且佛教徒們又講求逃避這種物質生活，他們便往往與喧鬧的社會保持一段距離，已顯示出他們獨處的是「另一個世界」；而這一距離既不能太近，又不能太遠：太近則僧俗難分，兩個世界易混；太遠則不便於宣傳和「超渡」俗人。〔註104〕

來唐之胡僧，與敦煌僧人不同，沒有僧俗交涉的「遠」、「近」問題，顛倒唐朝廷的胡僧惠範（又作慧範），歷中宗、睿宗、武后三帝，附武后、韋后、太平公主之翼，《資治通鑑》於其事蹟載之甚詳，中宗神龍元年（705）：

> 先是，胡僧慧範以妖妄遊權貴之門，與張易之兄弟善，韋后亦重之。及易之誅，復稱慧範預其謀，以功加銀青光祿大夫，賜爵上庸縣公，

〔註102〕胡如雷，〈唐代中日文化交流高度發展的社會政治條件〉，《隋唐五代經濟史論稿》（北京：中國社會科學出版社，1996 年），頁 345～350。

〔註103〕宋・釋贊寧，《宋高僧傳》卷 3〈唐京師滿月傳〉：「胡語梵言者，一在五天竺純梵語，二雪山之北是胡：山之南名婆羅門，國與胡絕書語不同。……既云西土有梵有胡，何不南北區分。」《大正藏》第 50 冊，頁 723。

〔註104〕曲金良，《敦煌佛教文學研究》（臺北：文津出版社，1995 年），頁 15。

出入宮掖，上數微行幸其舍。彥範復表言慧範執左道以亂政，請誅
之。上皆不聽。〔註105〕

桓彥範請誅慧範之奏，見《舊唐書》本傳，〔註106〕慧範「詭惑后妃」，大臣多
有上疏者，中宗景龍元年（707）九月十二日，監察御史魏傳弓，「又劾奏銀青
光祿大夫，西明寺主惠範，奸贓四十萬。……削惠範官，放歸于第。」〔註107〕
《唐會要》載慧範之官銜雖有缺，〔註108〕從中宗一再不嚴辦慧範的心態，可見
韋后與太平公主之勢銳不可擋，此可由後來上奏誅慧範者，反而遭貶得知；睿
宗景雲二年（711）柳澤上奏：「議者咸稱太平公主令胡僧慧範曲引此曹，誑誤
陛下。……上弗聽。」〔註109〕繼桓彥範、魏傳弓、柳澤之後，薛謙光與慕容珣，
以「僧慧範恃太平公主勢，逼奪民產，……公主訴於上，出謙光爲岐州刺史。」
《資治通鑑》胡注引《考異》，言慕容珣奏彈慧範通太平公主乳母張氏，睿宗竟
以「狀涉離間骨肉」，一併將慕容珣貶爲密州員外司馬；〔註110〕慧範仗韋后與
太平公主之勢，引得唐朝諸多大臣前仆後繼，欲誅之而後快，「詭惑后妃」、「逼
奪民產」的指控，都不足以讓慧範伏法，慧範最後是因參與「宰相七人，五出
主門下。」太平公主與其黨羽謀反一事而被誅，〔註111〕太平公主逃入山寺，三

〔註105〕宋‧司馬光，《資治通鑑》卷208〈唐紀〉24，頁6585。
〔註106〕五代‧後晉‧劉昫等撰，《舊唐書》卷91〈桓彥範〉：「臣聞京師喧喧，道路
　　　　籍籍，皆云胡僧慧範矯託佛教，詭惑后妃，故得出入禁闈，撓亂時政。陛下
　　　　又輕騎微行，數幸其室，上下媒黷，有虧尊嚴。臣抑嘗聞興化致理，必由進
　　　　善；康國寧人，莫大棄惡。故孔子曰：『執左道以亂政者殺，假鬼神以危人者
　　　　殺。』今慧範之罪，不殊於此也，若不急誅，必生變亂。除惡務本，去邪勿
　　　　疑，實願天聰，早加裁貶。疏奏不納。」頁2929～2930。
〔註107〕宋‧王溥，《唐會要》卷61〈彈劾〉，頁1070。
〔註108〕宋‧司馬光，《資治通鑑》卷208〈唐紀〉24：「銀青光祿大夫、上庸公、聖
　　　　善、中天、西明三寺主慧範於東都作聖善寺，長樂坡作大像，府庫爲之虛耗。
　　　　上及韋后皆重之，勢傾內外，無敢指目者。戊申，侍御史魏傳弓發其奸贓四
　　　　十餘萬，請實極法。……上乃削黜慧範，放於家。」頁6616～6617。
〔註109〕宋‧司馬光，《資治通鑑》卷210〈唐紀〉26，頁6664。
〔註110〕宋‧司馬光，《資治通鑑》卷210〈唐紀〉26：「考異曰：『統紀曰：「監御史
　　　　慕容珣奏彈西明寺僧慧範，以其通宮人張氏，張即太平公主乳母也，侵奪百
　　　　姓。上以爲御史當不避豪貴；見公主出居蒲州，乃敢彈射，在日不言，狀涉
　　　　離間骨肉，遂貶爲密州員外司馬。」』」頁6665。
〔註111〕宋‧歐陽修、宋祁撰，《新唐書》卷83：「又左羽林大將軍常元楷，知羽林軍
　　　　李慈皆私謁主。主內忌太子明，又宰相皆其黨，乃有逆謀。先天二年，與尚
　　　　書左僕射竇懷貞、侍中岑義、中書令蕭至忠、崔湜、太子少保薛稷、雍州長
　　　　史李晉、右散騎常侍昭文館學士賈膺福、鴻臚卿唐晙及元楷、慈、慧範等謀

日方出，被賜死於家，慧範的龐大家產被籍沒，〔註112〕最後被玄宗下令砍頭，《朝野僉載》記：「京師稱快」，小說家刻意渲染慧範之罪大惡極，可見慧範之亂政，使得唐玄宗下達兩項對佛門有嚴重影響的命令：一、令僧尼拜父母；二、僧尼午後不得出寺院，〔註113〕玄宗之限佛措施固然與姚崇之反佛建議有關，慧範的影響亦爲主因。

二、開元三大士

胡僧慧範擾亂唐朝廷，使玄宗登基後連下多項限佛措施（詳見第二章），繼慧範之後，顯名於當代的胡僧，即世所謂「開元三大士」：善無畏、金剛智、不空，盛唐時，金剛智與不空將密宗由廣東傳入唐土，〔註114〕三人身處不喜佛教的玄宗朝，使帝室貴冑與當朝名僧眼界爲之大開，最重要的，讓密宗在中國開花結果，其功不可沒。

（一）善無畏

善無畏，中印度人，釋迦如來季父甘露飯王之後，梵名戌婆揭羅僧訶，華言淨師子，義翻爲善無畏；善無畏捨棄王位後出家，師事那爛陀寺達摩掬多，達摩掬多「顏如四十許，實八百年也。……鉢中非國食，示一禪僧，華人也。」〔註115〕贊寧記親眼見達摩掬多展示油餌、栗飯等中華食物的禪僧就是玄奘，〔註116〕此記是爲了證無畏之師，達摩掬多之高壽；善無畏來唐途中，曾經「入泉三日，止龍宮而化之。」途經北印度，聲譽已達中國，睿宗詔令若那及將軍史獻，出玉門關塞表以候無畏，開元初，「聖皇夢與眞僧見，其姿狀非常，躬御丹青。」〔註117〕玄宗請畫工寫眞於殿壁，及見無畏，與夢符合，

廢太子。」頁 3651～3652。

〔註112〕宋·司馬光，《資治通鑑》卷 210〈唐紀〉26：「籍公主家，財貨山積，珍物侔於御府，廄牧羊馬、田園息錢，收之數年不盡。慧範家亦數十萬緡。」頁 6685。

〔註113〕五代、後晉·劉昫等撰，《舊唐書》卷 37：「玄宗初即位，東都白馬寺鐵像頭無故自落於殿門外。後姚崇秉政，以僧惠範附太平亂政，謀汰僧尼，令拜父母，午後不出院，其法頗峻。」1374。

〔註114〕陳澤泓，〈唐代佛教密宗入粵及文物考述〉，《嶺南文化研究》2002 年第 5 期。

〔註115〕唐·李華，〈東都聖善寺無畏三藏碑〉，《全唐文》卷 319，頁 3238～3239。

〔註116〕宋·釋贊寧，《宋高僧傳》卷 2〈唐洛京聖善寺善無畏傳〉。《大正藏》第 50 冊，頁 714。

〔註117〕宋·釋贊寧，《宋高僧傳》卷 2〈唐洛京聖善寺善無畏傳〉。《大正藏》第 50

善無畏在唐最有名的事蹟，就是祈雨，《次柳氏舊聞》載：

> 玄宗嘗幸東都，大旱。聖善寺竺乾國三藏僧無畏，善召龍致雨術。
> 上遣力士疾召請雨，奏云：「今旱數當然，召龍必興烈風雷雨，適足
> 暴物，不可爲之。」上彊之曰：「人苦暑疾久矣，雖暴風疾雷，亦足
> 快意。」不得已，乃奉詔。〔註118〕

高力士在上元年間徙巫州，告訴同徙巫州的柳芳，柳芳告訴其子柳冕，柳冕告訴李德裕，有關善無畏祈雨一事，獨見於李德裕《次柳氏舊聞》，善無畏在「不得已」的情形下祈雨，拒絕了有司所提供的「幡幢像設」，整個祈雨的神奇過程，全都是目睹全景的高力士所言；〔註119〕《次柳氏舊聞》言玄宗朝之事共十七則，李德裕聞於柳冕，雖爲第三手資料，其說容或有誇大不實處，善無畏「獨盛一鉢水，以小刀子攪旋之，胡言數百祝之。」的描述，實爲開元三大士當中，祈雨之法術道具最簡便，功力最深厚者。

無畏之善密咒，除了用於祈雨之外，兩唐書同有洛陽巨蛇被善無畏咒死的記載，《舊唐書·五行》：

> 天寶中，洛陽有巨蛇，高丈餘，長百尺，出於芒山下。胡僧無畏見
> 之，歎曰：「此欲決水注洛城。」即以天竺法咒之，數日蛇死。祿山
> 陷洛之兆也。〔註120〕

「祿山陷洛之兆」，是劉昫的個人揣語，《新唐書》一字不漏全引，僅刪掉「祿山陷洛之兆」一語，〔註121〕巨蛇出山與安祿山造反無關，善無畏之「善咒」，卻因此事被記載下來。

善無畏在唐事蹟，還與兩位高僧有關：天師一行與律師道宣，一行與善

冊，頁715。

〔註118〕轉引自：宋·李昉等編，《太平廣記》卷396〈無畏三藏〉，頁3165。

〔註119〕宋·李昉等編，《太平廣記》卷396〈無畏三藏〉，記無畏祈雨，只拿了一鉢水，用小刀子攪旋，「胡言數百祝之，須臾有龍，狀類其大指。」無畏用胡言召來的龍是紅色的，在鉢中抬頭沒水後，無畏「復以刀攪呪之三，頃之，白氣自鉢中興，如爐烟徑上數尺。」無畏把這股白氣引出講堂外，跟高力士說：「亟去，雨至矣。」高力士跑在「旋繞亘空，若一匹素。」的白氣前頭，才到天津南邊，「風雨亦隨馬而至。天衢大樹多拔，力士比復奏，衣盡沾濕。」頁3165。

〔註120〕五代·後晉·劉昫等撰，《舊唐書》卷37，頁1371。

〔註121〕宋·歐陽修、宋祁撰，《新唐書》卷36：「天寶中，洛陽有巨蛇，高丈餘，長百尺，出芒山下，胡僧無畏見之曰：『此欲決水瀦洛城。』即以天竺法呪之，數日蛇死。」頁951。

無畏奉敕同譯《大毘盧遮那經》，〔註122〕一行是：「帝王宗重，時賢所歸。定慧之餘，陰陽之妙。」然對於善無畏，「有所未決，亦咨稟而後行。」〔註123〕可見其欽仰之情；至於道宣，其與無畏相識的過程頗有諷味，〔註124〕道宣卒於乾封二年（667），春秋七十二，僧臘五十二；〔註125〕善無畏卒於開元二十三年（735），享齡九十九，僧臘八十，〔註126〕博學有史才的贊寧，言：「若觀此說（指無畏見道宣），宣滅至開元中僅五十載矣，如畏出沒無常，非人之所測也。」〔註127〕贊寧清楚道宣不可能在死後近五十年（乾封二年（667）距玄宗登基（開元元年，713）），還見到善無畏，卻曲說善無畏「出沒無常，非人之所測。」無視於無畏本傳載：「開元四年丙辰，齎梵夾始屆長安。」以此知《開天傳信記》載無畏見道宣，戒以勿「撲殺佛子」一事，實際並未發生，此記當是為了對道宣持律嚴謹，強調律行須以「律心」為基礎的，對律宣的一點小中傷。

（二）金剛智

金剛智，釋跋日羅菩提，華言金剛智，南印度摩賴耶國（光明之意）人。父為婆羅門，善五明論，為建支王師，金剛智家學淵源，在遍歷南海二十餘

〔註122〕宋・釋贊寧，《宋高僧傳》卷2〈唐洛京聖善寺善無畏傳〉：「昔有沙門無行西遊天竺，學畢言歸，方及北印不幸而卒。其所獲夾葉，悉在京都華嚴寺中。畏與一行禪師，於彼選得數本，並總持妙門。先所未譯，十二年隨駕入洛，復奉詔於福先寺譯《大毘盧遮那經》。其經具足梵文，有十萬頌。畏所出者，撮其要耳。曰：《大毘盧遮那成佛神變加持經》七卷。沙門寶月譯語，一行筆受刪綴辭理。」《大正藏》第50冊，頁715。

〔註123〕宋・釋贊寧，《宋高僧傳》卷2〈唐洛京聖善寺善無畏傳〉。《大正藏》第50冊，頁715。

〔註124〕轉引自宋・李昉等編，《太平廣記》卷92〈無畏〉引《開天傳信記》：「唐無畏三藏初自天竺至，所司引謁於玄宗，玄宗見而敬信焉。因謂三藏曰：『師不遠而來，故倦矣，欲于何方休息？』三藏進曰：『臣在天竺，常時聞大唐西明寺宣律師持律第一，願往依止焉。』玄宗可之。宣律禁戒堅苦，焚修精潔，三藏飲酒食肉，言行麤易，往往乘醉喧競，穢污絪席，宣律頗不能甘之。忽中夜，宣律捫虱將投于地，三藏半醉連聲呼曰：『律師！律師！撲死佛子耶？』宣律方知其異人也，整衣作禮而師事焉。」頁610。

〔註125〕宋・釋贊寧，《宋高僧傳》卷14〈唐京兆西明寺道宣傳〉。《大正藏》第50冊，頁791。

〔註126〕宋・釋贊寧，《宋高僧傳》卷2〈唐洛京聖善寺善無畏傳〉。《大正藏》第50冊，頁716。

〔註127〕宋・釋贊寧，《宋高僧傳》卷2〈唐洛京聖善寺善無畏傳〉。《大正藏》第50冊，頁716。

國後，於開元七年抵廣州，「勅迎就慈恩寺，尋徙薦福寺。所住之刹，必建大曼拏羅灌頂道場，度於四眾。」〔註128〕玄宗迎金剛智入京，贊寧將過程一筆帶過，金剛智在廣州時，以建曼陀羅道場爲民眾灌頂，〔註129〕其活動規模，定然盛大到足以上達天聽，玄宗才會命其隨駕洛陽，並令結壇祈雨：

> 於是用不空鉤依菩薩法，在所住處起壇，深四肘，躬繪七俱胝菩薩像，立期以開光，明日定隨雨焉。帝使一行禪師謹密候之，至第七日，炎氣烟烟，天無浮翳，午後，方開眉眼，即時西北風生，飛瓦拔樹，崩雲泄雨，遠近驚駭，而結壇之地，穿穴其屋，洪注道場。質明，京城士庶皆云：「智獲一龍，穿屋飛去。」求觀其處，日千萬人。斯乃壇法之神驗也。〔註130〕

玄宗駕幸東都，始自開元五年，〔註131〕洛陽旱象於〈本紀〉多有記載，金剛智祈雨「獲一龍」，視爲傳說可也，金剛智眞正的本領，可由心折其能的一行與智昇看出。

金剛智在隨駕洛陽之前，已收了三個徒弟：道氤、一行、不空，〔註132〕道氤與一行都是參與譯場工作的義學僧，一行在譯場，於有所未決處，均就教於善無畏，對於金剛智，除了在祈雨壇上，奉玄宗命，「謹密候之」，實際上是就近監視外加臨場學習，一行見識過金剛智的本領，除了對密教欽服，

〔註128〕宋・釋贊寧，《宋高僧傳》卷 1〈唐洛陽廣福寺金剛智傳〉。《大正藏》第 50 冊，頁 711。

〔註129〕「灌頂」，把水灌注到頭頂。本爲印度國王即位或立太子時，把四大海的水灌注到頭頂，以示祝賀；大乘佛教時期，菩薩進入最後階位第十地時，諸佛以智水灌注到頭頂，表示賦予其「法王」的職位；在密教，灌頂是進昇到佛位的重要儀式，象徵如來的五智水，灌注到弟子的頭頂上，表示佛位的繼承，實際的作法是：把灑水杖的一端浸入水中，再以之輕觸接受灌頂者的頭部。密教有不同的灌頂類別，對一般信眾而言，主要有二：一、「弟子灌頂」：成爲密教弟子所實施的灌頂；二、「結緣灌頂」，欲結佛緣而入壇接受灌頂。參見吳汝均編，《佛教大辭典》，（北京：商務印書館，1994 年），頁 562。

〔註130〕宋・釋贊寧，《宋高僧傳》卷 1〈唐洛陽廣福寺金剛智傳〉。《大正藏》第 50 冊，頁 711。

〔註131〕宋・歐陽修、宋祁撰，《新唐書》卷 5〈玄宗本紀〉，載開元年間，玄宗曾多次駕幸東都，分別在開元 5 年、10 年、12 年、13 年、14 年、22 年，頁 126、129、131、132、138。

〔註132〕宋・釋贊寧，《宋高僧傳》卷 1〈唐洛陽廣福寺金剛智傳〉：「大智（道氤）大慧（一行）二禪師，不空三藏，皆行弟子之禮焉。」《大正藏》第 50 冊，頁 711。

親受金剛智灌頂，還請求金剛智譯出《瑜伽念誦法》及《七俱胝陀羅尼》兩部密教大典，〔註133〕智昇《開元釋教錄》盛讚金剛智：「雖內外博達，而偏善總持，於此法門，罕有其匹。」〔註134〕可以說，密教流傳於中國，金剛智確為始祖，一行親炙金剛智，對於密教流傳的貢獻，亦不可忽略；金剛智善「總持門」，〔註135〕雖令唐代高僧折服，獲得東土密教初祖的肯定，〔註136〕其獲得玄宗的青睞，卻是歷經一番努力：

> 于時帝留心玄牝，未重空門。所司希旨奏，外國蕃僧遣令歸國。行有日矣，侍者聞智，智曰：「吾是梵僧，且非蕃胡。不干明勅，吾終不去。」數日，忽乘傳將之雁門奉辭，帝大驚，下手詔留住。〔註137〕

金剛智強調自己是「梵僧」的一番話，並不是讓玄宗「下手詔留住」的原因，而是金剛智施展出從帝京到雁門的，「神足通」的異能；此外，真正讓玄宗稍稍改變對佛教僧人態度的，是金剛智讓玄宗最鍾愛的女兒二十五公主起死回生一事，〈唐洛陽廣福寺金剛智傳〉：

> 初帝之第二十五公主甚鍾其愛，久疾不救。移臥於咸宜外館，閉目不語，已經旬朔。有勅令智授之戒法，此乃料其必終，故有是命。

玄宗要金剛智為將命終的二十五公主授戒，並不是突然對佛教產生信心，希望二十五公主皈依為佛弟子，玄宗是抱著姑且一試的心態，金剛智的回生術如下：

> 智詣彼擇取宮中七歲二女子，以緋繒纏其面目臥於地，使牛仙童寫勅一紙焚於他所，智以密語呪之。二女冥然誦得，不遺一字。智入三摩地以不思議力，令二女持勅詣琰摩王。食頃間，王令公主亡保母劉氏護送公主魂隨二女至。於是公主起坐開目，言語如常。帝聞之，不俟仗衛，馳騎往于外館。公主奏曰：「冥數難移，今王遣迴，略覲聖顏而已。」可半日間，然後長逝。自爾帝方加歸仰焉。〔註138〕

〔註133〕唐・釋智昇，《開元釋教錄》卷9：「沙門一行欽斯祕法，數就諮詢。智一一指陳，復為立壇灌頂。一行敬受斯法，請譯流通。以十一年癸亥，於資聖寺為譯《瑜伽念誦法》及《七俱胝陀羅尼》。」《大正藏》第55冊，頁571。

〔註134〕唐・釋智昇，《開元釋教錄》卷9。《大正藏》第55冊，頁571。

〔註135〕「總持」，意為總一切法、持一切義，為梵語「陀羅尼」（密教）的義譯。

〔註136〕唐・釋智昇，《開元釋教錄》卷9：「智執總持契，所至皆驗。祕教流傳寔斯人矣。」《大正藏》第55冊，頁571。

〔註137〕宋・釋贊寧，《宋高僧傳》卷1〈唐洛陽廣福寺金剛智傳〉。《大正藏》第50冊，頁711。

〔註138〕宋・釋贊寧，《宋高僧傳》卷1〈唐洛陽廣福寺金剛智傳〉。《大正藏》第50

玄宗之姑且一試，從他沒有親身參與此一招魂事件可知，但也由於其「不看好」的心態，使得對密宗僧人來說，從琰摩王〔註139〕手中將人帶走的「攝取鬼物」法，金剛智操作起來可說是易如反掌，〔註140〕「去疾除祅」容易，眞正難移的是冥數，玄宗不明此理，此可由其經常令佛教僧人與道士鬥法，藉以取樂一事看出，《舊唐書・方伎》：

> 有師夜光者，善視鬼，玄宗召果與之密坐，令夜光視之，夜光進曰：
> 「果今安在？」夜光對面終莫能見。〔註141〕

《舊唐書》此記全襲自《次柳氏舊聞》，佛教僧人夜光不敵道士張果，見證者是最貼近玄宗的高力士，高力士之聞見若爲眞，則開元三大士之異能，不獨道士不敵，漢地異僧亦無人出其右。

（三）不 空

善無畏與金剛智二人，服侍的對象是玄宗，其影響均不如曾爲玄、肅、代三朝帝王灌頂的不空來得大，不空，梵名阿目佉跋折羅，華言不空金剛，北天竺婆羅門族，幼年隨叔父觀光東國，年十五師事金剛智，〔註142〕不空「諳異國書語，師（金剛智）之翻經常令共譯，凡學聲明論，一紀之功六月而畢。誦文殊、普賢行願，一年之限，再夕而終。」〔註143〕不空憑著懂異國書語，及其超強的學習力，在開元二十年金剛智圓寂後，奉遺旨往五天竺與師子國求法，在南海郡，採訪使劉巨鱗懇請灌頂，不空「於法性寺，相次度人百千萬眾。」在南天竺師子國，國王「日以黃金斛滿盛香水，王爲空躬自洗浴。」不空於天寶五載還京，「奉勅權止鴻臚，續詔入內立壇，爲帝灌頂。」〔註144〕不空爲玄宗灌頂，也開始受命與道士鬥法，《酉陽雜俎》記不

册，頁 711。

〔註139〕唐・遁倫集撰，《瑜伽論記》卷 11 下〈功德品〉：「琰摩世界者，謂鬼世界。琰摩王爲主也。」按：「琰摩王」即「閻魔王」，爲冥司鬼王之名，舊稱「閻羅王」。《大正藏》第 42 册，頁 561。

〔註140〕宋・釋贊寧，《宋高僧傳》卷 1〈唐洛陽廣福寺金剛智傳〉：「攝取鬼物，必附麗童男處女，去疾除祅也絕易。」《大正藏》第 50 册，頁 712。

〔註141〕五代、後晉・劉昫等撰，《舊唐書》卷 191，頁 5106。

〔註142〕有關不空的事蹟，詳見：宋・釋贊寧，《宋高僧傳》卷 1〈唐洛陽廣福寺金剛智傳〉、〈唐京兆大興善寺不空傳〉。《大正藏》第 50 册，頁 711～714。

〔註143〕宋・釋贊寧，《宋高僧傳》卷 1〈唐京兆大興善寺不空傳〉。《大正藏》第 50 册，頁 712。

〔註144〕宋・釋贊寧，《宋高僧傳》卷 1〈唐京兆大興善寺不空傳〉。《大正藏》第 50 册，頁 712。

空與羅公遠鬥法：

> 玄宗又嘗召術士羅公遠與不空同祈雨，互校功力。上俱召問之，不空曰：「臣昨焚白檀香龍。」上令左右掬庭水嗅之，果有檀香氣。又與羅公遠同在便殿，羅時反手搔背。不空曰：「借尊師如意。」殿上花石瑩滑，遂激窣至其前，羅再三取之不得，上欲取之，不空曰：「三郎勿取，此影耳。」因舉手示羅如意。〔註145〕

段成式此記，不空佔了上風，《宋高僧傳・唐京兆大興善寺不空傳》全引，〔註146〕有意思的是，《太平廣記》卷22引《續仙傳》等道教書籍，所記有關不空與諸道士鬥法，不空皆拜下風，其中有多則不見於筆記與正史，《續仙傳》之揚道抑佛，明顯可見。

　　《酉陽雜俎》另載玄宗嘗因歲旱，令不空祈雨，不空曰：「可選某日，今祈之必暴雨。」玄宗轉而勅令金剛智設壇，果然風雨不止，「連日暴雨不止，坊市有漂溺者，遽召不空，令止之。」此記透露不空是青出於藍更勝於藍，觀不空的「止雨」方式，「不空遂於寺庭中，捏泥龍五六，當溜水，作胡言罵之，良久，復置之，乃大笑，有頃，雨霽。」〔註147〕贊寧於不空祈雨，全襲自段成式之記，唯將「捏泥龍五六」誤作「捏泥媼五六」；〔註148〕玄宗成為不空的弟子，應是受到不空回唐後，「進師子國王尸羅迷伽表，及金寶、瓔珞、般若梵夾、雜珠白疊毛等。」諸國給予不空的肯定，玄宗讓不空為其灌頂，乃一時的興之所至，並沒有改變對佛教的觀感，此表現在玄宗詔令不空祈雨，下達「時不得賒，雨不得暴。」的規定，此外，玄宗還在大風卒起之日，詔不空禳止，不空「請銀餅一枚作法加持，須臾戢靜。忽因池鵝誤觸餅傾，其風又作，急暴過前，勅令再止。隨止隨効。」玄宗祈雨禳風，多次「試探」不空，在不空一一達成任務後，玄宗最後賜不空「智藏」之號〔註149〕，然卻在天寶八載，允許不空回本國，陳澤泓認為不空是被劉巨鱗坐贓決死所牽累，

〔註145〕唐・段成式，《酉陽雜俎》前集卷3，頁39。

〔註146〕有關不空與羅公遠鬥法事，宋・釋贊寧，《宋高僧傳》卷1〈唐京兆大興善寺不空傳〉：「空時時反手搔背，羅曰：『借尊師如意。』」《大正藏》第50冊，頁713。按：對照段成式所記，贊寧此記應有誤，應是不空向羅公遠借如意。

〔註147〕唐・段成式，《酉陽雜俎》卷3，頁

〔註148〕宋・釋贊寧，《宋高僧傳》卷1〈唐京兆大興善寺不空傳〉。《大正藏》第50冊，頁713。

〔註149〕宋・釋贊寧，《宋高僧傳》卷1〈唐京兆大興善寺不空傳〉。《大正藏》第50冊，頁712。

〔註150〕不空抵南海郡，「有勅再留十二載」之後「勅令赴河隴。」顯見不空不再受玄宗青睞，確實是被劉巨鱗連累。〔註151〕

天寶十五載（至德元年，756。）不空受詔還京，住大興善寺，開始了與肅宗的互動，鑾駕在靈武鳳翔時，肅宗就密遣使者向不空求祕密法，乾元中，肅宗請不空入內，建道場護摩法，〔註152〕「爲帝受轉輪王位七寶灌頂。」上元二年（761）肅宗不豫，不空「以大隨求眞言被除至七過，翼日乃瘳。」〔註153〕代宗即位後，令不空譯《密嚴》、《仁王》二經，代宗親爲作序，永泰元年（765），「制授特進試鴻臚卿，加號大廣智三藏。」受此殊榮的不空，終於在大曆三年（768），於興善寺建立自己的道場，代宗下令近侍大臣及諸禁軍使，並入灌頂，相較於玄宗對不空的不甚禮遇，代宗對不空的器重，有助於密教在唐朝大流行。

〈唐京兆大興善寺不空傳〉：「天寶中，西蕃、大石、康三國，帥兵圍西涼府」，不空誦《仁王經》密語二七遍，請來「毘沙門天王子領兵救安西」，五百神兵使三國兵退，玄宗「勅諸道城樓置天王像，此其始也。」〔註154〕贊寧記不空以咒語請神兵之事，事涉荒誕，然《資治通鑑》記代宗「有寇至，則令僧講《仁王經》以禳之。」〔註155〕則不空唸經禳兵是確有其事；不空除了祈雨、止雨，唸經禳兵，《酉陽雜俎》另記其對洛陽大蟒說法：

> 又邙山有大蛇，樵者常見，頭若丘陵，夜常承露氣。見不空，作人語曰：「弟子惡報，和尚何以見度？常欲翻河水陷洛陽城，以快所居也。」不空爲受戒，說苦空，且曰：「汝以瞋心受此苦，復忿恨，吾

〔註150〕五代、後晉・劉昫等撰，《舊唐書》卷9，天寶八載五月：「南海太守劉巨鱗坐贓，決死之。」頁223。陳澤泓，〈唐代佛教密宗入粵及文物考述〉，認爲劉巨鱗曾在不空往南天竺時，助力甚多，天寶八載玄宗許不空回國，不空實際上是因劉巨鱗坐贓一事，「被下了驅逐令。」《嶺南文化研究》2002年第5期。

〔註151〕宋・釋贊寧，《宋高僧傳》卷1〈唐京兆大興善寺不空傳〉，記劉巨鱗在受不空灌頂後，出發往師子國時，「召誡番禺界蕃客大首領伊習賓等曰：『今三藏往南天竺師子國，宜約束船主，好將三藏并弟子含光、慧辯等三七人、國信等，達彼無令疎失。』」《大正藏》第50冊，頁712。觀劉巨鱗爲不空「護航」的作爲，是地方官員該有的作爲。

〔註152〕「護摩」，梵語homa的音譯，爲密教的修法：在爐中燃火，燒著供養的物料來供養本尊，祈求息災增福。

〔註153〕觀音菩薩的變身之一，稱「隨求菩薩」、「大隨求菩薩」，「大隨求眞言」，即觀音菩薩咒，眾生唸之，能滿所願。

〔註154〕宋・釋贊寧，《宋高僧傳》卷1〈唐京兆大興善寺不空傳〉。《大正藏》第50冊，頁714。

〔註155〕宋・司馬光，《資治通鑑》卷224〈唐紀〉40，頁7196。

力何及，當思吾言，此身自捨昔而來。」後旬月，樵者見蛇死於澗
中，臭達數十里。〔註156〕

段成式筆下自言欲翻河水陷洛陽的邙山大蛇，應是被善無畏以咒語咒死的洛
陽芒山巨蛇演變而來；善無畏於天寶中咒此蛇，當在不空為此蛇說法之後，
樵者見死於澗中的巨蛇，應是被善無畏咒死，而非聽聞不空說法後自絕而死。
《酉陽雜俎》另記：「不空每祈雨，無他軌則，但設數繡座，手簸旋數寸木神，
念呪擲之，自立於座上，伺木神吻角牙出，目瞤，則雨至。」〔註157〕不空受
三朝帝王垂青，最常服務的項目應是祈雨，前述不空既能祈雨又能止雨，法
力高於金剛智，然比起《次柳氏舊聞》，高力士言善無畏僅「獨盛一鉢水，以
小刀子攪旋之，胡言數百祝之。」就祈雨一事，善無畏的功力顯然在不空之
上。

　　開元三大士最後的歸宿均是身死唐朝，均有要臣為其作碑銘，前述李華
為善無畏作〈東都聖善寺無畏三藏碑〉，多為贊寧《宋高僧傳》所採；杜鴻漸
為金剛智述碑；〔註158〕御史大夫嚴郢為不空作碑銘；〔註159〕權德輿為不空影
堂作碣銘：

　　　　自開元末至大曆中，三朝尊奉，以密行救世。代宗授以特進鴻臚卿，
　　　　賜號大廣智三藏。……或為肅宗灌頂阿闍梨、清涼山功德使，或為
　　　　內道場三教大德，或為僧錄，皆偉然龍象，說法棟梁。〔註160〕

不空為三朝尊奉，贊寧言其「生榮死哀，西域傳法僧至此，今古少類矣。」
〔註161〕並非過譽，對於密教在中國，自初祖金剛智、二祖不空、三祖慧朗
後，其派別之繁生，贊寧曰：

　　　　自後岐分派別，咸曰：「傳瑜伽大教，多則多矣，而少驗者何，亦猶
　　　　羽嘉生應龍；應龍生鳳凰；鳳皇已降，生庶鳥矣。欲無變革，其可

〔註156〕唐·段成式，《酉陽雜俎》前集卷3，頁39～40。

〔註157〕唐·段成式，《酉陽雜俎》前集卷3，頁40。

〔註158〕宋·釋贊寧，《宋高僧傳》卷1〈唐洛陽廣福寺金剛智傳〉：「灌頂弟子中書侍
　　　　郎杜鴻漸，素所歸奉，述碑紀德焉。」《大正藏》第50冊，頁712。

〔註159〕唐·嚴郢，〈大唐興善寺大廣智不空三藏和尚碑銘并序〉，清·董誥等編，《全
　　　　唐文》卷372，頁3782～3783。

〔註160〕唐·權德輿，〈唐大興善寺故大宏教大辯正三藏和尚影堂碣銘并序〉，清·董
　　　　誥等編，《全唐文》卷506，頁5153～5154。

〔註161〕宋·釋贊寧，《宋高僧傳》卷1〈唐京兆大興善寺不空傳〉。《大正藏》第50
　　　　冊，頁714。

得乎。〔註162〕

贊寧「羽嘉生應龍，應龍生鳳凰。」的比喻，是對金剛智與不空師徒二人的最佳禮讚，亦肯定密教僧人在唐代，以其神通法力深得人心，對佛教的貢獻值得一書。

第五節 小 結

　　唐代佛教勢力大行，此與配居官寺的高僧，和皇室貴族之間的互動大有關係。東晉穆帝永和五年（349），冉閔殺十餘萬人建立「冉魏」政權，使得中土大亂，「人情蕭素」，道安於是率領弟子渡河依陸渾，慕容俊逼陸渾，道安再率眾南奔襄陽，在荒年亂世中，道安言：「今遭凶年，不依國主，則法事難立。」〔註163〕初唐佛教仍須依帝室貴冑得以壯大，但除了道宣等人爲沙門不應拜俗的問題，分別上書沛王，以及武則天之母榮國夫人，爲「法事」而「依貴冑」以外，已經沒有必要像道安一樣，「爲法忘軀」而必須「依國主」的環境；而像夜光一樣，以入宮當「幸臣」爲畢生職志的僧人，〔註164〕以及環繞在唐代帝王、貴冑身邊的樂僧〔註165〕、醫僧，「法事」立與不立，可說已經不屬於唐代僧人的職志範圍。

　　盛唐之後，禪宗與淨土宗深入民間，僧人除了親近庶民，部分高僧甚至藉顯貴以榮名，均認識到帝王「道先佛後」的主張，與整個釋門命脈息息相關；唐初帝王與官吏，對維護君權所聯手努力的行爲，是龍朔二年（662）高宗所下的〈制沙門等致拜君親敕〉，從針對沙門是否拜俗的問題，引發議論的官員共八百九十三人參與的盛況，以及京師兩百多名高僧的反擊，特別是道宣兩次寫信給武后之母榮國夫人，顯示初唐時期，皇室貴族與僧人互動密切，

〔註162〕宋・釋贊寧，《宋高僧傳》卷 1〈唐京兆大興善寺不空傳〉。《大正藏》第 50
　　　　冊，頁 714。

〔註163〕梁・釋慧皎，《高僧傳》卷 5〈釋道安〉。《大正藏》第 50 冊，頁 352。

〔註164〕宋・李昉等編，《太平廣記》卷 121〈師夜光〉引《宣室志》：「夜光至長安因
　　　　賂九仙公主左右，得召見溫泉命內臣選碩學僧十輩，與方士議論。夜光在選，
　　　　演暢玄奧，發揮疑義，羣僧無敢比者。上奇其辯，詔賜銀印朱綬，拜四門博
　　　　士。日侍左右，賜甲第，洎金錢繒綵以千數，時號幸臣。」頁 855～856。

〔註165〕唐・鄭處誨，《明皇雜錄》載楊貴妃死後，玄宗命取琵琶，「至，俾樂工賀懷
　　　　智取調之，又命禪定寺僧段師取彈之。」《酉陽雜俎》前集卷 3：「寧王憲寢
　　　　疾，上命中使送醫藥，相望於道。僧崇一療憲稍瘳，上悅，持賜崇一緋袍魚
　　　　袋。」頁 38。

唐代沙門不應拜俗，是道宣定南山律之外，對釋門的最大貢獻。

　　觀唐初三帝「道先（或儒先）佛後」的主張，太宗令道士、女冠在僧尼之前，是以「李」爲尊；高宗讓道士、女冠在東，僧、尼在西；睿宗下〈令僧道並行制〉，〔註166〕知佛教地位已漸與道教並駕齊驅；經過武周的大力佞佛，復興李唐的玄宗，除追諡孔子爲「文宣王」以外，還將孔門十哲各加褒贈，又追贈曾參等六十七人，〔註167〕還親作〈顏子贊〉，〔註168〕可見玄宗自登基起，其以儒爲尊的心態，是試著要扭轉當時已極端佛、道不分的情況。

　　周朝建立禮樂制度，秦、漢相繼崛起，隋唐繼而開創關中文化的第三個高潮，〔註169〕佛教文化得以在中土開花結果，唐代的皇室貴族一連串的崇佛舉措，起到相當程度的作用；立寺、造大像等超級布施，非一般民眾所能爲之，而由奉迎佛骨所引起的崇佛行爲，儼然成爲全民運動；寫經與造佛像，是上自帝室下至百姓信仰佛教的指標，廣造大小佛教，引起鑄錢乏銅，搜取佛像因而成爲武宗毀佛時的要項；除了立寺、造像等大布施引起百姓跟著崇佛，唐代皇室貴族接受菩薩戒，也引得當朝大臣紛紛跟進，唐代官吏之妻、女也因而成爲以「華情學梵事」的第一批女性隊伍，唐代墓誌見證了這一歷史。

　　由「釋吏」、「門僧」的產生，最能看出佛教僧人對於政權的依附，〔註170〕圍繞在皇室貴族身邊的僧人，並非個個均如萬迴或一行，具有「傾國傾城」的本領，唐代的「異僧」，特別是胡僧，在「顛倒眾生」的同時，小說家不忘對其神異大書特書，特別是與唐初反佛健將傅奕交手的胡僧，胡僧善用催眠術，對於意志力堅強的傅奕，根本起不了作用；〔註171〕則天朝的婆羅門僧惠

〔註166〕清・董誥等編，《全唐文》卷18〈令僧道並行制〉，頁217。

〔註167〕清・董誥等編，《全唐文》卷31〈追諡孔子十哲並升曾子四科詔〉、〈追贈曾參等六十七人詔〉，頁347、348。

〔註168〕清・董誥等編，《全唐文》卷41〈顏子贊〉：「杏壇槐市，儒述三千。回也亞聖，某也稱賢。四科之首，百行之先。秀而不實，得無慚焉。」頁450。

〔註169〕參見：李浩，〈關中地域與文化精神〉，《唐代關中士族與文學》（北京：中國社會科學出版社，2003年），頁15。

〔註170〕蘇金花，〈從「方外之賓」到「釋吏」──略論漢唐五代僧侶政治地位之變化〉，《敦煌學輯刊》1998年第2期。

〔註171〕唐・劉餗，《隋唐嘉話》卷中，記貞觀中，西域獻胡僧，其呪術能使人死去又活來，太宗挑了飛騎中最壯勇的讓胡僧試，結果是「如言而死，如言而蘇。」太宗告訴傅奕，傅奕說了一番「邪不敵正」的話之後，決定以身試「法」，太宗召胡僧呪傅奕，結果是「胡僧忽然自倒，若爲所擊者，便不復蘇。」參見：

範，「則天以爲聖僧，賞賚甚重；太平以爲梵王，接納彌優。」〔註172〕惠範後
來家財沒入宮，共計一千三百萬，靠的全是他行「左道」而得，在兩《唐書》
及小說家筆下，均記其：「姦矯狐魅，挾邪作蠱。」「矯說妖祥，妄陳禍福。」
玄宗斬惠範「京師稱快。」〔註173〕惜正史與小說家筆下，均未見惠範如何行
「左道」的描述，無法對唐代胡僧之「異能」，有更多的認識；玄宗命開元三
大士「祈雨」，關係著密教在中國生根的契機，唐代小說家記錄下密教僧人祈
雨的神通，此爲漢地僧人所不及，開元三大士在玄宗朝，即因奉命祈雨，使
得密宗在中國，有了發展的契機。

袁憲校注，《歷代名家小品文集》（陝西：三秦出版社，2004 年），頁 28～29。
〔註172〕宋・錢易，《南部新書》卷3，頁 《舊唐書》卷 183〈外戚〉：「惠範家產亦數
　　　　十萬貫。」頁 4740。
〔註173〕唐・張鷟，《朝野僉載》卷5，頁 114。

第四章　唐代官吏與佛教

　　唐代官吏對於佛教的態度，主要基於對儒家道統的維護，對沙門禮拜君王、父母，甚至是禮拜俗人的問題，官吏彼此之間互有不同的意見；對於佛教僧人違戒予以嚴懲，是基於對社會秩序的維護；在處理僧人違法犯紀時的判文，是逸趣橫生，文采斐然，唐代僧人所犯罪刑大別有：飲酒、食肉、犯淫戒、語戒、屠牛、捕魚、聚賭、打架、於倡家作樂、行賄、誣告等，多數的僧人無視戒律的存在，此與「偽濫僧」充斥有關，能有效維護戒律的，是唐代法律而非佛門內規，此非良吏不可。本章首論唐代官吏為維護儒家倫常與社會安定，對違戒僧人的判文，顯示其對僧人的高規格要求；其次，官吏襄助譯經與飯僧邀福，乃具有傳染力的行為，不論是等同修史的榮耀，奉命參與譯經工作，或是個人隨份隨力齋僧，其藉佛教以邀冥福的動機相同；再次，論唐代官吏與異僧之交涉，唐代官吏無不傾倒於預言僧能說前世今生，明禍福休咎的本領；最後，論唐代崇佛的宦官，以及宦官妻、女皈依佛門之舉，側面突顯命運最無告的宦官妻、女，是唐代貴族以下的一般婦女，地位始終不高的證明。

第一節　維護儒家倫常與社會安定

　　唐代官吏對於犯戒僧人，身負決斷之責，官吏判處違法僧人的標準，是將僧人視同一般百姓，從判僧違律的判文中，不僅可看出唐代僧人戒律之鬆散，更可看出唐代官吏奉法之嚴謹。

一、判僧之自由心證

鄭顯文認爲唐代有關僧尼違法的懲戒法規——《道僧格》,不始於貞觀十年(636),太宗命制的「條制」,而是始於北魏孝武帝太和十七年(493),下詔制訂的《僧制》47 條。[註1] 高祖武德九年沙汰僧、道,是因「寺觀不甚清淨」而起,可見唐初的佛門戒律,對僧人已是無法可管;則天朝,狄仁傑諫則天勿造大像,可見當時佛教勢力壯大的情形:

> 里陌動有經坊,閭闌亦立精舍。化誘所及,切於官徵。法事所須,
> 嚴於制敕。膏腴美業,倍取其多。水磑莊園,數亦非少。逃丁避罪,
> 併集法門。無名之僧,凡有幾萬。都下檢括,已得數千。[註2]

狄仁傑所言之佛門不淨,是則天朝的普遍情形,燕許大手筆之一的蘇頲,代玄宗所擬之〈禁斷妖訛等敕〉,言州縣長官若不能覺察捉搦妖訛,將遭「量狀貶降」,[註3] 僧人違反戒律,官吏也須負連帶責任,顯示朝廷對佛教管理有其積極性;此外,玄宗朝的齊澣,曾上〈請禁鞭撻僧道奏〉,提到州縣官可以對僧人擅行決罰;[註4] 寧王狩獵時,還曾經解救過被兩個公然爲賊的僧人強劫的莫氏女,[註5] 以上均側面反應出僧、道違戒,至盛唐仍是層出不窮。

會昌毀寺,朝廷分遣御史收錄天下金銀佛像,《尚書故實》記「蘇監察」巡兩街諸寺,看到一尺以下的銀佛,「多袖之而歸,謂之蘇杠佛。」人問溫庭筠將何以對,答:「無以過密陀僧也。」[註6] 溫庭筠之對反映出唐代士大夫,對於時事的判解,所蘊含之機智與文采,而對於不受佛教教規約束的僧人,唐代官吏的判決往往展現出個人的機辯,但也有隨一己之意,任意判決的官吏;憲宗朝金獻貞,爲來自海東的神行禪師做碑文,提到神行禪師坐船初抵邊境時,「時屬凶荒,盜賊亂邊。敕諸州府,切令捉搦。」官吏不管神行述說

[註1] 鄭顯文,〈唐代《僧道格》研究〉,舉宣武帝永平元年(508)詔書:「緇素既殊,法律亦異。……自今以後,眾僧犯殺人以上罪者,仍依俗斷,餘犯悉付昭玄,以內律《僧制》治之。」《歷史研究》,2004 年第 4 期。

[註2] 清・董誥等編,《全唐文》卷 169,頁 1727。

[註3] 唐・蘇頲,〈禁斷妖訛等敕〉:「比有白衣長髮,假託彌勒下生,因爲妖訛,廣集徒侶。稱解禪觀,妄說災祥。或別作小經,詐云佛說。眩惑閭閻,觸類寔繁。」《全唐文》卷 254,頁 2572〜2573。

[註4] 清・董誥等編,《全唐文》卷 353,頁 3577。

[註5] 唐・段成式,《酉陽雜俎》前集卷 12,頁 115。

[註6] 唐・李綽,《尚書故實》,頁 8。

來中國是為求佛法，整整將他關了八個月，〔註7〕此或許和安史亂後，唐朝的下層官吏，變得頗能「幹事」有關。〔註8〕

官吏判僧，自然是在僧人違律的情形下，《避暑錄話》載韓建麤暴好殺而重佛教，韓建治理華州時，因僧眾龐雜，想出了選擇有道行者任「僧正」的辦法，結果是擇非其人，「修謹者不得伸，犯法者愈無所憚。」韓建一日忽下判牒，云：「本置僧正，欲要僧正。僧既不正，何用僧正，使僧自正。」〔註9〕韓建的判牒雖無甚文采，卻也為僧人嚴重違律的情形留下資料。

李元紘為雍州司戶，方承恩寵的太平公主，與僧寺爭碾磑權，當時百官莫不爭先討好太平公主，元紘硬是將碾磑權斷還僧寺，元紘的上司竇懷貞，因懼太平之勢，急令元紘改判，元紘在判文後附註：「南山或可改移，此判終無搖動。」〔註10〕似李元紘就事論事，不存他心的斷案態度，在唐代官吏對僧人的判文中，實屬少見。

官吏判僧，判處結果常是因人而異，有一老僧，主動要為李紳說因果，被李紳判決杖二十，〔註11〕此判可說是少有的例外，圓仁記李紳在會昌二年，武宗敕令僧尼還俗之際，僧眩玄「奏自作劍輪，自領兵打迴鶻國。」武宗令眩玄製作劍輪，結果沒有成功，李紳治眩玄以「誑敕罪」，〔註12〕李紳之不喜僧人，應跟個人的「銜怨」心態有關。〔註13〕僧懷濬，愛草書，旁涉儒、道

〔註7〕　唐·金獻貞，〈海東故神行禪師之碑〉，《全唐文》卷718，頁7381～7383。

〔註8〕　安史亂後，唐朝廷對吏治的整頓頗具用心，下層官吏多能揣摩上意，《唐國史補》卷（下）：「江南有驛吏，以幹事自任。典郡者初至，吏白曰：『驛中已理，請一閱之。』刺史乃往，初見一室，署云酒庫。諸醞畢熟，其外畫一神，刺史問：『何也？』答曰：『杜康。』刺史曰：『公有餘也。』又一室，署云茶庫，諸茗畢貯，復有一神，問曰：『何？』曰：『陸鴻漸也。』刺史益善之。又一室署云菹庫，諸菹畢備，亦有一神，問曰：『何？』吏曰：『蔡伯喈。』刺史大笑曰：『不必置此。』」楊家駱主編，《唐國史補等八種》，頁65～66。

〔註9〕　參見：周勛初主編，《唐人軼事彙編》卷29〈韓建〉（上海：上海古籍出版社，1995年），頁1637。下引版本同。

〔註10〕　五代、後晉·劉昫等撰，《舊唐書》卷98，頁3073。

〔註11〕　唐·范攄，《雲溪友議》卷上〈江都事〉：「承相云：『阿師從何處來？』答云：『貧道從來處來。』遂決二十，曰：『任從去處去。』」轉引自楊家駱主編，《唐國史補等八種》，頁11。

〔註12〕　〔日〕圓仁，《入唐求法巡禮行記》卷3，頁90。

〔註13〕　唐·范攄，《雲溪友議》卷上〈江都事〉，載李紳：「初貧，遊無錫惠山寺，累以佛經為文薰，致主藏僧毆打，終身所憾焉。」頁11。按：李紳在龜山寺放生魚池旁，看到元稹戒寺僧勿釣魚的詩，言：「僧有魚罟之事，必投於鏡湖。」有關李紳深惡僧人犯戒的心態，應與未顯時遭藏主毆打有關。

二教，「至於歌詩鄙瑣之言，靡不集其筆端。」人與之語，只說「阿唯」而已；唐乾寧初到秭歸郡，因其言多神驗，里人目爲聖僧，刺史于公判其行爲惑眾，繫而詰之，一向從不多言的懷濬，以詩代通狀：「家在閩川西復西，其中歲歲有鶯啼。如今不在鶯啼處，鶯在舊時啼處啼。」刺史又詰之，懷濬復有詩曰：「家住閩川東復東，其中歲歲有花紅。而今不在花紅處，花在舊時紅處紅。」〔註14〕似懷濬以詩代狀而獲釋的僧人並不多見，刺史因懷濬預言之事多中而判其聚眾，可說是烏龍判，最明顯的烏龍判之例，發生在咸通中，西川僧法進刺血寫經，聚眾於教化寺：

> 所司申報高燕公。判云：「斷臂既是凶人，刺血必非善事。貝多葉上，不許塵埃；俗子身中，豈堪腥膩。宜令出境，無得惑人。與一繩遞出東界。」所司不喻繩絞，賜錢一千，送出東郭，幸而誤免。〔註15〕

法進逃過高駢的烏龍判，後卒於荊州玉泉寺；官吏判僧，面臨的是天地良心與悠悠眾口，從判處的過程與結果，可看出僧品之不一，一如官吏人品之高下，都是「因人而異」；《桂苑叢談》載李德裕出鎮浙右時，以仁心與智慧，爲一名不肯同流合污而遭排擠，被全部寺僧陷害偷常住金的僧人洗刷冤屈，〔註16〕官吏主動爲僧人討公道的情形，在唐代並不多見。

二、對違戒僧人之判文

唐代僧人守律不嚴的情況，范攄《雲溪友議・金仙指》所載甚多，在飲食方面違戒的，有鄧州老僧因嗜鳩，人稱「南陽鷗鳩和尚」；〔註17〕興元縣西墅的蘭若上座僧，常飲酒食肉，輩輩仿效，上座僧用十分另類的教化方式，使得仿效的緇徒從此道業精進；〔註18〕范攄還對此怪事，一本小說家聲稱「言必有據」

〔註14〕宋・孫光憲，《北夢瑣言・逸文》卷1，頁146。
〔註15〕宋・孫光憲，《北夢瑣言》卷9，頁69。
〔註16〕詳見：宋・李昉等編，《太平廣記》卷172〈李德裕〉，頁1265。
〔註17〕唐・范攄，《雲溪友議》卷下〈金仙指〉：「鄧州有老僧，日食二鷗鳩，僧俗共非之，老僧終無所避。當饌之際，貧士求湌，分其二足而食。食訖，老僧盥漱，雙鳩從口而出，一則能行，一則匍匐在地。貧士驚怛，亦吐其餕，其鳩二腳亦生。其僧後乃不食此味，觀驗，眾加敬乎，號曰：『南陽鷗鳩和尚』也。」轉引自楊家駱主編，《唐國史補等八種》，頁71。
〔註18〕唐・范攄，《雲溪友議》卷下〈金仙指〉：「一旦，多作大餅，招羣徒眾入屍陁林，以餅裹腐屍肉而食，數啖不已，眾僧掩鼻而走。上座曰：『汝等能食此肉，方可食諸肉。』自此緇徒因成精進也。」頁71。

的慣例，於其後加註：「此事柳僕射仲郢，在興元日親驗之也。」〔註19〕

　　唐代愛僧的官吏頗多，其奉佛之誠，范攄的評語是「老而無倦」，〔註20〕或許正因愛之過深，故責之過切，唐代官吏對於違戒之僧，往往是不予寬貸，《雲溪友議·金仙指》載「八關十六子」之一的李續：〔註21〕

> 分陜之日，閒登城樓，遙見二僧，抱秩從寺門而出，有二鬼異狀隨僧後諦聽，行過百步，忽見一女子自東而來，二僧極目而送，鬼乃俱怒，拋砂石作旋風，左右或有見者。遂召僧至，問其所以，具云：「初出寺門，共論經義。尋有他言，不敢隱諱伏藏。」公曰：「鬼神重齋戒，善惡必知。」二僧既還，益加惕勵也。〔註22〕

李續對於先被美色所誘，繼而打誑語，連犯色戒、語戒的僧人，是以委婉的方式加以道德勸說；李群玉對於僧人結黨去屠牛、捕魚，判曰：「違西天之禁戒，犯中國之條章。不思流水之心，輒舉庖丁之刃。既集徒侶，須務極刑。各決三十，用示伽藍。」〔註23〕李群玉的判文在兼具文采之外，杖決三十以警惕其他僧人的輕微處決，可看出其奉佛之心；〔註24〕韓晃斷法師雲晏等五人因為聚賭起喧諍，判曰：

> 正法何曾執具，空門不積餘財。白日既能賭博，通宵必醉罇罍。強說天堂難到，又言地獄長開。並付江神收管，波中便是泉臺。〔註25〕

韓晃以詩代文的判文，文采之外，兼具跌宕之美；藥山惟儼的高足李翱，〔註26〕

〔註19〕唐·范攄，《雲溪友議》卷下〈金仙指〉，頁71。

〔註20〕唐·范攄，《雲溪友議》卷下〈金仙指〉：「且達人崇佛奉僧，近亦眾矣。若留守王僕射逢、裴相公休、鳳翔白中令敏中、夏侯相孜、崔僕射安潛，皆嚴飾道場，躬自焚香執錢，老而無倦焉。」頁71。

〔註21〕五代、後晉·劉昫等撰，《舊唐書》卷170〈裴度〉：「逢吉之黨李仲言、張又新、李續等，內結中官，外扇朝士，立朋黨以沮度，時號『八關十六子』，皆交結相關之人數也。」頁4426。

〔註22〕唐·范攄，《雲溪友議》卷下〈金仙指〉，頁71。

〔註23〕唐·范攄，《雲溪友議》卷下〈金仙指〉，頁72。

〔註24〕唐·范攄，《雲溪友議》卷下〈金仙指〉：「岳陽於奉釋之心，日無倦矣。」頁72。

〔註25〕唐·范攄，《雲溪友議》卷下〈金仙指〉，頁72～73。

〔註26〕宋·釋贊寧，《宋高僧傳》卷17〈唐朗州藥山唯儼傳〉，：「翱性褊急。乃倡言曰：『見面不似聞名。』儼乃呼翱，應：『唯。』曰：『太守何貴耳賤目。』翱拱手謝之。問曰：『何謂道邪？』儼指天，指淨瓶曰：『雲在青天水在瓶。』翱于時暗室已明，疑氷頓泮。尋有偈云：『煉得身形似鶴形，千株松下兩函經。我來相問無餘說，雲在青天水在瓶。』又偈：『選得幽居愜野情，終年無送亦無迎。有時直上孤峯頂，月下披雲笑一聲。』……韓柳覽之歎曰：『吾道蓁蕪，

斷僧互相打架：「夫說法則不曾敷坐而坐，相打則偏袒右肩左肩。領來向佛前，而作偈言。各笞小杖十五，以勵三千大千。」〔註27〕此判詼諧有加，另有斷僧通狀：「七歲童子，二十受戒，君王不朝，父母不拜。口稱『貧道』，有錢放債。量決十下，牒出東界。」〔註28〕另一位判文具詼諧、警世效果的官吏是陸長源，陸長源判僧常滿、智眞等，聚於倡家飲酒、烹宰雞鵝等事，判云：

> 且口說如來之教，在處貪財；身着無價之衣，終朝食肉。苦行未同
> 迦葉，自謂頭陀；神通何有淨名，入諸淫舍。犯爾嚴戒，贖我明刑。
>
> 〔註29〕

陸長源對於常滿、智眞等釋門敗類，其處置是「集遠近僧，痛杖三十處死。」用意是要明正典型，冀收殺雞儆猴之效，而對於同樣不務清修，積蓄私財且兒女盈室的金華觀道士盛若虛，陸長源僅判其出觀，〔註30〕陸長源曾為會善寺戒壇作記，〔註31〕其對常滿、智眞的嚴厲處罰，可見其「偏重」佛教。

三、良吏與劣僧

唐代官吏對於違戒僧人的判決，並非全都合情合理，開元寺僧夜飲酒，喝醉了放火，還賄賂軍侯，謊稱放火是守門瘖奴所為，負責審案的是魏少遊，多虧柳渾與崔祐甫為瘖奴挺身而出，魏少遊以此事為鑑，後以公正聞名；〔註32〕而對於審理較為重大的僧人還俗，負責官吏的等級，也成為重要的決定因素，《舊唐書・鄭餘慶》：

翶且逃矣。儼陶鍊難化，護法功多。」《大正藏》第 50 冊，頁 816。

〔註27〕唐・李翶，〈斷僧相打判〉，《全唐文》卷 635，頁 6408。

〔註28〕唐・李翶，〈斷僧通狀判〉，《全唐文》卷 635，頁 6408。

〔註29〕唐・陸長源，〈僧常滿智眞等於倡家飲酒烹宰雞鵝判〉，《全唐文》卷 510，頁 5183。

〔註30〕唐・范攄，《雲溪友議》卷下〈金仙指〉：「本是樵童牧豎，偶然戴幘依師。不遊玄牝之門，莫鑒丹田之義。早聞僭犯，苟乃包容。作孽既多，為弊斯久。常住錢穀，唯貯私家。三盞香燈，不修數夕。至於奴婢，遍結親情。良賤不分，兒女盈室。行齊犬馬，一異（按：一作「義悖」）清廉。恣伊非類之徒，負我無為之教。貸其死狀，尚任生全。量決若干，便勒出院。別召精潔主首，務在焚修。」頁 72。

〔註31〕唐・陸長源，〈嵩山會善寺戒壇記〉，《全唐文》卷 510，頁 5185。

〔註32〕五代・後晉・劉昫等撰，《舊唐書》卷 125〈柳渾〉：「大曆初，魏少遊鎮江西，……有開元寺僧與徒夜飲，醉而延火，歸罪於守門瘖奴，軍候亦受財，同上其狀，少遊信焉。人知奴冤，莫肯言。渾與崔祐甫遽入白，少遊驚問，醉僧首伏。既而謝曰：『微二君子，幾成老夫暗劣矣。』自此以公正聞。」頁 3553。

　　時有玄法寺僧法湊，爲寺眾所訴，萬年縣尉盧伯達斷還俗，後又復
　　爲僧。伯達上表論之。詔中丞宇文逿、刑部侍郎張彧、大理卿鄭雲
　　逵等三司與功德使判官諸葛述同按鞫。時議述胥吏，不合與憲臣等
　　同入省按事，餘慶上疏論列，當時翕然稱重。〔註33〕

法湊還俗之後復爲僧人，德宗下詔要朝中幹吏同審此事，可見在武宗毀佛前，
守戒不嚴的還俗僧，會引起社會「公憤」，此亦可看出唐人對於違戒僧人，是；
不獨僧人與僧人之間彼此有暗鬥，就連師徒之間也有紛爭，爭端一搬上檯面，
自然非得力於良吏不可，則天朝裴懷古，在武則天獎勵密告時，就曾經斷過
一起類似冥報的案例，《舊唐書・良吏下》：

　　恒州鹿泉寺僧淨滿爲弟子所謀，密畫女人居高樓，仍作淨滿引弓而
　　射之，藏於經笥。已而詣闕上言僧呪詛，大逆不道。則天命懷古按
　　問誅之。懷古究其辭狀，釋淨滿以聞，則天大怒，懷古奏曰：「陛下
　　法無親疏，當與天下畫一。豈使臣誅無辜之人，以希聖旨。向使淨
　　滿有不臣之狀，臣復何顏能寬之乎？臣今愼守平典，雖死無恨也。」
　　則天意乃解。〔註34〕

鼓勵密告是武則天君臨天下之際，採取的非常手段，戒律不謹的佛門弟子，都
有可能爲爭寺主之位而胡亂告密，淨滿之所以被弟子陷害，應是弟子不肖，欲
遂一己之私的結果，裴懷古救淨滿一事在當時十分轟動，劉肅《大唐新語》載：

　　懷古後副閻知微和親于突厥，突厥立知微爲南面可汗而入寇趙、定，
　　懷古因得逃歸。素贏弱不堪奔馳，乃懇誠告天，願投死南土。倦而
　　寢，夢一僧狀如淨滿者引之，曰：「可從此路出。」覺而從之，果獲
　　全。時人以爲忠恕之報。〔註35〕

裴懷古九死一生，撿回一命，時人之所以會認爲是「忠恕之報」，可見在密網遍
佈的則天朝，求一「良吏」實屬難得。黃玫茵在〈唐代殺人罪的法律規範〉一
文，提到唐律以「六殺」（謀殺、故殺、鬥殺、戲殺、誤殺、過失殺）來區分殺
人行爲，言：「唐律則在故意過失外，明定謀、鬥、戲、誤四狀況亦屬殺人罪之
責任條件（故意或過失）。」〔註36〕唐代僧人所犯罪刑，除了少數因造反殺人之

〔註33〕五代、後晉・劉昫等撰，《舊唐書》卷158〈鄭餘慶〉，頁4163。

〔註34〕五代、後晉・劉昫等撰，《舊唐書》卷185（下），頁4807～4808。

〔註35〕唐・劉肅，《大唐新語》卷4（北京：中華書局，1997年），頁59。

〔註36〕黃玫茵，〈唐代殺人罪的法律規範〉，中國唐代學會、國立中正大學主編，《第
　　　　五屆唐代文化學術研討會論文集》（高雄市：麗文文化事業公司，2001年），

外，多數的違戒行爲是：飲酒、食肉、犯淫戒、語戒、屠牛、捕魚、聚賭、打架、於倡家作樂、行賄、誣告，除了可以確定唐代僧人戒律不嚴，更可看出有效維護僧人戒律的，是唐代法律而非佛門內規，此非良吏不足以成事。

　　唐代官吏中，負責長安僧人事物的兩街功德使，圓仁曾對其上了不下百次的「通狀」，要求返回日本，還曾經請託有力人士予以賄賂，亦不得法，〔註37〕圓仁因此形容欲令天下僧尼皆絕的功德使「無道心」，〔註38〕圓仁在武宗敕令天下僧尼還俗（包括外國僧人），欲歸日本前，對圓仁多方照顧的監察侍御使李元佐、職方郎中楊魯士、鄭州長史辛久昱、御史中丞楊敬之，以及開成年間，遭蝗災仍熱情招待圓仁的鄉下百姓，學習力與入境隨俗能力均不錯的圓仁，〔註39〕感受到官吏與百姓對他的善意，唐代與佛教事務最密切的功德使，在會昌法難時的表現，相較於判處僧人違律的一般官吏，確實是「無道心」。

　　唐律中有關僧尼違法的律法約有四條，〔註40〕其中犯姦盜者，處罰最重，由〈雜律〉中，監主犯姦罪，罪加一等來看，唐朝廷以國法維護佛教戒律，對於僧人守戒是起到一定的作用。

第二節　　襄助譯經與飯僧邀福

　　高宗朝，中書侍郎薛元超曾說：「吾不才，富貴過分，然平生有三恨：始不以進士擢第，不得娶五姓女，不得修國史。」〔註41〕薛元超之「三恨」，反

頁712～713。

〔註37〕〔日〕圓仁，《入唐求法巡禮行記》卷4：「從會昌元年已來（按：圓仁此記事在會昌五年），經功德使通狀，請歸本國，計百有餘度。又曾屬數箇有力人，用物計會，又不得去。」頁102。

〔註38〕〔日〕圓仁，《入唐求法巡禮行記》卷4，頁102。按：功德使之「無道心」，並非圓仁個人情緒性的看法，會昌五年敕令天下僧尼盡還俗，功德使就事先商議出一個「天下大同」，條疏僧尼還俗的方法：「且令三十以下還俗訖，次今令五十以上還俗，次令五十以上無祠部牒者還俗，第三番令祠部牒磨勘，差殊者還俗，最後，有祠部牒不差謬者，盡令還俗，即僧尼絕也。」頁101。

〔註39〕葉蓁蓁，《圓仁法師《入唐求法巡禮行記》所見的唐代文化》，提到圓仁在赤山院，向朝鮮僧人學到寫文章的技術與經驗，也從中國地方官那兒學到隨機應變之下的官樣文章。政治大學中國文學研究所碩士論文，1989年7月，頁46。

〔註40〕唐·長孫無忌等編、劉俊文點校，《唐律疏議》卷第六〈名例〉、卷第十二〈戶婚〉、卷第十九〈盜毀天尊佛像〉、卷第二十六〈雜律〉。

〔註41〕唐·劉餗，《隋唐嘉話》卷（中），頁28。

過來可視爲唐代官吏生平最引以爲傲的三件事；初唐的官吏，有跟修史一樣的光榮之事，即奉命參與譯經工作，特別是在譯場中負責「潤文」；薛元超後來如願參與修《晉書》的工作，〔註42〕而被譏爲「好採詭謬碎事，以廣異聞。」的唐朝史官，〔註43〕卻未必人人都有奉命參與譯經工作的機會，既奉命修史又參與譯經工作的官吏，在從事「潤文」工作，試圖會通儒、釋的過程中，於佛法亦日漸耳濡目染，相對於在譯場參與譯經工作，光揚佛法的官吏，「飯僧」與親近「異僧」的官吏，上可影響帝王貴族，對下影響百姓崇佛。

一、譯場之分職

　　東漢明帝時，攝摩騰隨蔡愔至洛陽，在白馬寺翻《四十二章經》，〔註44〕白馬寺成爲中國第一座譯場，孫吳時期的江南譯場，多爲南下避亂的高僧所主持，江南譯場的規模與運作方式源自北方，參與譯經事業的，還有民間的「勸助者」，漢靈帝光和二年（179），支讖譯《正法華經》時，有「勸助者」孫和、周提立；此外，晉武帝太始二年（266），曇摩羅察在長安的白馬寺譯《須眞天子經》，參與翻譯的，還有精通漢、梵的「傳言者」；〔註45〕西晉時，通曉三十六國語言的竺法護，由敦煌至洛陽，展開他的譯經事業，可見唐以前的譯經工作，多以民間爲主力。譯場的分工，是爲了因應繁瑣的譯經工作，釋贊寧《宋高僧傳》卷三〈唐京師滿月傳〉，於譯場分工有詳盡的說明，簡述如下：

　　（一）譯主：充當最重要的「譯主」一職者，必須是「齎葉書之三藏，
　　　　　　　明練顯密二教者。」也就是精通顯密二教，能看原典的沙門方得

〔註42〕五代、後晉・劉昫等撰，《舊唐書》卷66，房玄齡受詔與褚遂良重撰《晉書》，「於是奏取太子左庶子許敬宗、中書舍人來濟、著作郎陸元仕劉子翼、前雍州刺史令狐德棻、太子舍人李義府薛元超、起居郎上官儀等八人，分功撰錄，以臧榮緒《晉書》爲主，參考諸家，甚爲詳洽。」頁2463。

〔註43〕五代、後晉・劉昫等撰，《舊唐書》卷66：「然史官多是文詠之士，好採詭謬碎事，以廣異聞；又所評論，競爲綺豔，不求篤實，由是頗爲學者所譏。」頁2463。

〔註44〕隋・費長房，《歷代三寶記》卷4：「永平年，隨逐蔡愔自自洛邑，於白馬寺翻出此經，依錄而編。即是漢地經之祖也。」《大正藏》第49冊，頁49。

〔註45〕梁・僧祐，《出三藏集記》卷7《道行經》：「光和二年十月八日。河南洛陽孟元士口授，天竺菩薩竺朔佛時傳言者譯。月支菩薩支讖時侍者南陽張少安南海子碧，勸助者孫和、周提立。」《大正藏》第55冊，頁47。卷7《須眞天子經》：「天竺菩薩曇摩羅察口授出之。時傳言者，安文惠、帛元信；手受者，聶承遠、張玄泊、孫休。」《大正藏》第55冊，頁48。

勝任。

（二）筆受（又稱綴文）：擔任「筆受」者，「必言通華、梵，學綜有空。相問委知，然後下筆。」至於不通華、梵二語，不明空、有二宗的姚興、梁武帝、武則天、唐中宗等帝王，其親爲「筆受」，也僅是客串的贊助性質。

（三）度語（又稱「譯語」、「傳語」）：擔任「度語」者，必須能夠「傳度轉令生解」，也就是負責譯梵爲華的口譯。

（四）證梵本：擔任「證梵本」者，「求其量果，密能證知。能詮不差，所顯無謬矣。」也就是精通華、梵二文者，比對梵文原典。

（五）證梵義：爲的是要「明西義得失，貴令華語下不失梵義也。」

（六）證禪義：由沙門大通者充之。

（七）潤文：通內外學者充之。就「筆受」所未盡處「刊而正之」，原則上要兼顧到俚俗能懂，且不失佛意。如義淨主持的譯場，就用到李嶠、韋嗣立、盧藏用等二十多人，負責次文潤色。

（八）證義：意爲「證已譯之文，所詮之義。」《婆沙論》的翻譯，動用到慧嵩、道朗等三百人多人考正文義，而唐代的沙門復禮，更是「累場充任」，專門負責「正義」。

（九）梵唄：開始譯經前，梵唄先起，目的是「用作先容，令生物善。」

（十）校勘：負責「讎對已譯之文」，是爲慎重起見。

（十一）監護大使：負責監護譯場之人，有僧人有官員，唐代第一個監護大使是曾爲玄奘譯場監護的房玄齡。

（十二）正字：由曾是「字學」出身的僧人擔任繕寫。

憲宗元和五年（810）始罷譯場，上列十二項的譯場分職，是大致的情形，參與人數多寡不一，參與譯經的官吏，官位的等級不低，可以說，中唐以前的官吏在出仕的青雲路上，參與譯場工作具有指標作用，此外，翻譯言論與文學理論因而開始有了契合點。〔註46〕

〔註46〕 吳海勇，〈翻譯言論與文學理論〉，認爲唐代官吏襄助譯經工作，使得佛經翻譯言論與文學理論有了契合點，其因有二：「佛經本身所包含的文學內容，賦予佛經翻譯言論以文學翻譯理論的可能，此其一；其二，佛經翻譯言論不僅在表述上採用中國古代文論的概念術語，內涵上也的確存在著譯論與文學理論、美學思想渾融的事實。」《中古漢譯佛經敘事文學研究》（北京：學苑出版社，2004 年），頁 446。下引版本同

二、唐代譯場概況

北魏時，天竺三藏菩提留支翻譯出金剛般若等共三十部經，菩提留支奉勅翻《十地經論》時，初譯之日，宣武帝親自筆受，然後付沙門僧辯等訖盡論文，釋智昇《開元釋教錄》提及此事，智昇說道：「佛法隆盛英俊蔚然，相從傳授孜孜如也。」〔註47〕菩提留支在中國三十年的譯經生涯中，北魏諸帝給他的譯經環境，曾奉命撰《眾經錄》的「清信士」李廓，提到菩提留支的房間：「經論梵本可有萬甲（按：「甲」應作「夾」），所翻新文筆受藁本滿一間屋。」〔註48〕可知譯經初始，宣武帝親臨筆受，只是為了表示尊重其事，而從菩提留支的房間堆滿了「新文筆受藁本」來看，北魏時尚未有完善的譯場規劃。

隋代共譯出八部大經，〔註49〕參與譯經的有多位僧人與朝臣，已經有「筆受」及「監護」的分配，〔註50〕因此可以說，譯場的草創是在隋代；唐高宗顯慶元年正月，為皇太子於慈恩寺設大齋，薛元超、李義府等曾經奉命修史的大臣與會，薛、李二人問玄奘：「譯經佛法之大，未知何德可以光揚耶？」玄奘回答：「公之此問，常所懷矣！譯經雖任在僧，光價終憑朝貴。」玄奘接著列舉從符秦到貞觀年間，帝王、官吏、僧人合力完成譯經工作，光大佛法的事蹟，〔註51〕玄奘一番「光價終憑朝貴」之說，滿足了薛元超與李義府想奉佛邀福的心理，答應上奏高宗，翻譯佛經的工作，從此出現了大批官吏參與。〔註52〕

〔註47〕唐・釋智昇，《開元釋教錄》卷6。《大正藏》第55冊，頁541。

〔註48〕唐・釋智昇，《開元釋教錄》卷6。《大正藏》第55冊，頁542。

〔註49〕唐・釋智昇，《開元釋教錄》卷7：「凡於隋代譯經八部，即：大集日藏大雲輪大莊嚴法門等經是也。」《大正藏》第55冊，頁548。

〔註50〕唐・釋智昇，《開元釋教錄》卷7：「並沙門僧琛明芬、給事李道寶學士、曇皮等，僧俗四人更遞度語。沙門智鉉、道邃、慧獻，僧琨奉朝請庾質學士費長房等筆受。昭玄統沙門曇延、昭玄都大興善寺主靈藏等，二十餘德監護始末。至五年冬勘練俱了。」《大正藏》第55冊，頁548。

〔註51〕唐・釋智昇，《開元釋教錄》卷8：「至如符秦時，曇摩難提譯經，黃門侍郎趙文業執筆；姚秦時，鳩摩羅什譯經，秦主及安成侯姚嵩筆受；元魏時，菩提留支譯經，則宣武皇帝及侍中崔光執文；齊、梁、周、隋並皆如是。大唐貞觀初，波頗翻譯敕左僕射房玄齡，趙郡王李孝恭，太子詹事杜正倫，太府卿蕭璟等監閱詳定，今並無之不足光遠，公等能為致言，則斯美可至。」《大正藏》第55冊，頁560。

〔註52〕唐・釋智昇，《開元釋教錄》卷8：「尋下敕曰：慈恩翻譯文義須精宜，令左僕射于志寧、中書令來濟、禮部尚書許敬宗、黃門侍郎薛元超、中書侍郎李義

　　貞觀朝，協助波頗譯經的房玄齡等人，是負責「監閱詳定」，而在高宗時，協助玄奘於慈恩寺譯經的李義府等人，僅負責「隨事潤色」，還看不到多人分工的譯場規模；武后時，義淨分別於東都福先寺及西京西明寺譯經，參與的僧人與官吏，分派到的工作，除了有北印度沙門阿儞眞那「證梵文義」之外，唐代沙門負責的是「筆受」、「證文」、「證義」，成均太學助教許觀負責「監護繕寫」；〔註53〕婆羅門沙門菩提流志攜梵本到中國，協助菩提流志譯場的，在「宣梵本」之後，有中外沙門負責「譯語」與「證譯語」，〔註54〕可知到武后，唐代譯場的規模已大致成型。

　　被武后幽居的中宗，其崇佛的心理，是唐前期諸帝中最強烈的，中宗朝的譯場規模，亦爲他帝所不及；有來自吐火羅、中印度的沙門「證梵義」；罽賓沙門「證梵文」；東印度來的居士「證梵本」；唐沙門慧積與中印度來的居士「讀梵本」；唐沙門多人負責「證義」、「筆受」；東印度居士及迦濕彌羅國王子等「證譯」；李嶠、韋嗣立、趙彥昭、盧藏用、張說、李又、蘇頲等二十餘人「次文潤色」；韋巨源、蘇瓌等「監譯」；王邕「監護」，〔註55〕如此的譯場規模，實爲歷代之最，可以說，到了中宗朝，唐代譯場已是粲然大備。

　　睿宗復位後，玄奘未譯完的《寶積經》，敕命由菩提流志續譯；「尋繹舊翻之經，考校新來之夾。」〔註56〕參與翻譯者亦是人才濟濟，除了睿宗親爲「筆受」；有由印度至唐的官吏「譯梵文」；南印度、北印度的沙門「證梵義」；唐沙門「筆受」、「證義」、「次文」；唐朝官吏賀知章等「潤色」、魏知古等「監

　　　府等，時爲看閱，有不穩便處，即隨事潤色。」《大正藏》第55冊，頁560。

〔註53〕唐·釋智昇，《開元釋教錄》卷9。《大正藏》第55冊，頁568。

〔註54〕長壽二年，爲武則天增添「造佛」神話的婆羅門沙門菩提流志，於佛授記寺譯《寶雨經》，參與譯場工作的有：「中印度王使沙門梵摩同宣梵本，沙門戰陀居士婆羅門李無諂譯語，沙門慧智證譯語，沙門處一等筆受，沙門思玄等綴文，沙門圓測神英等證義，司賓寺丞孫辟監護。」《大正藏》第55冊，頁570。

〔註55〕唐·釋智昇，《開元釋教錄》卷9：「吐火羅沙門達磨末磨、中印度沙門拔弩證梵義；罽賓沙門達磨難陀證梵文；居士東印度首領伊舍羅證梵本；沙門慧積居士中印度李釋迦度頗多等讀梵本；沙門文綱、慧沼、利貞、勝莊、愛同、思恒等證義；沙門玄傘、智積等筆受；居士東印度瞿曇金剛、迦濕彌羅國王子阿順等證譯；修文館大學士特進趙國公李嶠、兵部尚書逍遙公韋嗣立、中書侍郎趙彥昭、吏部侍郎盧藏用、兵部侍郎張說、中書舍人李又、蘇頲等二十餘人次文潤色；左僕射舒國公韋巨源、右僕射許國公蘇瓌等監譯；祕書大監嗣虢王邕監護。」《大正藏》第55冊，頁569。

〔註56〕唐·釋智昇，《開元釋教錄》卷9。《大正藏》第55冊，頁570。

譯」、楊仲嗣等「監護」，〔註57〕參與譯經的官吏人數雖不如則天朝的義淨譯場，然從唐代沙門擔任「筆受」、「證義」、「次文」等諸多工作，為前朝所無，透露出義學沙門在初唐，已具有相當的翻譯能力。

　　未出國門的義學沙門（譯經僧），想要在譯場負責「筆受」、「證義」、「次文」等工作，沒有特殊的學經歷是無法勝任的，以太宗時能跟梵僧對譯的釋智通為例，得先在「翻經館」學梵語，具備高於同儕，能說、寫梵文的能力，才有可能與梵僧「敵對相翻」，以服眾人；〔註58〕當然，在譯經過程中，也有出現因見解與「譯主」不同而退出譯場，如：深為武則天器重，鼎鼎大名的賢首國師法藏，就曾因與玄奘在筆受、證義、潤文的意見不合，因而退出譯場。〔註59〕

　　參與譯經「潤文」工作的唐代官吏，是將「儒釋二家，構成全美。」〔註60〕的靈魂人物，「潤文」的標準，也就是所謂的「譯經之旨」，在於「折中適時」，〔註61〕參與「潤文」的唐代官吏，在會通儒、釋二家的過程中，對於佛法的了解，是遠多於藉參與譯經，光揚佛法以邀個人之福的心理；唐帝王對於譯經事

〔註57〕唐‧釋智昇，《開元釋教錄》卷9：「逮睿宗嗣曆，復於北苑白蓮華亭及大內甘露等殿，別開會首亦親筆受：並沙門思忠及東印度大首領伊舍羅直中書度頗具等譯梵文；北印度沙門達摩，南印度沙門波若丘多等證梵義；沙門慧覺宗一普敬履方等筆受；沙門勝莊、法藏、塵外、無著、深亮、懷迪等證義；沙門承禮、神暕、雲觀等次文；太子詹事東海郡公徐堅、邠王傅固安伯盧粲、尚書右丞東海男盧藏用、中書舍人野王男蘇瑨、禮部郎中彭景直、左補闕祁縣男王瑨、太府丞顏溫之太常博士賀知章等潤色；中書侍郎平興侯陸象先侍中鉅鹿公魏知古等監譯。前太常卿薛崇胤通事舍人弘農男楊仲嗣監護。」《大正藏》第55冊，頁570。

〔註58〕宋‧釋贊寧，《宋高僧傳》卷3〈唐京師總持寺智通傳〉：「釋智通，……律行精明，經論該博。自幼挺秀，即有遊方之志。因往洛京翻經館，學梵書并語，曉然明解。屬貞觀中有北天竺僧，齎到千臂千眼經梵本。太宗勅搜天下僧中學解者，充翻經館綴文、筆受、證義等，通應其選與梵僧對譯成二卷。……通善其梵字，復究華言。敵對相翻，時皆推伏。」《大正藏》第50冊，頁719。

〔註59〕宋‧釋贊寧，《宋高僧傳》卷5〈周洛京佛授記寺法藏傳〉：「釋法藏，字賢首，姓康，康居人也。風度奇正，利智絕倫。薄遊長安，彌露鋒穎。尋應名僧義學之選，屬奘師譯經。始預其間，後因筆受、證義、潤文見識不同而出譯場。」《大正藏》第50冊，頁732。

〔註60〕宋‧釋贊寧，《宋高僧傳》卷3〈唐洛京長壽寺菩提流志傳〉。《大正藏》第50冊，頁720。

〔註61〕宋‧釋贊寧，《宋高僧傳》卷3〈唐京師滿月傳〉：「苟參鄙俚之辭，曷異屠沽之譜。然則糅書勿如無書，與其典也寧俗。儻深溺俗，厥過不輕。折中適時，自存法語。斯謂得譯經之旨矣。」《大正藏》第50冊，頁724。

業，如唐德宗一樣，專對翻譯《密嚴經》的不空，力加讚揚的情形，〔註62〕實不多見，而像憲宗主動將禁中秘藏之梵筴，令義學大德翻譯，〔註63〕亦可謂難得；皇甫曾詩中提到能夠「口翻貝葉古字經」的明楚上人，〔註64〕其翻譯能力想來不差，卻未被贊寧收入僧傳，究其原因，或許是因其足跡只在「南朝寺」，未遠達帝都長安所導致，〔註65〕而似明楚上人這般「東西南北隨緣路」，攜梵夾至唐，湮沒於民間的外來僧人，尚不知凡幾，可見有能力進入譯場的中外僧人，乃是當代菁英，一時之選。

三、飯僧邀福

　　如薛元超、李義府，被玄奘一席佛法「光價終憑朝貴」，引發邀福心理的畢竟不多，崇佛動機較爲強烈的官吏，具體的表現就是「飯僧」，飯僧是「功齊諸佛」的行爲，〔註66〕因爲功德殊勝，在唐朝詩人筆下，多描述自己在佛寺看人飯僧；〔註67〕回憶曾經親自在佛寺飯僧；〔註68〕在自宅飯僧；〔註69〕

〔註62〕 清・董誥等編，《全唐文》卷50〈密嚴經序〉：「大興善寺三藏沙門不空，像教棟梁，愛河舟楫。戒珠在握，明鏡入懷。雪涉雲征，窮鹿野之眞諦；帆飛海宿，究馬鳴之奧音。聲該八轉，言善兩方。足可窺鑑闚如，抑揚了義。」頁547。

〔註63〕 憲宗將高宗時，師子國所獻之《大乘本生心地觀經》，令般若等八人翻譯，孟簡等四人潤色。《全唐文》卷63，頁679。

〔註64〕 唐・皇甫曾，〈錫杖歌送明楚上人歸佛川〉：「上人遠自西天至，頭陀行遍南朝寺。口翻貝葉古字經，手持金策聲泠泠。護法護身惟振錫，石瀨雲溪深寂寂。乍來松徑風露寒，遙映霜天月成魄。後夜空山禪誦時，寥寥挂在枯樹枝。眞法嘗傳心不住，東西南北隨緣路。佛川此去何時迴，應眞莫便遊天台。」《全唐詩》卷210，頁2187。

〔註65〕 謝海平先生認爲明楚上人：「如此高僧，失載於僧籍，可能係因其盤桓於淮南，未至長安之故也。」〈唐代詩人與在華西域人之文字交〉，《唐代詩人與在華外國人之文字交》（臺北：文史哲出版社，1881年），頁33。

〔註66〕 清・儀潤，《百丈清規證義記》卷5：「《證義》曰：「《稽古略》云：『宋，居士洪慶善，任江東節度使，宿池州愚耶，宗禪師迎之，相與夜話。洪問：「飯僧見於何經？」宗曰：「《四十二章經》云：「飯凡人百，不如飯一善人；飯善人千，不如飯一無住無作無證之者。」』』則是正念獨脫，能飯斯人功齊諸佛。」《卍續藏》第63冊。

〔註67〕 唐・孟浩然，〈疾愈過龍泉寺精舍呈易業二公〉：「……傍見精舍開，長廊飯僧畢。石渠（一作梁）流雪水，金子（一作鳥）耀霜橘。……。」《全唐詩》卷159，頁1625。

〔註68〕 唐・李頎，〈愛敬寺古藤歌〉：「……憶昨花飛滿空殿，密葉吹香飯僧遍。南階雙桐一百尺，相與年年老霜霰。」《全唐詩》卷133，頁1354。

到他宅看人飯僧，〔註70〕可見飯僧邀福，在唐代有經濟能力的官吏心中，是普遍流行的崇佛行為。因飯僧而獲得的功德多寡，有兩個決定因素：一、飯僧的人數；二、飯僧的次數，人數多加上次數多，先決條件就是要財力雄厚，此又與官吏奢侈的生活模式密不可分；唐代奢靡風氣的形成，天潢貴胄率以為先，而在財力雄厚的官吏手中，齋僧、飯僧有時成了競奢華的行為。

（一）唐代帝王與官吏之奢靡

初唐時，王室成員中最奢侈的是中宗幼女安樂公主；安樂公主在洛州昭成佛寺造了個「百寶香爐」，「一切寶貝，用錢三萬，府庫之物，盡於是矣。」〔註71〕她有一條「百鳥毛裙」，從正面看、側面看、白天看、影子下看，顏色都不一樣，「百官、百姓家效之。」結果是「山林奇禽異獸，搜山盪谷，掃地無遺，至於網羅殺獲無數。」〔註72〕玄宗時，下令「不許士庶服錦繡珠翠之服」，採捕之風才逐漸平息，劉昫《舊唐書》以「服妖」稱之；〔註73〕安樂公主在玄宗誅諸韋，被廢為「悖逆庶人」後，先前搶奪百姓莊園所蓋起來的房子，「每日士女遊觀，車馬填噎。」玄宗以「輒到者官人解現任，凡人決一頓。」〔註74〕其事乃止，安樂公主宅邸之豪，以「木妖」稱之亦不為過。

晚唐時，懿宗女同昌公主，下降韋保衡的婚禮排場，蘇鶚《杜陽雜編》形容為唐公主第一，同昌公主在韋家的豪奢生活，《杜陽雜編》載：「韋氏諸

〔註69〕唐・李群玉，〈飯僧〉：「好讀天竺書，為尋無生理。焚香面金偈，一室唯巾水。交信方外言（一作所交信方外），二三空門子。峻範照秋霜，高標掩僧史。清晨潔蔬茗，延請良有以。一落喧譁競（一作競塗），栖心願依止。奔曦入半百，冉冉頹蒙汜。雲汛名利心，風輕（一作經）是非齒。向（一作尚）為情愛縛，未盡金仙旨。以靜制猿心，將虞瞥然起。綸巾與藜杖，此意真已矣。他日雲壑間，來尋幽（一作龐）居士。」《全唐詩》卷568，頁6581。

〔註70〕唐・王維，〈過盧四員外宅看飯僧共題七韻〉：「三賢異七賢（一作聖），青眼慕青蓮。乞飯從香積，裁衣學水田。上人飛錫杖，檀越施金錢。趺作簷前日，焚香竹下煙。寒空法雲地，秋色淨居天。身逐因緣法，心過次第禪。不須愁日暮，自有一燈然。」《全唐詩》卷127，頁1291。

〔註71〕唐・張鷟，《朝野僉載》卷3，記百寶香爐：「高三尺，開四門，絳橋勾欄，花草、飛禽、走獸，諸天伎樂，麒麟、鸞鳳、白鶴、飛仙，絲來線去，鬼出神入，隱起鈒鏤，窈窕便娟。真珠、瑪瑙、琉璃、琥珀、玻瓈、珊瑚、王車璖、琬琰。」頁70。

〔註72〕唐・張鷟，《朝野僉載》卷3，頁71。

〔註73〕五代、後晉・劉昫等撰，《舊唐書》卷37：「玄宗悉命宮中出奇服，焚之於殿廷，不許士庶服錦繡珠翠之服。自是採捕漸息，風教日淳。」頁1377。

〔註74〕唐・張鷟，《朝野僉載》卷3，頁70～71。

宗好爲葉子戲，夜則公主以紅琉璃盤，盛夜光珠，令僧祁捧立堂中，則光明如晝焉。」〔註75〕駙馬家夜玩「葉子戲」，令僧人手捧夜光珠以照明，此夜光珠當是出自內庫，爲同昌公主的陪嫁物。懿宗傾內庫爲同昌公主送嫁，同昌公主去世時，其葬禮排場綿延二十餘里，百姓廢業以觀，識者認爲是「物妖」的代表；從安樂到同昌，小說家筆下道出帝室奢華的情形，連帶也不忘凸顯受帝室影響的官吏。

唐代官吏競奢華的程度，可算是另類的「大唐氣象」，唐代帝王當中，最節儉的文宗曾經提到內庫僅有的，玄宗朝的兩件「金鳥袍」，文宗說：「料今富家往往皆有。」〔註76〕上有所好，下必甚之，由文宗所料，唐代官吏競奢的風氣，眞可謂嘆爲「觀」止；武后的寵臣張易之，替母親阿臧造了一頂「七寶帳」，「金銀、珠玉、寶貝之類罔不畢萃，曠古以來，未曾聞見。」〔註77〕宗楚客蓋的新宅子，太平公主看後說：「看他行坐處，我等虛生浪死。」；〔註78〕玄宗朝的韋陟，「以鳥羽擇米，每食畢，視廚中所委棄，不啻萬錢之直。若宴于公卿，雖水陸具陳，曾不下筯。」〔註79〕典十五州，食實封，爲玄宗所寵的王王居，仗著天恩寵渥，家中的下人是「居寶帳」且不守法；〔註80〕與楊貴妃之姊虢國夫人

〔註75〕 宋・李昉等編，《太平廣記》卷237〈同昌公主〉，頁1827。按：有關「葉子戲」，《南部新書》載：「梁祖初革唐命，讌於內殿，悉會戚屬。又命葉子戲，廣王忽不擲，目梁祖曰：『朱三，你受他許大官職，久遠家族，得安穩否？』於是擲戲具於階，抵其盆而碎之。」（宋・錢易撰、黃壽成點校，《南部新書》（癸）（北京：中華書局，2002年），頁175）。從內容來看，「葉子戲」應是一種博戲，宋劉清之《戒子通錄》卷2載：「近者又有葉子戲，或聞其名本起婦女，既鄙於握槊，乃賭錢之流。手執青蚨，坐銷白日。」宋趙希弁《郡齋讀書志後志》卷2載《葉子戲格》一卷，言：「世傳葉子，婦人也。撰此戲，晚唐之時也。」點出此戲始於晚唐。

〔註76〕 五代、後晉・劉昫等撰，《舊唐書》卷173，欲革奢侈風氣的文宗，曾對宰臣等言：「朕聞前時內庫唯二錦袍，飾以金鳥，一袍玄宗幸溫湯御之，一即與貴妃。當時貴重如此，如今奢靡，豈復貴之？料今富家往往皆有。」4493。

〔註77〕 唐・張鷟，《朝野僉載》卷3，頁69。

〔註78〕 唐・張鷟，《朝野僉載》卷3，載宗楚客之宅：「皆是文栢爲梁，沉香和紅粉以泥壁，開門則香氣蓬勃。磨文石爲階砌及地，著吉莫鞾者，行則仰仆。」頁70。

〔註79〕 宋・李昉等編，《太平廣記》卷237〈韋陟〉，頁1820。

〔註80〕 五代、後晉・劉昫等撰，《舊唐書》卷106，言王王居：「性豪侈，著勳中朝，又食實封，典十五州，常受饋遺，下檐帳設，皆數千貫。玄宗念舊，常優容之。侍兒二十人，皆居寶帳。家累三百餘口，作造不遵於法式。……每移一州，車馬填路，數里不絕。攜妓從禽，恣爲歡賞，垂四十年矣。」頁3251。

私通的楊國忠，在宣義里的宅子是「棟宇之盛，兩都莫比。」〔註81〕平安史之亂有功的郭子儀，其家面積就佔了親仁里的四分之一，「家人三千，相出入者不知其居。」所仗恃的，也是「皇恩浩蕩」；〔註82〕代宗朝的元載，住宅是「南北對開」，「室宇宏麗，冠絕當時。」在城南所蓋的別墅，「婢僕曳羅綺一百餘人，恣為不法。」〔註83〕敬宗朝的盧昂坐贓三十萬，盧簡辭在盧昂家「得金牀、瑟瑟枕大如斗。」敬宗說：「此宮中所無，而盧昂為吏可知也！」〔註84〕裴度在集賢里的宅子，是「極都城之勝概」，裴度在午橋有座名叫「綠野堂」的別墅，名士畢集，連文宗見了自都還京的人，都要先問：「卿見裴度否？」〔註85〕文宗朝，被李訓殺掉的左衛副使張元昌，家中用的是「金唾壺」；〔註86〕武宗朝宰相李德裕，「每食一杯羹，其費約三萬為，雜以珠玉寶貝，雄黃朱砂煎汁為之，過三錢（煎）則棄其相。」〔註87〕生活如此浪費的李德裕，〔註88〕未當宰相以前，在

〔註81〕五代、後晉・劉昫等撰，《舊唐書》卷106：「構連甲第，土木被緹繡，棟宇之盛，兩都莫比。晝會夜集，無復禮度。」頁3245。

〔註82〕五代、後晉・劉昫等撰，《舊唐書》卷120：「前後賜良田美器，名園甲館，聲色珍玩，堆積羨溢，不可勝紀。代宗不名，呼為大臣。……侈窮人欲而君子不之罪。」頁3467。

〔註83〕五代、後晉・劉昫等撰，《舊唐書》卷118：「城中開南北二甲第，室宇宏麗，冠絕當時。又於近郊起亭榭，所至之處，帷帳什器，皆於宿設，儲不改供。城南膏腴別墅，連疆接畛，凡數十所，婢僕曳羅綺一百餘人，恣為不法，侈僭無度。」頁3411。

〔註84〕五代、後晉・劉昫等撰，《舊唐書》卷163，頁4270。

〔註85〕五代、後晉・劉昫等撰，《舊唐書》卷170：「中官用事，衣冠道喪。度以年及懸輿，王綱版蕩，不復以出處為意。東都立第於集賢里，築山穿池，竹木叢萃，有風亭水榭，梯橋架閣，島嶼迴環，極都城之勝概。又於午橋創別墅，花木萬株，中起涼臺暑館，名曰『綠野堂』引甘水貫其中，釀引脉分，映帶左右。度視事之隙，與詩人白居易、劉禹錫酬晏終日，高歌放言，以詩酒琴書自樂，當時名士，皆從之遊。每有人士自都還京，文宗必先問之曰：『卿見裴度否？』」頁4432。

〔註86〕五代、後晉・劉昫等撰，《舊唐書》卷173，頁4493。

〔註87〕宋・李昉等編，《太平廣記》卷237〈李德裕〉引《獨異志》，頁1824。

〔註88〕宋・李昉等編，《太平廣記》卷399〈井・李德裕〉引《芝田錄》，言李德裕在中書時，好飲常州惠山泉水，「自毗陵至京置遞鋪」，萬里運水進京，謂之「水遞」。僧允躬為諫李德裕，言「京都一眼井，與惠山寺泉脈相通。」並指出此井在昊天觀常住庫後，李德裕以昊天觀之水一瓶，惠山水一瓶，雜以其他水共十瓶讓允躬辨識，允躬辨出兩瓶，李德裕因此停止「水遞」，頁3208。按：王讜《唐語林》卷7，言李德裕南貶，「有甘露寺僧允躬者記其行事，空言無行實，盡仇怨假託為之。」頁616。

揚州爲了修繕開元寺的旃檀瑞像閣，借孝感寺的場地講經募錢，募錢的對象是圓仁的日本僧團、使團以及波斯人，藉口是「爲國」。〔註89〕

玄宗「金鳥衣」與安樂公主的「百鳥裙」，是爲「服妖」；唐代官吏競奢宅第，是爲「木妖」，元載家的「芸輝堂」，可說是「木妖」的代表，《太平廣記·芸輝堂》：

> 芸輝，香草名也。出于闐國，其香潔白如玉，入土不朽爛，舂之爲屑，以塗其壁，故號芸輝。而更以沉香爲梁棟，金銀爲戶牖，內設懸黎屏風紫綃帳。其屏風本楊國忠之寶也，其上刻前代美女妓樂之形，外以玳瑁水晶爲押，絡飾以眞珠瑟瑟，精巧之妙，殆非人工所及。〔註90〕

元載的「芸輝堂」，是他爲相多年，「權傾四海，外方珍異，皆集其門。」〔註91〕的成果，元載家中有禁中所沒有「名姝」、「異樂」，其飯僧的「邀福」行爲，也不過是增添生活中的另一項情趣，王縉的飯僧動機相對就複雜許多，王縉先是令五台山的僧人「聚徒講說，以求貨利。」「縱弟妹女尼等廣納財賄。」〔註92〕與其兄王維因虔心奉佛而「不茹葷血」、「日飯十僧」，實有雲泥之別。

王縉與杜鴻漸的「捨財造寺無極」，以及度僧、勸人施財之舉，其意並非良善，王縉對代宗灌輸有關佛教的輪迴業報觀，使得代宗奉佛的一連串行爲，被視爲是大曆年間，刑政日壞的主因，〔註93〕王縉當宰相時，代宗的奉佛行爲達到最高點：

> 縉爲宰相，……代宗七月望日於內道場造盂蘭盆，飾以金翠，所費百萬。又設高祖以下七聖神座，備幡節、龍傘、衣裳之制，各書尊號于幡上以識之，舁出內，陳於寺觀。是日，排儀仗，百僚序立於光順門以俟之，幡花鼓舞，迎呼道路。歲以爲常，而識者嗤其不典，

〔註89〕〔日〕圓仁，《入唐求法巡禮行記》卷1，載開成四年：「六日，相公隨軍沈弁來云：『相公傳語：從今月初五日，爲國并得錢修開元寺旃檀瑞像閣。寄孝感寺，令講經募緣。請本國和尚特到聽講，兼催本國諸官等，結緣捨錢者。……彼波斯國出千貫錢。」頁16。

〔註90〕宋·李昉等編，《太平廣記》卷237〈芸輝堂〉，頁1821。

〔註91〕五代、後晉·劉昫等撰，《舊唐書》卷118，頁3414。

〔註92〕五代、後晉·劉昫等撰，《舊唐書》卷118，頁3418。

〔註93〕五代、後晉·劉昫等撰，《舊唐書》卷118：「（代宗）又見縉等施財立寺，窮極瑰麗，每對揚啓沃，必以業果爲證。以爲國家慶祚靈長，皆福報所資，業力已定，雖小有患難，不足道也。……公卿大臣既挂以業報，則人事棄而不修。故大曆刑政，日以陵遲，有由然也。」頁3418。

其傷教之源起於縉也。〔註94〕

王縉以非正信佛法的方式，引起代宗奉佛邀福的行為，被視為是「傷教之源」，而更普及的，飯僧之邀福行為，是唐帝王倡於上，臣民效於下（詳見後）。

（二）唐代官吏飯僧

大型的飯僧行為，不是一般官吏的財力所能負擔，自然就容易被記載下來，唐代最常飯僧的帝王是代宗與懿宗，代宗的飯僧之舉，是受到元載、王縉與杜鴻漸的影響，《舊唐書·王縉》：

> 初，代宗喜祠祀，未甚重佛，而元載、杜鴻漸與縉喜飯僧徒。代宗嘗問以福業報應事，載等因而啟奏，代宗由是奉之過當，嘗令僧百餘人於宮中陳設佛像，經行唸誦，謂之內道場。其飲膳之厚，窮極珍異，出入乘廄馬，度支具廩給。……雖有贓姦畜亂，敗戮相繼，而代宗信心不易，乃詔天下官吏不得箠曳僧尼。〔註95〕

代宗對「內道場」僧人多所優待，除了受到王縉等人的影響，也跟肅宗時，於「內道場」令數百僧人晨夜誦佛，〔註96〕以求國運昌隆有關；肅宗時，黨項寇奉天，百官提出的對策是「於佛寺齋僧」；〔註97〕德宗貞元十三年（797），右神策中尉霍倐鳴生病，德宗賜牛十匹，「令於諸寺齋僧」；〔註98〕肅宗、代宗、德宗飯僧的排場，均比不上懿宗的「逢八飯萬僧」，〔註99〕帝王的「萬僧齋」，後來演變成「無遮大會」，〔註100〕而飯僧的唐代官吏，其心態則各自有別。

「飯僧」出自贖罪心理者如劉總，憲宗元和五年，盧龍節度使劉總，殺父殺兄之後，內心常自疑父兄為祟，於是在「府舍飯僧數百，使晝夜為佛事。」劉總不敢私下獨處一室，最後是嚇到「奏乞棄官為僧」；〔註101〕咸通十年龐

〔註94〕五代、後晉·劉昫等撰，《舊唐書》卷118，頁3418。

〔註95〕五代、後晉·劉昫等撰，《舊唐書》卷118，頁3417。

〔註96〕宋·司馬光，《資治通鑑》卷219〈唐紀〉35：「上常使僧數百人為道場於內，晨夜誦佛。鎬諫曰：『帝王當脩德以弭亂安人，未聞飯僧可致太平也！』上然之。」頁7024。

〔註97〕五代、後晉·劉昫等撰，《舊唐書》卷10〈肅宗本紀〉，頁262。

〔註98〕五代、後晉·劉昫等撰，《舊唐書》卷10〈德宗本紀〉（下），頁386。

〔註99〕五代、後晉·劉昫等撰，《舊唐書》卷178：「懿宗奉佛太過，常於禁中飯僧，親為贊唄。以旃檀為二高座，賜安國寺僧徹，逢八飯萬僧。」頁4625。

〔註100〕「無遮大會」，指不分道俗、男女、貴賤，沒有差別，不限人數，齋會費用全由施主負擔，能舉行如此大規模的齋會，多為帝王。

〔註101〕宋·司馬光，《資治通鑑》卷241〈唐紀〉57，頁7788。按：《舊唐書》卷16〈穆宗本紀〉，載穆宗長慶元年三月：「劉總請以私第為佛寺，乃使中使賜額

勛造反，在康承訓進抵宿州時，龐勛「憂懾不知所爲，但禱神飯僧而已。」
〔註102〕唐代官吏飯僧動機較爲正常的，有肅宗朝的李洧，安史亂發，李洧
任徐、海、沂、密四州都團練觀察使，因海、密二州不受洧命，「旋加洧檢
校戶部尙書」，受命不久的李洧，因爲背上之疽稍微改善而飯僧於市，卻因
親臨現場過度激動，導致疽潰而卒；〔註103〕與李洧一樣是感謝重生的飯僧
之例，還有太宗時的岑文本，《法苑珠林》載：

> 唐中書令岑文本，江陵人。少信佛，常念誦《法華經・普門品》。會
> 乘船於巨江中，船壞，人盡死。文本沒在水中，聞有人言：「但念佛，
> 必不死也。」如是三言之，既而隨波涌出，已著北岸，遂免死。後
> 於江陵設齋，僧徒集其家。〔註104〕

岑文本遇船難，相信念佛必不死，後遂果眞免死，因而設齋飯僧，聽聞一僧
言其大難不死，必有後福，岑文本還從自己的椀中得到該僧預告的，預言當
成眞的「舍利二枚」，〔註105〕類似岑文本與異僧的神奇交往事蹟，多爲正史不
錄，而在釋書與小說家筆下，卻是唐代官吏崇佛的證明。

　　裴休家世奉佛，「視事之隙，遊踐山林，與義學僧講求佛理。中年後，
不食葷血，常齊戒，屛嗜慾。」〔註106〕《冊府元龜》對於唐代官吏奉佛的
情形載之甚詳，蕭景（按：「景」爲「璟」之誤），貞觀中爲秘書監，「尤好
內典，歷位清通。而襟情雅素，勵行蔬菲。篤沙門之禁誡，所得俸祿皆充檀
施。身終之日，家無遺產。」則天朝的崔元綜，官至宰相，「篤信釋典，好
潔細行，薰辛不歷口者二十餘年。」玄宗朝的王維，食不葷血，妻亡三十年
不再娶；蕭景、崔元綜、王維、裴休，屬於素食守戒型；蕭景之兄蕭瑀奉佛，
除了辯不過傅奕，直接咒傅奕下地獄，「每見沙門大德，嘗與之論難。及苦

日『報恩』，幽州奏劉總堅請爲僧，又賜以僧衣，賜號『大覺』。……易定奏
劉總已爲僧，三月二十七日卒於當道界。」頁488。
〔註102〕宋・司馬光，《資治通鑑》卷251〈唐紀〉67，頁8147。
〔註103〕五代、後晉・劉昫等撰，《舊唐書》卷124：「未幾，疽發背，稍平，乃大具
麋餅，飯僧於市，洧乘平肩輿自臨其場，市人歡呼，洧驚，疽潰於背而卒，
贈左僕射。」頁3542。
〔註104〕宋・李昉等編，《太平廣記》卷162〈岑文本〉，引《法苑珠林》，頁1168。
〔註105〕宋・李昉等編，《太平廣記》卷162〈岑文本〉，引《法苑珠林》：「有一客僧
獨後去，謂文本曰：『天下方亂，君幸不預其災。終逢太平，致富貴也。』言
訖，趨出外不見。既而文本就齋，於自食椀中得舍利二枚，後果如其言。」
頁1168。
〔註106〕五代、後晉・劉昫等撰，《舊唐書》卷177，頁4594。

空思之所涉，必諧微旨。」太宗因蕭瑀好佛，賜給他一幅繡著佛像以及蕭瑀供養佛的繡像、王裦所書之《大品般若經》一部，「賜袈裟以充講誦之服」，受到太宗如此「鼓勵」的蕭瑀後來表乞出家，太宗一怒，「出爲商州刺史」；與蕭瑀一樣奏請爲僧的劉總，「朝廷以緇服就賜之，錫名『大覺』。」當了僧人的劉總，還接了朝廷給的侍中印綬，最後是「剃髮爲僧，不知在所。」〔註107〕蕭瑀跟劉總的奉佛，是以身相許型，與素食守戒型的奉佛官吏，在唐代均屬不多見的特例。

第三節　唐代官吏與異僧之交涉

　　唐代官吏親近佛教與僧人，動機不一，有因富貴不安而禮佛像者；〔註108〕有因文章事業，愛僧之才者（詳見第五、六章）；更有因愛具特殊能力之「異僧」者，而如太宗朝，開國元老裴寂聽信沙門法雅的「妖言」，因而連坐的情形，〔註109〕並不多見。大多數的唐代官吏，會因「異僧」所具之預言能力，以及凡人難有的法術神通，進而樂於親之近之，有的僧人亦因「異僧」的啓迪而道業精進，〔註110〕唐代官吏與僧人往來頻繁，發生在生活中的奇特事例，多見於筆記小說，〔註111〕其中，預言僧人與法術僧人最受注目，其中又以預言僧人最得官吏青睞。

〔註107〕宋・王欽若等撰，《冊府元龜》卷821（臺北：大化書局，1984年），頁4306。下引版本同。

〔註108〕唐・段成式，《酉陽雜俎》前集卷4：「楊慎矜兄弟富貴，常不自安。每詰朝禮佛像，默祈冥衛。或一日，像前土榻上聚塵三堆，如塚狀，慎矜惡之，且慮兒戲，命掃去，一夕如初，尋而禍作。」頁50。

〔註109〕五代、後晉・劉昫等撰，《舊唐書》卷57：「（貞觀）三年，有沙門法雅，初以恩倖出入兩宮，至是禁絕之，法雅怨望，出妖言，伏法。兵部尚書杜如晦鞫其獄，法雅乃稱寂知其言，寂對曰：『法雅惟云時候方行疾疫，初不聞妖言。』法雅證之，坐是免官，削食邑之半，放歸本邑。」頁2288。

〔註110〕宋・李昉等編，《太平廣記》卷94〈法將〉引《紀聞》，記講經僧法將，講《涅槃經》時，一名「飲酒食肉，體貌至肥。」的襄陽客僧，醉後對法將講《涅槃經》，「言詞明白，落落可聽。……法將生平所疑，一朝散釋都盡。」頁630。

〔註111〕唐・劉餗，《隋唐嘉話》卷（下），記太樂令曹紹夔，與洛陽一僧友善，該僧房中有一磬，一到晚上，磬會自動發出聲響，「僧以爲怪，懼而成疾。」曹紹夔吃了該僧預先爲他準備的，爲報答消災的盛饌後，「出懷中錯，鑢磬數處而去，其聲遂絕。」頁45。

一、預言僧人

唐代官吏對於預言僧人，可說幾乎無人不愛，似韋貫之將廣宣的預言叱爲「不軌之言」的情形，委實少見；〔註112〕而膽敢侮辱預言僧的，也只有荊州伍伯，〔註113〕對於具有宿命通，知前世今生，能明禍福休咎的預言僧，唐代小說家均樂於將其預言能力如實記載，無形中宣揚了佛教的輪迴觀。

（一）知前世今生

唐代小說家所記有關唐代官吏，對於前世今生的好奇，因爲事涉當朝的要員或名臣，因此被廣於傳述；隋代時，釋澄空以身投爐，發願五十年後要建佛閣，開元中，五十歲的李嵩施錢七萬建閣，薛用弱即疑李嵩乃釋澄空之後身；〔註114〕《北夢瑣言》載裴休，常發願：「願世世爲國王，弘護佛法。」裴休不當僧人便當國王的願望，後來果然成真，于闐國王生一子，手文中有「裴休」二字，孫光憲言：「其子弟欲迎之彼國，敕旨不允也。」〔註115〕作者肯定于闐王子的前身就是中國宰相裴休，以上二例均在發願往生的情況下，證實佛教輪迴說之深植人心；日僧圓仁與天台僧敬文晤面時，敬文曾說到日本儲君自稱是天台二祖慧思轉世，〔註116〕此又與中、日僧人因天台宗的密切互動有關。

除了發願往生的預言，亦有藉僧人或道士之口，證前世今生者；袁滋四

〔註112〕唐·李肇，《唐國史補》卷（上）：「韋相貫之，爲尚書右丞入內，僧廣宣贊門曰：『竊聞閣下，不久拜相。』貫之斥曰：『安得不軌之言？』命紙草奏，僧恐懼出走。」頁41。《舊唐書》卷169：「內僧造門曰：『君且相。』貫之命左右引出，曰：『此妄人也。』」頁5155。按：知此「內僧」爲廣宣。

〔註113〕唐·段成式，《酉陽雜俎》前集卷3，載貞元初，荊州有狂僧，善歌〈何滿子〉，曾被五百（按：一作伍伯）當途辱之，令歌，「僧即發聲，其詞皆五百從前隱慝也，五百驚而自悔。」頁40。

〔註114〕唐·薛用弱，《集異記》〈平等閣〉，轉引自楊家駱主編，《唐國史補等八種》，頁4。

〔註115〕宋·孫光憲，《北夢瑣言》卷6，載裴休開成元年任宰相，「留心釋氏，精於禪律。」從師於圭峰宗密，宗密所作之《法界觀》、《禪詮》，都是裴休撰序，裴休「常被毳衲於歌妓院中，持鉢乞食，自言曰：『不爲俗情所染，可以說法爲人。』」頁42。按：馮金忠，〈唐代病坊當議〉（《西域研究》2003年第4期）。將裴休於妓院「持鉢乞食」一事，作爲唐代病坊所收容的，身未殘廢的乞兒行爲；筆者認爲裴休之「持鉢乞食」，是效法維摩詰「入諸婬舍，示欲之過。」參見：姚秦·鳩摩羅什譯，《維摩詰所說經》卷上。《大正藏》第14冊，頁539。

〔註116〕〔日〕圓仁，《入唐求法巡禮行記》卷1，頁18。

十七歲時，過復州青溪山，因賣藥儒生得見山中道者五、六人，袁滋被道人認出是已經去世四十七年的，西峰坐禪和尚的轉世再來；〔註117〕《明皇雜錄》記宰相房琯經由道士邢和璞之口，在一個廢棄的佛堂中，由一缾出土的書信，得知自己前世是與要師德交情不錯，人稱「永公」的和尚。〔註118〕

僧人在預知時至，事後經人往驗以證，最有名的例子莫過於袁郊《甘澤謠》，〔註119〕圓觀與李源相約轉世三日後一笑相認，以及十二年後杭州天竺寺二度再見，〔註120〕十二年後，成了牧童的「圓觀」，漸行漸遠時口吟〈竹枝詞〉：

> 三生石上舊精魂，賞月吟風不要論。慙愧情人遠相訪，此身雖異性常存。寺前又歌曰：身前身後事茫茫，欲話因緣恐斷腸。吳越山川遊已遍，卻同煙棹上瞿塘。〔註121〕

圓觀「三生」爲比丘的故事，宋陳田夫《南嶽總勝集》有記，〔註122〕是承宋僧贊寧〈記觀道人三生爲比丘〉之說；〔註123〕圓觀與李源的故事，在廣爲流傳的

〔註117〕 宋・李昉等編，《太平廣記》卷388、153〈袁滋〉引《逸史》，頁3096～3097、1100～1101。

〔註118〕 唐・鄭處誨，《明皇雜錄》卷（上）：「開元中，……邢眞人和璞自泰山來，房琯虛心禮敬，因與攜手閒步，不覺行數十里。至夏谷村，遇一廢佛堂，松竹森映。和璞坐松下，以杖叩地，令侍者掘，深數尺，得一缾，缾中皆是要師德與永公書。和璞笑謂曰：『省此乎？』房遂灑然方記其爲僧時，永公即房之前身也。」頁11。

〔註119〕 大曆時，惠林寺僧圓觀，與因父死國難，絕心祿仕，死前才被穆宗賜封爲諫議大夫的李源，兩人之間長達三十年的交情；圓觀與李源，在「遊蜀川，抵青城峨眉，同訪道求藥。」取道三峽的途中，圓觀見到避無可避的，下一世的娘親；在南浦維舟山下，圓觀見數名婦人「錦襠負甖而汲」，圓觀泣下曰：「某不欲至此，恐見其婦人也。」李源驚問爲何，圓觀曰：「其中孕婦姓王者，是某託身之所，逾三載尚未娩懷，以某未來之故也。今既見矣，即命有所歸，釋氏所謂循環也。」轉引自：《太平廣記》卷387〈圓觀〉，頁3089～3090。

〔註120〕 圓觀向李源交代「相認」的方式有二：一、亡後三日，王家新生的嬰兒對李源一笑，是圓觀；二、十二年後的中秋月夜，在杭州天竺寺外相見的，是圓觀。李源在三日後，證明了「嬰兒」是圓觀；十二年後的中秋夜，於杭州天竺寺訪到了「牧童」圓觀，「牧童」圓觀稱讚李源「眞信士矣」之後，加以一番勉勵：「與公殊途慎勿相近俗緣未盡但願勤修不墮即遂相見」《太平廣記》卷387，頁3089～3090。

〔註121〕 唐・袁郊，《甘澤謠》，轉引自：《太平廣記》卷387，頁3090。

〔註122〕 圓觀的前一世，爲南朝時陳之高僧慧思，對徒眾指一石：「吾昔於此修習今三生矣。約地深淺，皆獲骨焉。」詳見宋・陳田夫，《南嶽總勝集》卷1。《大正藏》第51冊，頁1067。

〔註123〕 「《唐忠義傳》李憕之子源，自以父死王難，不仕。隱雒陽惠林寺，年八十餘，

過程中，「圓觀」變成「圓澤」，明朱時恩《佛祖綱目》作〈隱士李源訪比丘圓澤〉，「圓觀」之被改爲「圓澤」，是受到蘇軾〈僧圓澤傳〉的影響。〔註124〕李源與圓觀之事，未見於《舊唐書》，《舊唐書》載李源被賜爲諫議大夫，在時間上有出入，〔註125〕應注意的是，李源於惠林寺隨僧一食，之所以能夠長達五十年，不必定期向縣官報備暫住佛寺，其原因應是：惠林寺原本就是李源家的別墅，李源是以寺爲家。另一件當面「保證再來」的故事，發生在崔胤身上：

> 有術士言崔慎由：「相國面上氣色有貴子。」其子誕日，腋下有瓦官僧之名，年七歲，尚不食肉。一日，有僧請見，乃掌其頰謂曰：「既愛官爵，何不食肉？」自此方味葷血，即相國垂休（崔胤，字垂休。）也。〔註126〕

與崔慎由相識的長安老僧，接受崔慎由之妻的布施後，自動言明要轉生再來爲崔慎由之子，以報其恩，〔註127〕此例在唐代小說中幾乎絕無僅有；前世爲僧的崔胤，七歲時被昔日的同道掌頰之後，終於洗掉了前世的記憶，此種與名人前世今生有關的傳說或預言，最能引起小說家的注意，《宣室志》載韋皋滿月當天，有一個不請自來的胡僧，對著剛滿月的韋皋說：「別久無恙乎？」接著對眾人說：「此子乃諸葛武侯之後身耳。」韋皋因此字「武侯」，「在蜀十八年，果契胡僧之語也。」〔註128〕晚唐范攄，同樣也記了一則諸葛亮轉世再

與圓觀道人遊甚密。」唐・袁郊，《甘澤謠》〈附錄・東坡刪改圓澤傳並跋〉，《四庫全書》本。

〔註124〕清・五川居士言：「予家有劉松年〈三生圖〉，元人楷書〈圓澤傳〉，又與坡公稍異：上有趙松雪鑒籤題名僧二十人，詩篇最後吳鮑菴跋語皆作圓澤，無一人稱觀者，豈後人因坡公所定，不復爲異歟？」五川居士認爲：「此疑其因甘澤字而誤書，後人又因而入集耳。」導致「圓觀」被誤作「圓澤」。唐・袁郊，《甘澤謠》〈附錄・東坡刪改圓澤傳並跋〉，《四庫全書》文淵閣本。

〔註125〕按：《舊唐書》卷16〈穆宗本紀〉，記李源被賜爲諫議大夫時在長慶二年七月，頁498。卷187〈忠義〉（下），載長慶三年，李德裕始上表穆宗，李源辭不受，後卒於寺，頁4890。

〔註126〕宋・王讜撰、周勛初校證，《唐語林》卷3，頁319～320。

〔註127〕宋・李昉等編，《太平廣記》卷388〈崔四八〉引《玉堂閒話》：「崔慎由，初以未有兒息，頗以爲念。有僧常遊崔氏之門者，崔因告之，且問其計，僧曰：『請夫人盛飾，而遊長安大寺，有老僧院，即詣之，……。』後至一院，僧年近六十矣，接待甚勤至，崔亦厚施之。自是供應不絕。僧乃言：『身老矣，自度無以報公，願以後身爲公之子。』」頁3097。

〔註128〕唐・張讀，《宣室志》，轉引自《太平廣記》卷96〈韋皋〉，頁641。按：明・楊時偉編，《諸葛忠武書》卷9，舉《舊唐書》卷140〈韋皋〉，言：「韋皋字城武，不云武侯。」《四庫全書》文淵閣本，史部，傳記類，名人之屬。

來，主角卻是「擁旄西蜀」的嚴武；〔註129〕轉世傳說與佛教關係密切，正因其有關，因此易爲人附會，有意思的是，韋皋被胡僧說是諸葛亮轉世，《舊唐書‧韋皋》言：「韋皋字城武」，拆穿了《宣室志》言韋皋字武侯，小說家在轉世之說盛行的情況下，自動宣傳了佛教的輪迴觀而不自覺。

（二）明禍福休咎

《宣室志》載中宗時，宰相唐休璟的門僧，預知將有刺客，門僧事先安排了兩隻巨犬以制之，〔註130〕僧人能成爲官吏家的門僧，靠的是具有他僧所沒有的本領，小說家對於預知休咎的僧人不吝著墨的原因也正因此；金城佛寺寺僧年七十餘，屢見先李逢吉入寺的，是一名「介甲持矛」之人，寺僧告知逢吉此事，小說家以此爲逢吉出入將相二十餘年，善終於家的原因，〔註131〕此事不論眞假，可看出唐代官吏出入佛寺面對僧人，最想知道的，是有關未來的仕途情況；德宗時，王蒙到慈恩寺，問占色僧，僧曰：「早晚得官」；〔註132〕鄭朗初舉時，有一僧善氣色，曰：「郎君貴極人臣，然無進士及第之分。若及第，即一生厄塞。」〔註133〕可知預言僧人的最大賣點，就是「善相」；柳渾早孤，十餘歲時，「有巫告曰：『兒相夭且賤，爲浮屠道可緩死。』諸父欲從其言，渾曰：『去聖教，爲異術，不若速死。』」〔註134〕十多歲的柳渾不是排斥佛教，而是將看相視爲與佛教有關的「異術」，因而不喜，柳渾的故事足以說明，在唐代會看相的僧人，已是深入民間，且普遍多有。

不獨柳渾遇到會看相的異僧，狄仁傑小時候，道路偶遇善看相的海濤法師，法師驚曰：「此郎位極人臣，蒼生是賴。但恨衰朽之質，所不見爾。」〔註135〕不獨唐僧會看相，新羅僧人也會，張建封鎮揚州時，有一善相的新

〔註129〕唐‧范攄《雲谿友議》卷上：「（嚴挺之）其妻夢一人佩服金紫，美鬚髯，曰：『諸葛亮也，來爲夫人兒。』」《四庫全書》文淵閣本，子部，小說家類，雜事之屬。

〔註130〕唐‧張讀，《宣室志》，轉引自：《太平廣記》卷94〈唐休璟門僧〉，頁625～626。

〔註131〕宋‧李昉等編，《太平廣記》卷138〈李逢吉〉，頁991～992。

〔註132〕唐‧趙璘，《因話錄》卷6，頁53。

〔註133〕五代‧王定保撰、姜漢椿校注，《唐摭言》卷7〈起自寒苦〉：「既而狀元及第，賀客盈門，唯此僧不至。及重試，退黜，喧者甚眾，而此僧獨賀，曰：『富貴在裏。』既而竟如所卜。」（上海：社會科學院出版社，2003年），頁137。下引版本同。

〔註134〕宋‧歐陽修、宋祁撰，《新唐書》卷142，頁4671。

〔註135〕宋‧錢易，《南部新書》（丙），頁38。

羅僧人，直言張不得為宰相，其手下李藩來日當為「紗籠中人」。〔註 136〕會看相的預言僧人，得具備「皆如其言」的品質保證，貞觀中，年已七十的金吾長史張寶藏，有一僧預言其「六十日內，官登三品。」張寶藏後來果因獻「乳煎蓽撥方」治好太宗的病，六十日內官登三品；〔註 137〕則天朝，張敬之與僧泓為舊交，「善陰陽算術」的僧泓，為敬之與其弟訥之預言，「皆如其言」；〔註 138〕「皆如其言」是預言僧人有口皆碑的保證，最能從唐代官吏在與官運有關的風水方面，〔註 139〕其高度相信看出。

　　睿宗朝弘師，見了開國功臣李靖的宅子，謂人曰：「後之人，有能居此者，貴不可言。」開元初，李林甫居之，人告弘師，弘師曰：「十有九年居相位，稱豪貴於天下者，一人也。雖然，吾懼其易製中門，則禍且及矣。」後來有人獻了匹高大的良馬給李林甫，李林甫為了乘馬過門，「遂易舊製，將毀其簷，忽有蛇十數萬，在屋瓦中。林甫惡之，即罷而不復毀焉。」李林甫不久被籍沒，「校其始相至籍沒，果十九年矣。」〔註 140〕張讀所記之弘師，其預言「十九年」的本領，比起「帝師」萬迴與「天師」一行，可謂不遑多讓。

　　此外，高僧的預言本領，常被俗家弟子廣為傳述，鄭處誨《明皇雜錄》載神秀弟子義福，預知大限將至，張均、嚴挺之、房琯、韋陟等俗家弟子隨侍在側，張均告訴房琯：「某宿歲餌金丹，爾來未嘗臨喪。」張均不想見義福，託故先行離開，義福告訴房琯：「張有非常之咎，名節皆虧，向來若終法會，足以免難，惜哉！」義福同時執房琯手，預言他將為「中興名臣」，不久安史亂起，張均授偽署，「名節皆虧」，房琯贊兩朝，果真成為「中興名臣」。〔註 141〕由義福

〔註 136〕宋・李昉等編，《太平廣記》卷 153〈李藩〉引《逸史》：「宰相，冥司必潛紗籠護之，恐為異物所擾，餘官即不得也。」頁 1099～1100。又：卷 155〈李固言〉引《補錄記傳》，記李固言問聖壽寺僧有關紗籠中之事，僧曰：「吾常於陰府往來，有為相者，皆以形貌，用碧紗籠於廊下，故所以知。」頁 1112。

〔註 137〕宋・李昉等編，《太平廣記》卷 146〈張寶藏〉，頁 1050。

〔註 138〕唐・劉肅，《大唐新語》卷 5，頁 74。

〔註 139〕宋・李昉等編，《太平廣記》卷 156〈舒元輿〉引《感定錄》：「李太尉在中書，舒元輿自侍御史辭歸東都遷奉。太尉言：『近有僧自東來，云有一地，葬之必至極位。何妨取此！』元輿辭以家貧，不辦別覓，遂啟歸護。他日，僧又經過，復謂太尉，曰：『前時地，已有人用之矣。』詢之，乃元輿也。元輿自刑部侍郎平章事。」頁 1121。

〔註 140〕唐・張讀，《宣室志》卷 10。《四庫全書》文淵閣本，子部，小說家類，異聞之屬。

〔註 141〕唐・鄭處誨，《明皇雜錄・補遺》，頁 42。

的臨終預言，可以看出唐代官吏最在意僧人的預言內容，是與仕進有關的禍福休咎，牛肅《紀聞》載明達師「加秤」於李林甫之肩，李林甫後為宰相；〔註142〕張讀《宣室志》載青龍寺法安禪師，預言國子祭酒趙蕃將出為袁州刺史；有僧預言李德裕一生食滿萬羊之數後，將被貶，死於南；〔註143〕《廣異記》載幽州節度御史大夫張守珪，年輕時守玉門關，縱其部下「窮徑」，有個胡僧，從西京帶了「袈裟二十餘馱」要回天竺，守珪部下以為是「羅錦等物」而劫殺，身兼異能的胡僧是「刀棒亂下，而不能傷。」還預言張守珪會做到「節度大夫」。〔註144〕

有預言能力的唐代僧人，為時所重者，代不乏人，其所預言的內容，關乎個人前途休咎或時局大事者，如《前定錄》言永泰年間的道昭，「往往言人將來之事，初若隱晦，後皆明驗。」道昭對於明經進士姚邈，以及同行的張氏友人所作的預言，因其「隱晦」，〔註145〕滿足了小說家「作意好奇」的想望，此外，預言僧人之「預言」多寡，亦視交情而定，清僧對段文昌與韋處厚，因交情之深淺而表現不同，段文昌問劍南節度使何人任之，清僧對段文昌託言：「害風妄語，阿師不知。」而對素深於釋氏的韋處厚，清僧除了喜而迎之之外，對於韋處厚有關官位的升遷及日期，均有問必答，〔註146〕這種有時故作不懂的清況，在中唐時，許多驚世駭俗的預言僧，已慣常如此，〔註147〕宣宗朝的崔慎繇，訪別承國寺僧神照，求贈別之語；神照曰：

〔註142〕唐・牛肅，《紀聞》：「李林甫為黃門侍郎，扈從西還，謁達，加秤於其肩，至京而作相。」轉引自：《太平廣記》卷92〈明達師〉，頁610～611。

〔註143〕唐・張讀，《宣室志》，轉引自：《太平廣記》卷98〈李德裕〉，頁651～652。

〔註144〕轉引自：《太平廣記》卷329〈張守珪〉，頁2615～2616。

〔註145〕宋・李昉等編，《太平廣記》卷150〈道昭〉，引《前定錄》：「僧謂張曰：『君授官四政，慎不可食祿范陽。四月八日得疾，當不可救。』次謂邈曰：『君不利簪笏，如能從我，亦當三十年無乏。有疾勿令胡人療之。』其年，張授官於襄鄧間，後累選，常求南州，亦皆得之。後又赴選，果授虢州盧氏縣令，到任兩日而卒。卒之日，果四月八日也。後方悟范陽即盧氏望也。邈後舉不第，從所知於容州，假軍守之名，三十年累轉右職。後因別娶婦求為儐者，因得疾，服嫗黃氏之藥而終。後訪黃氏本末，乃洞主所放出婢，是胡女也。」頁1083。

〔註146〕宋・李昉等編，《太平廣記》卷155〈段文昌〉引《定命錄》，頁1114～1115。

〔註147〕唐・趙璘，《因話錄》卷6：「長慶中，鄂州里巷間人，每語輒以牛字助之。又有一僧，自號牛師，乍愚乍智，人有忤之者，必云：『我兄即到，豈奈我何？』未幾，而相國奇章公帶平章事節度武昌軍，其語乃絕。而牛師尚存。僧者，乃牛公之名也。方知將相之位，豈偶然耶？」楊家駱主編《唐國史補等八種》，頁48～49。

惡事不爲，賢人也；善事不爲，聖人也。崇高之名，博施之利，天
下公器也。與眾共之，無或獨擅，無或多取。獨善多取，禍生其中
矣，孔孟其猶病諸。〔註148〕

高彥休《唐闕史》形容神照是：「近歲名僧，無出其右者。」崔愼繇後因「請
立太子」一事觸怒宣宗，因而被罷，同僚亦因其「太勁」，而以飛語中傷，高
彥休言「老僧贈別于斯驗焉。」神照之臨別贈言，對於「莊嚴、宏厚、清雅」
的崔愼繇，〔註149〕有說等於沒說，而像崔愼繇一樣，不在意預言僧所言者，
尚有劉昌源，《南部新書》載開元初，鹿苑寺僧法蘭，「多言微旨，往往有效。
縣令劉昌源送客，詣其房。蘭曰：『長官留下腰帶麻鞋著。』未幾，劉丁內艱。」
〔註150〕似崔愼繇、劉昌源不以「預言」存心者，在唐代官吏中並不多見。

　　天寶初，明瓚禪師於衡岳寺執役，李泌被懶殘（明瓚之號）罵後愈發敬
謹，換得明瓚：「愼勿多言，領取十年宰相。」的預言，〔註151〕此種事後應驗
的預言，當事者在當時「問命」的態度，是小說家在描述應驗的過程中，十
分刻意經營的部分；非獨僧人會預言，尼師亦不遑多讓，《戎幕閒談》載顏眞
卿向妻黨之親范氏尼「問命」，〔註152〕《幽閒鼓吹》載劉禹錫「問命」之事，
〔註153〕劉禹錫所表現出的，怒而逐僧的態度，可說是不信命定論者，最佳的
反面教材。

　　愛寫草書的僧懷濬，於秭歸郡告人吉凶，言雖短但多有驗，〔註154〕死前曾

〔註148〕唐・高彥休，《唐闕史》卷上，《四庫全書》文淵閣本，子部，小說家類，異
　　　　聞之屬。
〔註149〕唐・高彥休，《唐闕史》卷上，《四庫全書》文淵閣本，子部，小說家類，異
　　　　聞之屬。
〔註150〕宋・錢易，《南部新書》（己），頁82。
〔註151〕唐・袁郊，《甘澤謠》，《四庫全書》文淵閣本，子部，小說家類，異聞之屬。
〔註152〕宋・李昉等編，《太平廣記》卷224〈范氏尼〉，頁1724。
〔註153〕劉禹錫知一僧有術，於寓直日邀之至省，「方欲問命」，門人報道：「韋秀才在
　　　　門外」，不得已令僧坐簾下，韋秀才見劉禹錫甚爲無意，獻卷後乃去，僧曰：
　　　　「員外後遷爲本行正郎也，然須待適來韋秀才知印處置。」劉禹錫聽後大怒，
　　　　不旬日果貶官，「韋秀才方處厚相也，後三十餘年在中書，劉轉屯田郎中。」
　　　　參見：《太平廣記》卷224〈劉禹錫〉，頁1722。
〔註154〕　宋・孫光憲，《北夢瑣言・逸文》卷1，載懷濬事蹟：荊南大校周崇賓
　　　　謁之，懷濬書曰：「付皇都勘。」後來因王師南討，繫於南府，被殺；押衙
　　　　孫道能謁之，書曰：「付竹林寺。」孫道能於當年去世，其墓竟然是古竹林
　　　　寺的基也；皇甫鉉知州，懷濬畫一人荷枷，旁有一女子，皇甫鉉後因娶民
　　　　家女遭訟，被關；波斯穆昭嗣幼時好藥術，隨其父謁懷濬，懷濬畫一個道

對自己預言：「來日爲人所害。」死後尸首宛然，「刺史高公爲之荼毗。」高駢爲懷濬治喪，李紳對預言其日後當貴的龍宮寺僧，「爲其營塔立碑」，〔註155〕均是對預言僧表示最高的崇敬。

二、法術僧人

異僧施行法術解人於厄，〔註156〕是慈悲的表現，唐代小說家記載法術僧人施法，多是胡僧所爲，從僧人施法時利用的「工具」，可以得知當時的社會，與佛教有關的流行事物爲何。與唐代官吏交涉的預言僧人，在小說家筆下，多爲唐僧；而施法術的僧人，卻多爲胡僧，除了語言不通的因素外，唐人對於來自域外的「幻術」感到萬分新奇，此乃法術僧人事蹟多被記載的原因。

佛教僧人多習「五明」，其一的「醫方名」便是識藥治病，也因此，胡僧多具有醫治怪病的本領，工部尚書邢曹進，因討叛賊，飛矢中其目，「拔箭而鏃留於骨」，有胡僧告知邢曹進「何不灌以寒食餳？」薛用弱對於胡僧懂得用偏方醫病，視爲是「西方聖人」；〔註157〕至於提人入火，出入無蹤的胡僧，〔註158〕遠

士乘雲，手把胡盧，書云：「指揮使高膟衙推。」穆生後來以醫術高明，南平王高從誨任其爲衙推。一日，題庭前芭蕉葉上云：「今日還債，幸州縣無更勘窮。」頁146。

〔註155〕唐・范攄，《雲溪友議》卷上〈江都事〉，載龍宮寺老僧見一蛇上刹前的李樹吃李子，老僧擔心人會誤食蛇吃過的李子，把蛇趕下，見蛇最後入李紳懷中而不見，僧問李紳：「秀才睡中有所覩否？」李紳曰：「夢中上李樹食李，甚美。似有一僧相逼。及寤，乃見上人。」老僧知其非常，於李紳赴舉前言其身必貴，誡以日後「勿以僧之尤過，貽於禍難。」李紳領會稽時，對違戒僧「皆至極刑」，以及後來當上宰相，均應了老僧之言，頁11。

〔註156〕宋・釋贊寧，《宋高僧傳》卷6〈唐彭州丹景山知玄傳〉：「有李商隱者，一代文宗，時無倫輩。常從事河東柳公梓潼幕，久慕玄之道學，後以弟子禮事玄。時居永崇里，玄居興善寺。義山苦眼疾，慮嬰昏瞽，遙望禪宮，冥禱乞願。玄明旦寄〈天眼偈〉三章，讀終疾愈。迨乎義山臥病，語僧錄、僧徹曰：『某志願削染爲玄弟子。』臨終寄書偈決別云，……鳳翔府寫玄眞，李義山執拂侍立焉。」《大正藏》第50冊，頁744。

〔註157〕唐・薛用弱，《集異記》，記有力者爲邢曹進，以鐵鉗挾鏃末仍拔不出，邢曹進晝寢時夢見胡僧，告訴他用米汁注入眼睛，箭鏃就可拔出，醒後告訴醫工，醫工認爲米汁就是「泔」（洗米水），不可能醫得了「潰瘡」，隔天，夢中胡僧來乞食，胡僧曰：「何不灌以寒食餳？」曹進當下遂悟「餳爲米汁」，加上親見所見的胡僧，「復肖夢中」於是照辦，「不旬日而差矣！」《四庫全書》文淵閣本，子部，小說家類，異聞之屬。

〔註158〕《王氏見聞》記禪將王宗信，嚴冬時節，在普安禪院僧房內，「擁妓女十餘人，

不如段成式所記，將酒變成血，砍下一己之頭後，喝酒仍臉紅的梵僧，〔註159〕此梵僧爲了躲避成都百姓的供養，還接著表演「穿牆術」：

> 僧因是走入壁角，百姓遽牽漸入，唯餘袈裟角，頃亦不見。來日壁
> 上有畫僧焉，其狀形似日，日色漸薄，積七日空有黑跡，至八日，
> 跡亦滅，僧已在彭州矣，後不知所之。〔註160〕

蜀地是道教的發源地，居民對鬼神之事向來熱衷，難陀在蜀地施「如幻三昧」的神蹟表演，贊寧認爲是展現了四神通當中的「如幻通」，〔註161〕「如幻通」是「諸佛之大定也。」難陀所施的幻術，是爲「警覺」多尚鬼道神仙的蜀地百姓，〔註162〕所使用的「非常手段」。

　　胡僧不僅會「穿牆術」，《原化記》載一胡僧還會「變形術」，〔註163〕《紀聞》載開元中，一胡僧魅騙婦女去禮佛，實際是到北邙山去繞墳，後來被道士葉法善將胡僧還以老狐之形，「鞭之百，還其袈裟。」打完後讓他又回復成婆羅門僧；〔註164〕牛肅此記，若非本身的排佛因素，就應是誇大了佛、道鬥法下的，諸多傳聞的副產品，會變形的胡僧，在小說家手中，很明顯的，嘲弄的成分多於記實，然而，域外僧人並非全被視爲只會以法術譁眾取寵，《報

各據僧牀寢息。」十多個妓女，一個接著一個出入爐中，親吏找來招討使王宗儔，王宗儔一一提臂救出妓女，「衣裾纖毫不燬」，妓女異口同聲，都說是被胡僧提入火中。參見：《太平廣記》卷366〈王宗信〉，頁2912～2913。

〔註159〕唐·段成式，《酉陽雜俎》前集卷5，記建中年間，張延賞在四川時，遇到「得如幻三昧」的梵僧難陀，令人瞠目結舌的法術：首先是，在宴席上對著「徐對對舞，曳緒回雪，迅赴摩跌伎」三位少尼，將酒變成「血」，砍得三尼「血及數丈」，再舉起三尼所變的「三支節杖」，接著請人把自己的頭砍掉，釘在柱上，喝酒照樣臉會紅，手還會跟著音樂打拍子，「自起提首安之，初無痕也。」頁54。

〔註160〕唐·段成式，《酉陽雜俎》前集卷5，頁54。

〔註161〕隋·吉藏，《維摩經義疏》卷2：「神通有四：一、如意通，轉變自身，大音遍至：二、如幻通，改變外物：三、法智通，通達諸法：四、聖如意通，能於六塵自在，不隨緣變。」《大正藏》第38冊，頁924。

〔註162〕宋·釋贊寧，《宋高僧傳》卷20〈唐西域難陀傳〉。《大正藏》第50冊，頁837～838。

〔註163〕監察御史柳并，半夜時，看到有個狀若獼猴的小鬼，把幡子插在他的書吏頭上，柳并幫忙把幡子拔掉後，一隻老虎進來亂嗅，準備吃人，如此再三，天明後，柳并要書吏快逃，路上遇一胡僧，要書吏上樹綁住身體，把沾有血的衣服丟下來，接著，胡僧變成一隻老虎，把沾有書吏之血的衣服一口吞掉，再變回人形。參見：《太平廣記》卷433〈柳并〉，頁3511。

〔註164〕轉引自：宋·李昉等編，《太平廣記》卷448〈葉法善〉，頁3665～3666。

應記》載崔義起為亡妻超渡拔厄，有一婆羅門僧：

> 從空中下，作梵語，教素玉（婢）念《金剛》、《法華》、《藥師經》
> 各一遍，令去既活，並不遺忘，有梵僧聽之，云：「素玉所傳如同西
> 國語，與中國異也。」〔註165〕

「從空中下」的婆羅門僧，與證明婆羅門僧所教的是「正統」梵音的梵僧，
均顯示在當時人的心目中，婆羅門僧（或梵僧）比起漢地僧人，其「梵音」
更顯道地，更能代表外來和尚「會唸經」的特色；《南部新書》載龍朔年間，
任虢州朱陽尉的白仁哲，奉命運米到遼東時遇到颶風，白仁哲急念《金剛經》
三百遍之後，如處夢寐之中，見一梵僧曰：「汝念真經，故來救汝。」〔註166〕
梵僧能聞《金剛經》而循聲救苦，同樣出現在《報應記・崔寧》，張國英與叛
賊戰，箭鏃入腹而不出，家人喪具備妥，「常持金剛經」的張國英，「夜夢胡
僧與一丸藥，至旦，瀉箭鏃出，瘡便合瘥。」〔註167〕《玉泉子》載楊希古置
僧於第，私置「道場」，每天凌晨入道場讓僧人據其背上，每天誦《金剛經》
三遍，可知到了唐末，《金剛經》被胡僧用來作為襄助施法工具的同時，側面
凸顯《金剛經》廣受歡迎的情形。

第四節　唐代宦官與佛教

由《新唐書・宦者列傳・序》得知安史亂起，李輔國「專掌禁兵」；繼李
輔國之後，宦官程元振判元帥行軍司馬；代宗朝，魚朝恩控制了神策軍，而
使宦官長期掌握兵權的，是德宗貞元十二年，置左右神策中尉開始。王壽南
認為李唐王朝覆亡的根本原因在宦官，認為唐代宦官：「由於手握禁兵，因此，
在中央政府內宦官權勢經常凌駕朝臣之上，而唐室諸帝亦被玩弄於宦官股掌
之間。」〔註168〕歸結唐代政治風氣的敗壞、中央政治產生危機、虐民暴政、
軍事失利、激叛藩鎮均與宦官有關；〔註169〕唐代叱吒風雲的宦官，在心理上
與一般功成名就，擁有社會地位的男人一樣，均不忘「成家」、「立業」；太宗

〔註165〕轉引自：宋・李昉等編，《太平廣記》卷115〈崔義起妻〉，頁799。
〔註166〕宋・錢易，《南部新書》（庚），頁104。
〔註167〕轉引自：宋・李昉等編，《太平廣記》卷105〈崔寧〉，頁713。
〔註168〕王壽南，《唐代的宦官》（臺北：臺灣商務印書館，2004年），頁58。下引版
　　　　本同。
〔註169〕王壽南，《唐代的宦官・緒言》，頁2。

納元吉之妻爲妃，高宗娶太宗才人武氏爲后，玄宗娶壽王妃楊氏爲妃，唐人對帝王亂倫，以及唐公主一嫁再嫁三嫁均無非議；唐代宦官可以娶妻且收養大批子女，是唐代婚姻觀念開放的表徵，然而，在開放的唐朝社會，婦女再嫁是爲平常，但宦官之妻及其養女，不論在宦官的生前或死後，卻多皈依佛門，〔註170〕唐代宦官之妻、女，是唐代婦女入佛門的特殊現象。

一、唐代宦官之娶妻養子

　　唐代宦官自玄宗朝高力士開始，因寵升官，權勢日大，成員日眾，宦官從開、天之際權力日漲，出任「監軍」，逐步控制軍隊，分提「禁軍」，掌握京城安全，特別是典「樞密」，參與國家最高決策，甚至宰制皇帝，〔註171〕成爲唐朝滅亡的致命傷；從王壽南〈唐代宦官養子表〉，可看出宦官的養子除了是宦官之外，還多爲武人，〔註172〕從朝廷到地方州縣，如此龐大的宦官隊伍，也像一般有權勢的正常男人一樣，想要娶妻生子以廣後嗣，弔詭的是，宦官的養女並非全都嫁給正常人家，經常是宦官與大臣、宦官之間，爲了鞏固權力結構，互結秦晉之好，謝元魯認爲唐代諸帝：

> 以宦官爲耳目，派宦官出使，原本是想在御史與朝官之外，另闢一條獨立的，直通於帝王的信息渠道，此「自作聰明」的下場往往是屢遭欺騙仍不自覺。〔註173〕

唐帝王重用宦官，是十分不明智的無奈，唐帝王令唐代宦官涉足寺院事務，出任功德使的第一人，是天寶十三載（754），不空應哥舒翰之請，在武威開元寺，「別爲功德使開府李元琮受法。」〔註174〕李元琮的全銜是：「勾當京城諸寺觀修功德使，開府儀同三司，右龍武軍大將軍知軍事上柱國，涼國公。」

〔註170〕慫恿代宗佞佛，「木妖」第一的元載，其女「資敬寺尼眞一，納於掖庭。」可見唐代連出家婦女，其家有罪亦連坐。

〔註171〕任爽，〈宦官職掌〉：「在唐代，君主專制政治尚未達到十分完善的程度，皇帝們尚無足夠的經驗來穩妥地協調各種政治勢力並使之達成平衡，其結局便是空前慘烈的宦官之禍。」《唐朝典章制度》（長春：吉林文史出版社，2001年），頁53～54。

〔註172〕王壽南，《唐代的宦官》，頁168～180。

〔註173〕謝元魯，〈決策的依據和信息傳達渠道〉，《唐代中央政權決策研究》（臺北：文津出版社，1992年），頁154～157。

〔註174〕宋‧釋贊寧，《宋高僧傳》卷1〈唐京兆大興善寺不空傳〉。《大正藏》第50冊，頁712。

其中的「京城諸寺觀修功德使」，其職務是屬於臨時差遣性質，負責修造寺觀，事畢罷職，尚未過問寺院事物；唐朝廷讓兼任禁軍的宦官，專職僧尼事務而設功德使一職，是在德宗與憲宗朝，從德宗貞元四年至昭宗天復二年盡誅宦官（788～903），〔註175〕約一百二十年的，與宗教事務相涉的宦官勢力，恰與唐朝的運勢成反比。

一般官吏家辦喪事，會請僧人「至家修福」，〔註176〕唐代宦官遇到自己過生日，會請僧人「就宅設齋」，〔註177〕中唐以後藩鎮割據，地方藩鎮死後，其超大型的墓碑，顯示了地方節度使自立小朝廷的特權；〔註178〕而唐代宦官最明顯的特權，就是可以娶妻、收養子女，如前所述，唐朝開放的婚姻觀念，間接助長此一風氣的形成。

唐太宗納元吉之妃，〔註179〕玄宗納太子壽王之妃，〔註180〕時人均不以為非；武則天置張氏兄弟為面首，令薛懷義以「僧形」出入禁中，方便臨幸，〔註181〕縱容帝室成員淫行；〔註182〕唐代公主再嫁甚至三嫁，史有明載；唐

〔註175〕宋・司馬光等編，《資治通鑑》卷237。德宗貞元四年（788），已經「置左右街大功德使、東都功德使、修功德使，總僧尼之籍及功役。」憲宗元和二年（807），「詔僧尼道士，全隸左右街功德使。」「祠部、司封，不復關奏。」《大宋僧史略》卷中〈管屬僧尼〉：「昭宗朝宰臣崔某奏誅宦官，內諸司使一切停罷，皆歸省寺，功德使宰執帶之。梁革唐命，道士不入宗正，僧尼還係祠部。」《大正藏》第54冊，頁246。

〔註176〕宋・李昉等編，《太平廣記》卷330〈僧儀光〉，頁2624～2625。

〔註177〕唐・段成式，《酉陽雜俎》續集卷5〈寺塔記〉（上），記李林甫生日時，常請菩薩寺僧就宅設齋，頁253。

〔註178〕唐代官員的墓碑依官位的高低有大小的不同，五品以上的墓碑約1尺8寸或2尺以上；九品以上的約1尺4寸或1尺6寸以上，而中晚唐的地方藩鎮，以咸通六年（865）魏博軍節度使何弘敬的墓碑為例，邊長達1.95米。參見：趙超，〈隋唐時期的墓誌概況〉，《古代墓誌通論》（北京：紫禁城出版社，2003年），頁152～153。

〔註179〕宋・范祖禹，《唐鑑》卷6：「太宗手殺兄弟，曾不愧恥而復納元吉之妃。」（北京：中華書局，1985年），頁52。

〔註180〕宋・司馬光，《資治通鑑》卷215〈唐紀〉31：「初，武惠妃薨，上悼念不已，後宮數千，無當意者。或言壽王妃楊氏之美，絕世無雙。上見而悅之，乃令妃自以其意乞為女官，號太真；更為壽王娶左衛郎將韋昭訓女。潛納太真宮中。」頁6862。

〔註181〕五代、後晉・劉昫等撰，《舊唐書》卷183〈外戚〉，載薛懷義原名馮小寶，「偉形神，有膂力。」得幸於千金公主的侍兒，公主知後上奏：「小寶有非常材用，可以近侍。」武則天「欲隱其迹，便於出入禁中，乃度為僧。」頁4741。

〔註182〕年少色美的白敏之烝於武后之母榮國夫人，武后因其恃寵，僅有不悅；白敏

代王室成員與官吏私通，〔註183〕甚至與僧人私通；〔註184〕官吏之母或妾與同僚私通；〔註185〕官吏因「懼內」，縱其妻之「淫行」而致聲名日損，〔註186〕均顯示唐代社會風氣開放，導致守貞觀念淡薄，雖使得唐代婦女的婚姻較他朝自由，但不包括宦官的妻子與養女。

中國宦官娶妻，最早見於後漢宦官劉瑜、周舉，〔註187〕《後漢書》對宦官「逆於天心」的形容，顯見當時人對宦官娶妻，視爲是違背天理的行爲；到了唐代，宦官對己身爲「刑餘之人」所產生的自卑心理，展現在外的，就是與一般官吏一樣，在擁有特權之後，能像一般正常人一樣，擁有家庭生活，受帝王倚重的宦官，官大勢大財產多，對一己前途的努力與一般官員無異，加上由宮廷帶頭的，對於婚姻觀念的開放，唐人對宦官娶妻的看法與他朝不同，根本不以爲「異」。

戰國時，秦相呂不韋將嫪毐進給多淫的王太后，王太后「陰厚賜主腐者吏，詐論之，拔其鬚眉爲宦者。」私通嫪毐而有身孕，〔註188〕假宦嫪毐與王

之後來又逼淫未來的太子妃，司衛少卿楊思儉之女；甚至在榮國夫人喪事期間，逼淫年幼的太平公主。參見：《舊唐書》卷183〈外戚〉，頁4728。

〔註183〕五代、後晉·劉昫等撰，《舊唐書》卷183〈外戚〉，載武三思：「與韋庶人（中宗韋后）及上官昭容（上官儀之孫女上官婉兒）私通。」頁4736。

〔註184〕宋·司馬光，《資治通鑑》卷199〈唐紀〉15載太宗女高陽公主：「會御史劾盜，得浮屠辯機寶枕，云主（高陽公主）所賜。主與辯機私通，餉遺億計。……又，浮屠智勖等數人私侍主。」頁6279～6280。

〔註185〕宋·李昉等編，《太平廣記》卷236，載張易之之母阿臧：「與鳳閣侍郎李迥秀私通逼之也以鴛鴦盞一雙共飲取其常相逐迥秀畏其盛嫌其老乃荒飲無度昏醉是務常頻喚不覺」頁宋·歐陽修、宋祁撰，《新唐書》卷117：「垂拱中，或告褘之受歸誠州都督孫萬榮金，與許敬宗妾私通。」頁4251。

〔註186〕五代、後晉·劉昫等撰，《舊唐書》卷69載太宗朝，張亮爲相州大都督長史，「抑豪強而恤貧弱」：「初，亮之在州也，棄其本妻，更娶李氏。李素有淫行，驕妬特甚，亮寵憚之。後至相州，有鄴縣小兒，以賣筆爲業，善歌舞，李見而悅之，遂與私通，假言亮先與其母野合所生，收爲亮子，名曰「慎幾」。亮前婦子慎微每以養慎幾致諫，亮不從。李尤好左道，所至巫覡盈門。又干預政事，由是亮之聲稱漸損。」頁2515。

〔註187〕南朝宋·范曄撰，《後漢書》卷57〈劉瑜傳〉：「又常侍黃門，亦廣妻娶。怨毒之氣，結成妖（上生下目）。行路之言，官發署人女，取而復置，轉相驚憚。」《後漢書》卷61〈周舉傳〉：「豎官之人，亦復虛以形勢，威侮良家。取女閉之，至有白首歿無配偶，逆於天心。」楊家駱主編，《新校本後漢書并附編十三種》（臺北：鼎文書局，1981年），頁1855～1856、2025。

〔註188〕漢·司馬遷，《史記》卷85〈呂不韋〉。馬持盈注，《史記今註》，臺灣：商務印書館，1983年，頁2532。下引版本同。

太后，就跟張易之兄弟與武則天一樣，只能算私通；漢、明兩朝，宦官與宮女的「對食」、「菜戶」關係，造成的特殊現象是：「內中宮人鮮有無配偶者。」〔註189〕漢、明兩朝，宦官與宮女共同過家庭生活的情形，在同樣宦官勢大的唐朝並沒有發生，按理說，宦官無法與正常人一樣娶妻生子，過一般正常的家庭生活，但唐代宦官不僅可以娶妻，妻死甚至還可再娶；〔註190〕另外，宦官收養子、女，在唐代是普遍現象，這也是唐代宦官異於他朝宦官最明顯的特權。

德宗貞元七年（791）下詔：「內侍省五品已上，許養一子，仍以同姓者，初養日不得過十歲。」〔註191〕詔書規定了宦官養子的資格與數量，雖是限制，但也承認了宦官養子的合法性，〔註192〕然從昭宗時，號「外宅郎君」的大宦官楊復恭，有「養子六百人，監諸道軍。」〔註193〕六百名監軍均來自同一宦官家庭，此乃唐朝將亡於宦官之手的徵兆，此兆始於盛唐高力士，帝王不過問宦官鬻官賣爵，〔註194〕不對宦官講究君臣禮數，〔註195〕不計其多不勝數的錢財田產，〔註196〕甚至為宦官娶名門大族之女為妻，〔註197〕對宦官娶妻所引發的裙帶關係，亦不以為意，〔註198〕而貽禍最深的，就是授以宦官任各種大

〔註189〕清・沈德符，《萬曆野獲編》卷6。

〔註190〕唐・楊瑒，〈大唐故朝請郎行內侍省掖庭局宮教博士上柱國清河張公（叔遵）墓誌銘並序〉，在頌讚張叔遵的奉佛之忱後，提到「夫人彭城劉氏」，後又提到「先夫人祿氏」，可知奉佛的張叔遵應是祿氏去世後再娶劉氏。參見：吳鋼主編，《全唐文補遺》第三輯，（陝西：三秦出版社，1994年），頁272。下引版本同。

〔註191〕宋・王溥，《唐會要》卷65〈內侍省〉，頁1133。

〔註192〕唐・長孫無忌等編、劉俊文點校，《唐律疏議》卷 12〈戶婚〉：「即養異姓男者，徒一年；與者，笞五十。」頁258。

〔註193〕宋・歐陽修、宋祁撰，《新唐書》卷208〈宦者〉（下），頁5890。

〔註194〕五代、後晉・劉昫等撰，《舊唐書》卷184〈宦官〉，記高力士：「宇文融、李林甫、李適之、蓋嘉運、韋堅、楊慎矜、王金共、楊國忠、安祿山、安思順、高仙芝因之而取將相高位，其餘職不可勝紀。」頁4757～4758。

〔註195〕五代、後晉・劉昫等撰，《舊唐書》卷184〈宦官〉：「玄宗常曰：『力士當上，我寢則穩。』……肅宗在春宮，呼為『二兄』，諸公主皆呼『阿翁』，駙馬輩呼為『爺』。」頁4757～4758。

〔註196〕五代、後晉・劉昫等撰，《舊唐書》卷184〈宦官〉：「其郡縣豐贍，中官一至軍，則所冀千萬計，修功德，市鳥獸，詣一處，則不啻千貫，皆在力士可否。故帝城中甲第，畿甸上田，菜園池沼，中官參半於其間矣。」頁4757。

〔註197〕五代、後晉・劉昫等撰，《舊唐書》卷184〈宦官〉：「肅宗又為輔國娶故吏部侍郎元希聲姪摍女為妻。」頁4760。

〔註198〕五代、後晉・劉昫等撰，《舊唐書》卷184〈宦官〉：「開元初，瀛州呂玄晤作

小官職，使得宦官「監軍則權過節度，出使則列郡辟易。」〔註199〕加上貞元以後，權勢大的宦官皆委養子以重任，〔註200〕特別是貞元末的楊志廉，其養子及其二代養子，不是身居朝要，就是任牧守將帥，〔註201〕從宦官養子以擴充權勢，掌管禁軍與出任監軍，〔註202〕不難看出唐朝自德宗以後，至昭宗共十一位皇帝，有九位皇帝的生殺廢立之權都掌握在宦官手上，〔註203〕昭宗〈誅宦官詔〉中，提到宦官「不得輒有養男」，〔註204〕惜爲時已晚，可以說，唐代宦官娶妻養子，是帝王授其權勢的必然結果。唐代宦官除了與高級官僚、宦官家庭結爲姻親，也有與平民家庭通婚，與平民通婚，宦官強娶與百姓因貧嫁女，兩者均有可能，〔註205〕從詩人嘆貧女的作品，以及直到宋代仍出現的

吏京師，女有姿色，力士取之爲婦。擢玄晤爲少卿、刺史，子弟皆爲王傅」；元擢之女嫁給李輔國：「擢弟挹，時並引入臺省，擢爲梁州長史。」頁4758、4760。

〔註199〕五代・後晉・劉昫等撰，《舊唐書》卷184〈宦官〉：「玄宗尊重宮闈，中官稍稱旨，即授三品將軍，……貴寵與力士等。楊（楊思勗）則持節討伐，黎（黎敬仁）林（林招隱）則奉使宣傳，尹（尹鳳祥）則主書院。……殿頭供奉、監軍、入蕃、教坊、功德主當、皆爲委任之務。」頁4757。

〔註200〕五代・後晉・劉昫等撰，《舊唐書》卷184〈宦官〉：「自貞元之後，威權日熾，蘭錡將臣率皆子蓄，藩方戎帥，必以賄成，萬機之與奪任情，九重之廢立由已。」頁4754。

〔註201〕五代・後晉・劉昫等撰，《舊唐書》卷184〈宦官〉，記楊復恭：「貞元末中尉楊志廉之後。志廉子欽義，大中朝爲神策中尉。欽義子三人：玄翼、玄价、玄寔。玄翼，咸通中掌樞密；玄寔，乾符中爲右軍中尉；玄价，河陽監軍。復恭，即玄翼子也。」，記楊復光：「內常侍楊玄价之養子也。……諸假子：守亮，興元節度使；守宗，忠武節度使；守信，商州防禦使；守忠，洋州節度使；其餘以守爲名者數十人，皆爲牧守將帥。」頁4774。

〔註202〕五代・後晉・劉昫等撰，《舊唐書》卷184〈宦官〉，記代宗時，魚朝恩「專典神策軍，出入禁中。」魚朝恩被誅後，「內官不復典兵，德宗以親軍委白志貞。志貞多納豪民略，補爲軍士，取其傭直，身無在軍者，但以名籍請給而已。」朱泚亂時，救駕的只有宦官竇文場、霍仙鳴，「賊平之後，不欲武臣典重兵，其左右神策、天威等軍，欲委宦者主之，乃置護軍中尉兩員、中護軍兩員，分掌禁兵，以文場、仙鳴爲兩中尉，自是神策親軍之權，全歸於宦者矣。」頁4763、4766、4754。

〔註203〕唐代九位皇帝的繼位與宦官有關，除敬宗與宣宗是由眾宦擁立外，其餘分別是：憲宗由俱文珍所立；穆宗由梁守謙、王守澄立；文宗由梁守謙、王守澄、楊澄和擁立；武宗爲仇士良、魚弘志立；懿宗爲王宗實立；僖宗爲劉行深、韓文約所立；昭宗爲楊復恭、劉季述立。參見：張文斌，〈唐代宦官養子制度探略〉，《雲夢學刊》，2007年2月。

〔註204〕清・董誥等編，《全唐文》卷91，頁951～952。

〔註205〕參見：杜文玉，〈唐代宦官婚姻及其內部結構〉，《學術月刊》2000年第6期。

「貧女難嫁」的問題，〔註206〕更可見唐代下層婦女之婚事難爲，是普遍存在的，宦官娶平民之女是可能存在的現象。

二、唐代宦官及妻、女崇佛

　　吳敏霞據唐墓志，認爲中下層官宦與平民對佛教的信仰，「重則是不放棄儒、道前提的崇信，輕則是信仰的補充內容。」〔註207〕高力士深得玄宗寵信，得帝王密書，人莫之非，〔註208〕其資產之富厚，非王侯能比，既造佛寺又造道觀，〔註209〕高力士造佛寺，意雖在寺，造道觀只是爲了規模上意，〔註210〕但也不排除在邀福心理之外，還有藉機斂財的動機。〔註211〕高力士在玄宗寢殿旁的院子裡，設有一個「修功德處」，〔註212〕這個「窮極精妙」的小佛堂，可見高力士在趨吉避凶的心態之外，不無爲求有個好的來生的想法。道士吳筠深受玄宗器重，吳筠以儒士事君，並非以丹藥飛升之事悅君，〔註213〕高力

〔註206〕李志生，〈唐代百姓通婚取向探析〉，認爲唐後期的下層婦女，出嫁都必須擁有豐厚的嫁妝，山東舊族高門索高額聘財作爲突出身份的手法已難以實行。《河北學刊》第21卷第4期，2001年7月。

〔註207〕吳敏霞，〈從唐墓志看唐代世俗佛教信仰〉，《佛學研究》1996年。

〔註208〕唐・釋一行，《七曜星辰別行法》，記天師一行，曾經作法，把天上諸星辰所管之鬼全部召集。二十八星宿之神，總共管三十鬼，「日夜常遊人間，依於衰者即得醉飽；於正王之家無由得其飲食。于時錄奏玄宗，唯陛下一人受之。此法後玄宗幸蜀，有人於高力士家傳得本。至今天下牢過之，萬金不傳。」《大正藏》第21冊，頁452。

〔註209〕五代、後晉・劉昫等撰，《舊唐書》卷184〈宦官〉：「力士資產殷厚，非王侯能擬，於來庭坊造寶壽佛寺、興寧坊造華封道士觀，寶殿珍臺，侔於國力。」頁4758。

〔註210〕玄宗對道教的支持，除了把武后與中宗朝列爲禁書的《老子化胡經》予以解禁（《唐會要》卷49〈僧尼所隸〉，頁859）。還派宦官與道士前往道教聖地青城山，把被僧人奪觀（常道觀）爲寺（飛赴寺）給要回來。詳見張敬忠，〈准敕勘復蜀州青城山常道觀奏〉。清・董誥等編，《全唐文》卷277〈張敬忠〉，頁2812。

〔註211〕五代、後晉・劉昫等撰，《舊唐書》卷184〈宦官〉：「初，寶壽寺鐘成，力士齋慶之，舉朝畢至。凡擊鐘者，一擊百千；有規其意者，擊至二十杵，少尚十杵。」頁4758。

〔註212〕五代、後晉・劉昫等撰，《舊唐書》卷184〈宦官〉：「力士於寢殿側簾帷中休息，殿側亦有一院，中有修功德處，雕甍璀璨，窮極精妙。」頁4758。

〔註213〕五代、後晉・劉昫等撰，《舊唐書》卷192：「帝問以道法，對曰：『道法之精，無如五千言，其諸枝詞蔓說，徒費紙札耳。』又問神仙脩錬之事，對曰：『此野人之事，當以歲月功行求之，非人主之所宜適意。』」5129。

士卻把爲群僧所嫉的吳筠趕出宮中，〔註214〕連吳筠的至交李白也一併遭嫉，「竹溪六逸」之一的李白，〔註215〕曾與吳筠隱於剡中，吳筠推薦李白給玄宗，兩人同爲翰林待詔，《舊唐書·文苑》言李白是因爲「嘗沈醉殿上，引足令高力士脫靴，由是斥去。」〔註216〕未詳言高力士短李白於玄宗的經過，李濬《松窗雜錄》載李白作〈清平調〉之後：

> 上自是顧李翰林尤異於他學士。會高力士終以脫烏皮六合爲深恥，
> 異日，太眞妃重吟前詞，力士戲曰：「始謂妃子怨李白，深入骨髓，
> 何拳拳如是。」太眞妃因驚曰：「何翰林學士能辱人如斯？」力士曰：
> 「以飛燕指妃子，賤甚！」太眞頗深然之，上嘗欲命李白官，卒爲
> 宮中所捍而止。〔註217〕

玄宗對李白青眼有加，無奈迫於「宮中」，最後對李白「賜金放還」，高力士若無《舊唐書·文苑》所記的「脫靴」之恥，則應是嫉於吳筠、李白之上得歡心，並非爲佛而抑道。

　　肅宗朝李輔國，「不茹葷血，常爲僧行，視事之隙，手持念珠，人皆信以爲善。」〔註218〕《新唐書·宦者》形容他是：「不啖葷，時時爲浮屠詭行，人以爲柔良，不忌也。」〔註219〕李輔國如何「爲浮屠詭行」，史書未見詳載，然從矯詔徙玄宗，到肅宗派人刺殺，諡其號曰「醜」；〔註220〕李輔國「以閹奴爲閑廏小兒」，微賤暴貴後，人不爲禮，李輔國「不茹葷血」、「手持念珠」的奉佛行爲，更突顯他對下一個美好來生的希求。

　　代宗朝魚朝恩，捨宅爲寺「以資章敬太后冥福」，把章敬寺擴建到超過「萬億」的手筆，〔註221〕可說是唐代「木妖」之一，其造寺的心理，自是跟邀帝

〔註214〕五代、後晉·劉昫等撰，《舊唐書》卷 192：「筠在翰林時，特承恩顧，由是爲羣僧之所嫉。驃騎高力士素奉佛，嘗短筠于上前，筠不悅，乃求還山。故所著文賦，深詆釋氏，亦爲通人所譏。」頁 5130。

〔註215〕五代、後晉·劉昫等撰，《舊唐書》卷 190〈文苑〉（下）：「李白，……少與魯中諸生孔巢父、韓沔、裴政、張叔明、陶沔等隱於徂徠山，酣歌縱酒，時號『竹溪六逸』。」頁 5053。

〔註216〕五代、後晉·劉昫等撰，《舊唐書》卷 190〈文苑〉（下），頁 5053。

〔註217〕轉引自：《太平廣記》卷 204〈李龜年〉，頁 1550。

〔註218〕五代、後晉·劉昫等撰，《舊唐書》卷 184〈宦官〉，頁 4759。

〔註219〕宋·歐陽修、宋祁撰，《新唐書》卷 208〈宦者〉（下），頁 5880。

〔註220〕宋·歐陽修、宋祁撰，《新唐書》卷 208〈宦者〉（下），頁 5880～5882。

〔註221〕五代、後晉·劉昫等撰，《舊唐書》卷 184〈宦官〉：「大曆二年，朝恩獻通化門外賜莊爲寺，……復加興造，窮極壯麗。以城中材木不足充費，乃奏壞曲

王之福有關；顏真卿〈與郭僕射書〉，形容魚朝恩：「清修梵行，深入佛海。」
〔註222〕觀魚朝恩擴建章敬寺的假公濟私之舉，以及魚朝恩每次視學，京兆尹
黎幹「一費數十萬」的「率錢勞從」，魚朝恩還「色常不足」，加上群臣計事，
魚朝恩常「誕辭折愧坐人出其上」，連影響代宗飯僧，生性辯彊的元載也只能
「拱默」而已，〔註223〕魚朝恩還數度讒毀郭子儀，「不見聽，乃遣盜發其先冢。」
〔註224〕觀魚朝恩之行，顏真卿予他「清修梵行」的形容，想來也只是「竊聞」
而已。

　　為宣宗朝大宦張叔遵寫墓誌銘的鄉貢進士楊璠，其生平不詳，〈大唐故朝
請郎行內侍省掖庭局宮教博士上柱國清河張公（叔遵）墓誌銘並序〉：

> 又苦心於釋氏，虔敬皈依。常親金口之言，亦繪白毫之相。若迺火
> 宅五蘊，願入三乘之宗；舟楫愛河，誓超九品之座。真如佛性，澄
> 在心源；妙理玄門，備於體。演白蓮之奧典，日以諷讀；覿紺頂之
> 金身，常瞻禮。三身智果，誓色身以成身；十號真如，修菩提以為
> 號。六波羅密多常念，四諦敬持；十佛地以心親，三場禮懺。豈以
> 功德茂於一世，合積福巨於無邊。〔註225〕

張叔遵的墓誌銘，比起高僧的傳記，可說毫不遜色，楊璠在頌讚張叔遵「舟楫
愛河，誓超九品之座。」「三身智果，誓色身以成身。」的同時，不忘提及他的
續絃，張叔遵前後兩任妻子，並未因其虔心奉佛而跟進；唐代婦女，須以「雅
合慎修」為婦道標準，〔註226〕唐代宦官之妻奉佛的情形，可分為三種：一是嫁
給宦官後，因夫信佛才跟著奉佛，如德宗朝內侍焦希望，吳通徵形容他：「不牽
外緣，不滯禪想。」其妻李氏：「浮圖域中，龜謀協從。鷹（一作鸝）影連屬，
支提鬱起。像法恒存，……。」〔註227〕二是丈夫死後才信佛，如天寶四載，梁

　　　江亭館、華清宮觀樓及百司行廨、將相沒官宅給其用，土木之役，僅逾萬億。」
　　　頁4764。
〔註222〕唐・顏真卿，《顏魯公集》卷4：「某竊聞軍容（魚朝恩）之為人，清修梵行，
　　　深入佛海。」《四部備要》集部，中華書局據《三長物齋叢書》本校刊，頁
　　　11。
〔註223〕宋・歐陽修、宋祁撰，《新唐書》卷207〈宦者〉（上），頁5864。
〔註224〕宋・歐陽修、宋祁撰，《新唐書》卷207〈宦者〉（上），頁5865。
〔註225〕吳鋼主編，《全唐文補遺》第三輯，頁272。
〔註226〕宋・錢易，《南部新書》（壬）：「大中二年，以起居郎鄭顥尚萬壽公主。詔曰：
　　　『女人之德，雅合慎修，嚴奉舊姑，夙夜勤事，此婦人之節也。』萬壽公主
　　　婦禮，宜依士庶。」頁144。
〔註227〕宋・李昉等編，《文苑英華》卷931〈內侍省內侍焦希望神道碑〉（北京：中

涉在內侍雷某之妻的墓誌銘一開頭就說：「夫人號功德山居長」，〔註228〕雷內侍死後，「頓悟空色，了歸禪定。」〔註229〕是在雷內侍死後才信佛；三是丈夫死後，直接皈依佛門，出家爲尼，如憲宗時的內侍護軍中尉彭獻忠，死後其妻：

> ……自晝哭之。罹凶乃明，心而習靜。落髮壞服，從哀節空。元和
> 十二年三月十五日出家受戒，特勅正度，仍錫法名正智，賜居義陽
> 寺，所以遂弘誓而資幽福也。〔註230〕

彭獻忠死後，其妻有勅「正度」、賜法名、賜居寺的優待，從張仲素「資幽福」一語來看，彭獻忠之妻出家，大半是爲了彭獻忠。不獨宦官之妻在宦官死後信佛或出家，宦官之養女亦然，宦官養子是爲了鞏固權勢，宦官養女則是爲了與位高之大臣或宦官聯姻，宦官的養女出家，自然是爲了反抗這種政治婚姻，如：文宗朝內侍仇文義，共有養子四人，各居高官；其養女六人，陳上美在仇文義之妻王氏的墓誌銘寫道：

> 長女適內僕丞李氏。二女明晤清淨，剃心爲緇。三女適內府令陳氏。
> 四女適供奉官內常侍王氏。五女適宮闈丞崔氏。六女適內僕丞嚴氏。
>
> 〔註231〕

仇文義的六個養女，二女出家，其他五個女兒全嫁給了宦官，在仇文義妻子王氏的葬禮上，「貴客森然，隨其孝女，今也畢萃於喪祭之間。」仇文義六個僧俗不一的女兒，在母親的葬禮上，無疑是最醒目的隊伍。

第五節　小　結

　　譯經事業，是光大佛教的先決條件，隋以前的譯主在大眾前公開譯、講，譯主可以諮詢參與譯經者的意見，在場者亦可與譯主辯經論義，如鳩摩羅什

　　　　華書局，1995年），頁4900～4901。下引版本同。
〔註228〕唐代婦女向高僧乞法號，以「功德山」最多，《唐國史補》卷上載：「韓晉公
　　　　聞徑山，以爲妖妄，肩輿召至庭中，望其狀貌，不覺生敬，乃爲設食，出妻
　　　　子以拜之。妻乃曰：『願乞一號。』徑山曰：『功德山』。後聞自杭至潤，婦人
　　　　乞號，皆得功德山也。」楊家駱主編，《唐國史補等八種》，頁24。
〔註229〕唐·梁涉，〈唐故正議大夫行內侍上柱國雷府君夫人故樂壽郡君宋氏（功德山
　　　　居長）墓誌銘並序〉，轉引自《全唐文補遺》第三輯，頁79～80。
〔註230〕唐·張仲素，〈內侍護軍中尉彭獻忠神道碑〉，轉引自宋·李昉等編，《文苑英
　　　　華》卷932，頁4903。
〔註231〕唐·陳上美，〈唐故忠武軍監軍使正議大夫內給事賜紫金魚袋贈內侍仇公（文
　　　　義）夫人王氏墓誌銘並序〉，轉引自吳鋼主編，《全唐文補遺》第二輯，頁61。

與道安弟子僧濬；〔註232〕隋唐以後，譯場組織臻於完善，由譯主擇人分工合作，唐朝廷在譯場分職設官的做法，使得譯場儼如一個具高效率的學術團體。唐代官吏對於負責譯經的義學沙門頗為敬重，親近翻經沙門，增加他們對佛理的認識，在唐代官吏中，認為外來的譯經僧人是「無端更亂華」的，〔註233〕也僅有力闢佛老的韓愈。

與唐代官吏成為命運共同體的僧人，如：長安菩薩寺僧宏道，安史亂起，王維被賊囚於菩薩寺藏經院，王維寫了兩首絕句，「書經卷麻紙之後，宏道藏之。相傳數世。」〔註234〕玄宗還朝後清算任偽職者，王維能夠保住性命，靠的就是宏道幫忙保住他的兩首絕句，〔註235〕可以說，唐代官吏主動親近僧人，除了襄助譯經，就教於翻經沙門之外，有時並非以佛法為媒介，純是一番因緣際會；如：李德裕鎮浙西時，衝著「南朝舊寺多名僧」的傳聞，帖下諸寺，令各寺將懂《周易》之僧擇送至府，通《周易》的瓦官寺僧守亮欲前往，眾僧齊告誡：「大夫（李德裕）英俊嚴重，非造次可至，汝當慎之。」李德裕見了守亮，「既欲質疑，亮已演其意。」守亮折服了「英俊嚴重」的李德裕，不久後，守亮預知時至，在賓客致祭時展現出來的異象，〔註236〕使得曾助武宗毀佛的李德裕，也不禁親自為守亮寫祭文：「舉世之官爵俸祿，皆加於亮，亮盡受之，可以無愧。」〔註237〕可見李德裕愛的是僧才，在會昌毀佛扮演關鍵角色的他，在俗有垂四十年的牛、李黨爭，然在釋子眼中，卻被視為背負著罪愆，〔註238〕透露出罪福觀念深植唐人內心。

〔註232〕梁‧釋慧皎，《高僧傳》卷 6：「什所翻經，叡並參正。昔竺法護出《正法華經‧受決品》云：『天見人，人見天。』什譯經至此乃言：『此語與西域義同，但在言過質。』叡曰：『將非「人天交接，兩得相見。」』什喜曰：『實然。』」《大正藏》第 50 冊，頁 364。

〔註233〕唐‧韓愈，〈贈譯經僧〉：「萬里休言道路賒，有誰教汝度流沙。只今中國方多事，不用無端更亂華。」《全唐詩》卷 345，頁 3872。

〔註234〕宋‧王讜撰、周勛初校證，《唐語林》卷 2，頁 122。

〔註235〕唐‧王維，〈菩提寺禁裴迪來相看說逆賊等凝碧池上作音樂供奉人等舉聲便一時淚下私成口號誦示裴迪〉：「萬戶傷心生野煙，百僚何日更朝天。秋槐葉落空宮裏，凝碧池頭奏管弦。」《全唐詩》卷 128，頁 1308。〈菩提寺禁口號又示裴迪〉：「安得捨羅（一作塵）網，拂衣辭世喧。悠然策藜杖，歸向桃花源。」《全唐詩》卷 128，頁 1304。

〔註236〕宋‧王讜撰、周勛初校證，《唐語林》卷 2：「適有南海使送西國異香，公於龕前焚之，其煙如弦，穿屋而上，觀者悲敬。」頁 152。

〔註237〕宋‧王讜撰、周勛初校證，《唐語林》卷 2，頁 152。

〔註238〕宋‧王讜，《唐語林》卷 7，記李德裕被宣宗貶至朱崖郡，「郡有一古寺，公

　　除了譯經僧以及深諳外典的僧人，使唐代帝王與官吏爲之傾服的，就是能「占色」之異僧，《大唐傳載》記代宗朝，宰相常袞命黃徹向一位言事若神，善占色的老僧，學得暗中能視五綵，白晝能占人的奇技；〔註239〕唐代官吏對於具預言能力的僧人，主要是問一己前程，大都是「言中」之事才會被記下，然亦有對「說不中」的僧人仍心存想望，而對「言中」之事認爲是「前定之事」；〔註240〕官吏藉僧人「知人論事」的預言本領，以便得知一己之禍福休咎，充分表現出命定論的思想，此外，更可看出唐代官吏於仕途之熱衷程度；而具有預言能力的僧人，其預言的內容是千奇百怪，五花八門，唐代小說中，異僧所預言的對象多爲名臣達宦，此類預言僧，與被追敕入內的異僧一樣，同被歸類爲缺乏佛教色彩的「服務型」僧人。〔註241〕

　　安史亂後，藩鎮權力大增，不論是奉命監軍的宦官，或是隨侍帝王身邊的內侍，基於前生有罪，今生成爲太監的輪迴信仰，在形體已虧的心理下，企望有一個更好的來世，唐代宦官的妻子與出嫁的養女，沒能夠享有一般唐代婦女不必爲亡夫守貞的待遇，唐代宦官之妻、女，對於來生的企望，表現在皈依佛門的舉動，與其說是爲其夫邀冥福，不如說是企望己身有一個可以「自主」的來生。

　　唐代官吏身爲文士，與佛教的關係，以白居易爲例，年輕時認爲僧尼耗蠹國財、不守戒律而反對佛教，其後多因僧人具有特殊的預言能力，以及僧人展現的個人魅力，多拜倒在高僧座下，在僧人生前爲其入室的俗家弟子，成爲佛教的大護法；在僧人死後，自動爲其撰寫塔銘、碑銘，唐代官吏對於僧人之「生榮死哀」，表現得最爲徹底，其與僧人的交涉，上可影響帝王，下

　　　　因步遊之，至一老禪院。見其內壁掛十餘葫蘆，指曰：『中有藥物乎？弟子頗足疲，願得以救。』僧嘆曰：『此非藥也，皆人骼灰耳！此太尉當朝時，爲私憾黜于此者。貧道憫之，因收其骸焚之，以貯其灰，俟其子孫來訪耳！』公悵然如失，返步心痛。是夜卒。」頁619。

〔註239〕轉引自：宋・李昉等編，《太平廣記》卷224〈常袞〉，頁1722。

〔註240〕唐・趙璘，《因話錄》卷6，載鄭司直承李宗閔賞識，「常嘆滯淹」，正好張蕢欲除太常博士，李宗閔說：「鄭司直久屈，必請舉自代。」結果卻碰上蕭儻服闋，「且要與官，諸坐送以蕭爲博士。」鄭司直言：「前此，有大雲寺僧寶銳者，知人休咎。因問之。銳曰：「司直朝官終得，中間且合爲數郡，如何便得？」既而以侍御史歷作河陽、浙西、淮南，累至檢校郎中，方除比部員外郎。銳師說事，亦不常中，此又極驗者。以陰隲要顯，前定之事耳。」，頁52～53

〔註241〕參見：趙杏根，〈唐代小說中的法術僧人與另類僧人〉，《蘇州鐵道師範學院學報》第19卷第2期，2002年6月。

可因爲身任地方官吏，帶動庶民的崇佛風潮，對於佛教的發展，扮演十分重
要的角色。

第五章　唐代文士與佛教（上）

　　本論文五、六兩章所論之「唐代文士」，專就在文學、藝術方面，與僧人往來之文人，包括能詩文的官吏，也包括非官吏之文人。文士與僧人間的密切交往，是唐代休閒文化的縮影，與此同時，「仕」與「隱」，成了交戰於唐代文人心中的兩大問題；「詩」與「文」向爲文人抒情言志的工具，不管是眞隱或假隱，唐代文人隱於山林佛寺，所作之隱逸詩、山水田園詩，以及與僧人酬唱往來的唱和詩，在《全唐詩》中佔有相當高的比例，可見唐代文人與僧人，其互爲「道侶」的情形。東晉僧人康僧淵、支道林、慧遠的詩已寫得不錯，鍾嶸《詩品》收錄南齊湯惠休、寶月、帛道猷的詩，可見鍾嶸已將僧人之詩與世俗文人之詩等同視之，唐代僧詩的躍動更大，在禪門餘事後的「以詩名家」，使得唐代僧詩取得前所未有的高度。〔註1〕盛唐文化，一言以蔽之，是唐文化「全面的成熟」，〔註2〕文人與僧人的和詩之作，數量上遠高於道士，〔註3〕盛唐僧人與文人的交遊，氣氛之熱烈、方法之萬方、意緒之綿長，非其他朝代可比；唐代文人的崇佛行爲，表現在捨宅爲寺、飯僧；〔註4〕以詩贈僧，

〔註1〕　參見：程亞林，〈頓悟自性的禪宗〉，《詩與禪》（南昌：江西人民出版社，1998年），頁169。

〔註2〕　王毅，〈隋、初盛唐園林〉，認爲盛唐時期，非僅是詩，「幾乎沒有什麼境界是陌生的，也沒有什麼境界力不可及。」《中國園林文化史》（上海：上海人民出版社，2004年），頁121。

〔註3〕　陳鍾琇，《唐代和詩研究》，東海大學中國文學研究所碩士論文，2001年6月。

〔註4〕　五代、後晉・劉昫等撰，《舊唐書》卷190（下）〈王維〉：「在京師日飯十數名僧，以玄談爲樂。」頁5052。王維曾記飯僧之事：〈飯覆釜山僧〉：「晚知清淨理，日與人群疏。將候遠山僧，先期掃弊廬。果從雲峰裏，顧我蓬蒿居。藉草飯松屑，焚香看道書。然燈晝欲盡，鳴磬夜方初。一悟寂爲樂，此日（一

求爲弟子；﹝註5﹞ 甚至更改名字，向佛看齊；﹝註6﹞ 而最直接的，莫過於自認前世曾爲僧人。﹝註7﹞ 唐代文人遊歷佛寺，在美景的催發下，於寺壁題詩之餘，與僧人進一步互動，除了文化因素的休閒娛樂，文人依止佛寺，習業山林，是當時普遍的社會風氣；文士與僧人以知性相交，則表現在訪僧不遇、戲僧、悼僧之作，文士之釋門文章，更是唐代佛教文學的主要內容。

第一節　佛寺紀游

　　士人乃處於官與民之間的特殊階級，其典型的身份，是「儒者、文官、詩人」三位一體，其活動能「促使文化傳播和社會關係活化」，﹝註8﹞ 文人游寺，有寺院園林造景的假山可欣賞，也就不用去親近眞正的名山，﹝註9﹞ 唐代文士遊歷佛寺的目的，爲欣賞佛寺景物的，是出於文化休閒的因素；爲尋求心靈慰藉者，則是出於離苦得樂的宗教因素；此外，另有拜訪高僧、兼遇名流的社交因素，在三種因素交織下，唐代文人遊歷佛寺，是唐代文學與佛學互融互涉，不可忽視的一環。

一、文化浸潤的休閒因素

　　唐代寺院有所謂「四絕」，即：天台國清、泰山靈岩、當陽玉泉、攝山棲霞，全都以景觀優美聞名；唐代寺院負有社會、文化、教育等多種功能（詳見第八章），不僅庶民百姓，官吏文人，甚至是皇親國戚，亦將寺院視爲平日

作生）閒有餘。思歸何必深，身世猶空虛。」《全唐詩》卷125，頁1249。記一己飯僧之事的，還有白居易：〈招山僧〉：「能入城中乞食否，莫辭塵土污袈裟。欲知住處東城下，遠竹泉聲是白家。」《全唐詩》卷459，頁5230。

﹝註5﹞ 唐・裴休，〈贈黃蘗山僧希運〉：「曾傳達士心中印，額有圓珠七尺身。挂錫十年棲蜀水，浮杯今日渡漳濱。一千龍象隨高步，萬里香華結勝因。擬欲事師爲弟子，不知將法付何人。」《全唐詩》卷563　，頁6530。

﹝註6﹞ 王維，字摩詰，就是心儀前身爲「金粟如來」的印度維摩詰居士，因而改一己之名與字。

﹝註7﹞ 唐・白居易，〈病中詩十五首・自解〉：「房傳往世爲禪客」《全唐詩》卷458，頁5199。按：相傳房太尉（房琯）前生爲「禪僧」，與妻師德友善結爲知己（詳見後）

﹝註8﹞ 參見：孫立群，〈中國古代士人概況〉，《中國古代的士人生活》（北京：商務印書館，2003年），頁4～5。

﹝註9﹞ 李浩，〈唐代園林別業與文人隱逸的關係〉（上），《陝西廣播電視大學學報》1999年。

休閒的最佳去處；京城官員下午不用辦公，採輪流宿直，〔註 10〕位處帝京的佛寺，之所以常有官吏訪遊，原因即在此。

中國山水詩的真正定型，不在晉、宋之際，含有玄理的記遊詩，要到盛唐以後，受佛教濡染的文人，特別是兼習南、北宗的王維手上，山水詩才算完全成熟，對於以禪入詩的文人，其描述山水景物，主要在表現內心的佛禪意緒，黃庭堅形容王維「定有泉石膏肓之疾」，〔註 11〕不管自覺或不自覺，受禪學影響的文人，通常會表現出兩種傾向：一、日常生活醉心於山水的觀照冥想；二、作詩會自動偏向山林題材，〔註 12〕也正因為「一切現成」的，自然的禪悟體驗，不管僧俗，在冥想山水下所作的禪詩，對於回歸「本來面目」的嘗試，是詩學意象表達的極致。〔註 13〕

一般來說，名寺有名花、名畫、名僧，甚至是與寺有關的靈異傳說，〔註 14〕都能廣招人氣，杭州靈隱山以桂花聞名，靈隱山的嚴頂崖根後面產奇花，招賢寺僧移種到寺裡，無人能知花名，白居易愛而賞之，命名為「紫陽花」，〔註 15〕中、小型的寺院，大都只能靠「有口皆碑」的文人，游寺之後所寫的詩作藉以打開知名度。唐代文人欣賞佛寺景物，特別是觀賞寺院的書法、壁畫後所寫的詩作，更為唐代的佛寺文化保留十分珍貴的資料；劉禹錫在洛中寺北樓，見「筆蹤龍虎騰」的賀知章草書，題上：「唯恐塵埃轉磨滅，再三珍重囑山僧。」〔註 16〕陸羽在慧山寺，除了記慧山是「古華山」，還是吳

〔註 10〕賴瑞和，〈文官俸錢及其他〉，「唐州縣有早晚兩衙之分，但下午一段時間（從中午會食過後到傍晚時分），看來是午休，沒有辦公。京城官員則未見有「兩衙」之分，但他們下半天需輪流宿直。」《唐代基層文官》（臺北：聯經出版公司，2004 年），頁 428。

〔註 11〕宋・胡仔，《苕溪漁隱叢話》前集卷 15。

〔註 12〕參見：周裕鍇，〈以禪入詩的意義〉，《中國禪宗與詩歌》（高雄市：麗文文化事業公司，1994 年），頁 264～265。

〔註 13〕吳言生，《禪宗詩歌境界・導言》將禪宗境界的詩學意象性表述，歸為四點：觸目菩提的現量境、水月相忘的直覺境、珠光交映的圓融境、飢餐困眠的日用境（北京：中華書局，2001 年），頁 6。

〔註 14〕唐・《酉陽雜俎》卷 5，載大曆中，荊州有術士從南來，在陟屺寺大齋會，人眾集數千之時，「術士忽曰：『余有一技，可代抃瓦盧珠之歡也。』乃合彩色於一器中，驟步抓目，徐祝數十言，方欲水再三噀壁上，成維摩問疾變相，五色相宣如新寫，逮半日餘，色漸薄，至暮乃滅。唯金粟繪巾鷟子衣上一花，經兩日猶在。成式見寺僧惟肅說，忘其姓名。」頁 54。

〔註 15〕宋・錢易，《南部新書》（庚），頁 100。

〔註 16〕唐・劉禹錫，〈洛中寺北樓見賀監草書題詩〉：「高樓賀監昔曾登，壁上筆蹤龍

西神山，其記遊後的心得是：「江淮之地，著名之寺，斯為最也。」〔註17〕
黃滔〈東林寺貫休上人篆隸題詩〉：「師名自越徹秦中，秦越難尋師所從。墨
跡兩般詩一首，香爐峰下似相逢。」〔註18〕黃滔除了讚美廬山東林寺，更
強調足跡無處不到的貫休，篆體與隸體兩種書法都很擅長；唐末楊凝式，外
號楊風子，其書法自成一家，洛陽的寺僧與道士無不愛其字，〔註19〕其題
字的過程與吳道子於佛寺作畫，〔註20〕同樣是寺院難得一見的奇景，馮少
吉〈山寺見楊少卿書壁因題其尾〉：「少卿真跡滿僧居，祗恐鍾王也不如。為
報遠公須愛惜，此書書後更無書。」〔註21〕安鴻漸〈題楊少卿書後〉：「端
溪石硯宣城管，王屋松煙紫兔毫。更得孤卿老書札，人間無此五般高。」〔註
22〕賀知章的草書，貫休的篆、隸，以及楊凝式的書法，經由文人寫於寺院
的題壁詩，除了證明三人不凡的書藝，更可看出書法乃是唐代「國藝」。

　　唐代詩人的題畫詩作，多是在寺院觀壁畫之後所作，〔註23〕寺院除了有
名家書法，還有名畫，唐代佛寺壁畫，不僅吸引有心向佛的民眾前往觀賞，
文人更是所到必看；〔註24〕牟融觀山寺律僧畫蘭竹圖，寫道：「欲結歲寒盟不

　　虎騰。中國書流尚（一作讓）皇象，北朝文士重徐陵。偶因獨（一作特）見
　　空驚目，恨不同時便伏膺。唯恐塵埃轉磨滅，再三珍重囑山僧。」《全唐詩》
　　卷359，頁4052。

〔註17〕唐・陸羽，〈遊慧山寺記〉，《全唐文》卷433，頁4418～4420。

〔註18〕唐・黃滔，〈東林寺貫休上人篆隸題詩〉，《全唐詩》卷706，頁8129。

〔註19〕宋・張齊賢撰，《洛陽搢紳舊聞記》卷1〈少師佯狂〉：「能文工書，其筆雄健，
　　自成一家體。……在洛多遊僧寺道觀，……故寺觀牆壁之上，筆跡多滿，僧
　　道等護而寶之。院僧有少師未留題詠之處，必先粉飾其壁潔其下，俟其至，
　　若入院見其壁上光潔可愛，即箕踞顧視似若發狂，引筆揮灑，且吟且書，筆
　　與神會。書其壁盡，方罷，略無倦怠之色。遊客觀之無不歎賞。」（北京：中
　　華書局，1985年），頁3。

〔註20〕吳道子之佛寺壁畫，普受民眾歡迎的情形，詳見拙作：〈論吳道子因妒殺人〉，
　　中興大學文學院《興大人文學報》第38期，2007年3月。

〔註21〕唐・馮少吉，〈山寺見楊少卿書壁因題其尾〉，《全唐詩》卷770，頁8739。按：
　　楊少卿應作「楊少師」；安鴻漸之詩亦然。

〔註22〕唐・安鴻漸，〈題楊少卿書後〉，《全唐詩》卷770，頁8738。

〔註23〕許麗玲，《唐人題畫詩研究》，東吳大學中國文學研究所碩士論文，1991年6
　　月，頁95～101。

〔註24〕陳允吉，〈論唐代寺廟壁畫對韓愈詩歌的影響〉，認為唐代詩人中，大量描寫
　　寺院「奇蹤異狀」（指各種奇形怪狀的鬼神動物）的壁畫，「韓愈應是第一人。」
　　《古典文學佛教溯源十論》（上海：復旦大學出版社，2002年），頁133。下
　　引版本同。

去，忘機相對畫圖中。」〔註25〕律僧有空暇時間畫蘭竹圖，可見唐代律宗僧人，在「持律」之餘，亦不忘對藝術美的追求；朱灣〈題段上人院壁畫古松〉，形容古松圖：

> 石上盤古根，謂言天生有（一作朽）。安知草木性，變在畫師手。陰深方丈間，直趣幽且閒。木紋離披勢搓捽，中裂空心火燒出。掃成三寸五寸枝，便是（一作作）千年萬年物。莓苔濃淡色（一作意）不同，一面（一作半）死皮生蠹蟲。風霜未必來到此，氣色杳在寒山中。孤標可玩不可取，能使支公道場古。〔註26〕

畫中這株飽經風霜，氣態與形色均呼之欲出的古松，「能使支公道場古」，是朱灣對此圖的最佳禮讚；鄭谷〈傳經院壁畫松〉：「得向遊人多處畫，卻勝澗底作眞松。」〔註27〕鄭谷言此松出於僧人之手，在讚松圖的同時，也對畫松的僧人表達其敬意；《歷代名畫記》載唐安寺北堂有朱審的山水畫，柳公權〈題朱審寺壁山水畫〉：「朱審偏能視夕嵐，洞邊深墨寫秋潭。與君一顧西牆畫，從此看山不向南。」〔註28〕不獨畫家與書法家，大凡讀過柳公權此詩者，莫不遙想一遊唐安寺，體會朱審的室內山水。

　　反佛的韓愈作了不少描寫佛寺壁畫的詩作，佛寺壁畫成了他作詩的靈感來源，〔註29〕文人遊佛寺觀壁畫，對藝術的欣賞是遊佛寺的目的，僧人房中的壁上畫，非一般人得以親見，李白〈瑩禪師房觀山海圖〉：

> 眞僧閉精宇，滅跡含達觀。列嶂圖雲山，攢峰入霄漢。丹崖森在目，清晝疑卷幔。蓬壺來軒窗，瀛海入几案。煙濤爭噴薄，島嶼相凌亂。征帆飄空中，瀑水灑天半。崢嶸若可陟，想像徒盈嘆。杳與眞心冥，遂諧靜者玩。如登赤城裏，揭步滄洲畔。即事能娛人，從茲得消散。
> 〔註30〕

〔註25〕唐・牟融，〈山寺律僧畫蘭竹圖〉：「偶來絕頂興無窮，獨有山僧筆最工。綠徑日長袁戶在，紫荃秋晚謝庭空。離花影度湘江月，遺珮香生洛浦風。欲結歲寒盟不去，忘機相對畫圖中。」《全唐詩》卷467，頁5310。

〔註26〕唐・朱灣，〈題段上人院壁畫古松〉，《全唐詩》卷306，頁3476。

〔註27〕唐・鄭谷，〈傳經院壁畫松〉：「危根瘦盡聳孤峰，珍重江僧好筆蹤。得向遊人多處畫，卻勝澗底作眞松。」《全唐詩》卷675，頁7733。

〔註28〕唐・柳公權，〈題朱審寺壁山水畫〉，《全唐詩》卷479，頁5447。

〔註29〕陳允吉，〈論唐代寺廟壁畫對韓愈詩歌的影響〉，《古典文學佛教溯源十論》，頁130～164。

〔註30〕唐・李白，〈瑩禪師房觀山海圖〉，《全唐詩》卷183，頁1871。

「崢嶸若可陟，想像徒盈嘆。」的〈山海圖〉，瑩禪師當是常在房裡觀圖自娛；此外，有關佛寺壁畫的傳說，唐代小說家往往樂於傳述，張讀《宣室志》記雲花寺的聖畫殿，有關「七聖畫」的由來；〔註31〕至於沒有藝術作品以吸引文士的寺院，在唐代並未被冷落，這是跟唐代文人的「頻游」心態有關，高適〈同群公登濮陽聖佛寺閣〉：「佛因初地識，人覺四天空。」〔註32〕登閣遠望，感四大皆空，身心俱有暫時解脫的感覺；姚合見山僧引來山泉，寫道：

> 泉眼高千尺，山僧取得歸。架空橫竹引，鑿石透渠飛。
>
> 洗藥溪流濁，澆花雨力微。朝昏長遠看，護惜似持衣。〔註33〕

在得水不易的山中，取水是一等一的要事，僧人關心水事，姚合從旁觀察，可見他與僧人的往來十分密切；白居易〈和夢遊春詩一百韻並序〉，言與元稹：「與足下外服儒風，內宗梵行者有日矣。」〔註34〕元、白二人所宗之「梵行」，多表現在關心「佛事」，元稹在龜山寺修了個魚池，寫詩示眾僧：「勸爾諸僧好護持，不須垂釣引青絲。雲山莫壓看經坐，便是浮生得道時。」〔註35〕李紳遊寺看詩之後，曰：「僧有漁罟之事，必投於鏡湖。」〔註36〕為詩二絕示眾，〔註37〕李紳因初貧時，住佛寺常以佛經為文藁，遭僧毆打，領會稽時，「僧有犯者，事無巨細，皆至極刑。」〔註38〕觀李紳對好友元稹放生詩的附和，已

〔註31〕唐・張讀，《宣室志》卷1，記雲花寺殿宇既成，寺僧與畫工雙方對於壁畫的造價談不攏，畫工不管竟去。後數日，有二個少年求見，自稱善畫者，願不計價錢，寺僧要求先看作品，少年說：「某兄弟凡七人，未嘗畫於長安諸寺，寧有躓乎？」寺僧貪圖不花錢便答應，隔天，七人各挈絲繪將入殿宇，與僧相約：「從此去七日，慎勿啓吾之戶，亦不勞賜食，蓋以畏風日所侵鑠也，當以泥錮之，無使有纖隙，不然，則不能施其妙矣。」到了第六天，眾僧皆認為怪，把封好的門打開，看見「七鴿翩翩望空飛去」，殿中的絲繪缺西北角未完，後來的畫工看到都驚嘆：「真神妙之筆也。」西北角從此沒人敢接著畫。《四庫全書》文淵閣本，子部，小說家類，異聞之屬。

〔註32〕唐・高適，〈同群公登濮陽聖佛寺閣〉：「落日登臨處，悠然意不窮。佛因初地識，人覺四天空。來雁清霜後，孤帆遠樹中。裴回傷寓目，蕭索對寒風。」《全唐詩》卷214，頁2231。

〔註33〕唐・姚合，〈題僧院引泉〉，《全唐詩》卷499，頁5676。

〔註34〕《全唐詩》卷437，頁4858。

〔註35〕唐・元稹，〈修龜山魚池示眾僧〉，《全唐詩》卷423，頁4651。

〔註36〕唐・范攄，《雲溪友議》卷上〈江都事〉，頁11。

〔註37〕唐・李紳，〈龜山寺魚池〉：「汲水添池活白蓮，十千醫蠡盡生天。凡庸不識慈悲意，自葬江魚入九泉。剃髮多緣是代耕，好聞人死惡人生。祇園說法無高下，爾輩何勞尚世情。」《全唐詩》卷483，頁5496。

〔註38〕唐・范攄，《雲溪友議》卷上〈江都事〉，頁11。

大違「與人為善」的好意，然均顯示出唐代文人關心佛寺的周邊問題，是普遍存在的。

　　寺院的茂林修竹，花草樹木，同樣是文人借題發揮的好材料，劉長卿登思禪寺，對寺上方的修竹茂松，題道：「儻許棲林下，甘成白首翁。」〔註39〕劉言史於山寺看櫻桃花：「老僧不語傍邊坐，花發人來總不知。」〔註40〕睹此詩者，應不只想看櫻桃花，老僧更是好看。寺有芳林茂草，就如同清水有魚，張祜〈題僧壁〉：「僧房卻厭花」〔註41〕的情形畢竟不多；白居易遊寺，見到離寺不遠的，不知名但好看的「怪花」，自豪道：「今日多情唯我到」，〔註42〕忍不住題詩廣召遊者，似白居易如此愛花兼愛游寺的文人，其詩作無形中為佛寺起到廣招遊客的作用。

　　唐代文人於花季出遊，是「例行公事」，到寺裡賞花的同時，也兼及應酬，孟郊在唐興寺觀薔薇花的同時，順便餞別陳明府，「花下印文字，林間詠觴杯。」薔薇花下的風流之舉，沖淡了在佛寺中：「群官餞宰官，此地車馬來。」〔註43〕的俗不可耐；李咸用〈僧院薔薇〉：「小片當吟落，清香入定空。何人來此植，應固惱休公。」〔註44〕李咸用形容薔薇花的花香，是連唐代詩僧的偶像——南朝惠休，〔註45〕聞了都會生起煩惱；李頎〈題僧

〔註39〕唐·劉長卿，〈登思禪寺上方題修竹茂松〉：「上方幽且暮（一作西峰上方處），臺殿（一作榭）隱蒙籠（一作朦朧）。遠磬秋山裏，清猿古木中。眾溪連竹路，諸嶺共松風。儻許棲林下，甘成白首翁。」《全唐詩》卷147，頁1493。

〔註40〕唐·劉言史，〈山寺看櫻桃花題僧壁〉：「楚寺春風臘盡時，含桃先坼一千枝。老僧不語傍邊坐，花發人來總不知。」《全唐詩》卷468，頁5328。

〔註41〕唐·張祜，〈題僧壁〉：「出門無一事，忽忽到天涯。客地多逢酒，僧房卻厭花。棋因王粲覆，鼓是禰衡撾。自喜疏成品，生前不怨嗟。」《全唐詩》卷510，頁5800。

〔註42〕唐·白居易，〈玉泉寺南三里澗下多深紅躑躅繁豔殊常感惜題詩以示遊者〉：「玉泉南澗花奇怪，不似花叢似火堆。今日多情唯我到，每年無故為誰開。寧辭辛苦行三里，更與留連飲兩杯。猶有一般辜負事，不將歌舞管弦來。」《全唐詩》卷454，頁5147。

〔註43〕唐·孟郊，〈溧陽唐興寺觀薔薇花同諸公餞陳明府〉：「忽驚紅琉璃，千豔萬豔開。佛火不燒物，淨香空徘徊。花下印文字，林間詠觴杯。群官餞宰官，此地車馬來。」《全唐詩》卷379，頁4251。

〔註44〕唐·李咸用，〈僧院薔薇〉：「客引擎茶看，離披曬錦紅。不緣開淨域，爭忍負春風。小片當吟落，清香入定空。何人來此植，應固惱休公。」《全唐詩》卷645，頁7396。

〔註45〕唐代詩僧對惠休的心儀，以皎然與齊己為例；皎然〈同顏使君真卿李侍御萼游法華寺登鳳翅山望太湖〉，在濟濟名士前，皎然寫道：「何似鍾山集，徵（微）

房雙桐〉，讚美梧桐：「綠葉傳僧磬，清陰潤井華。」的同時，仍認爲梧桐：
「誰能事音律，焦尾蔡邕家。」〔註46〕最好是被製成焦尾琴；李頎「務實」
的心態，在〈長壽寺粲公院新篋井〉一詩，見「露井」被僧人用白石壘成新
的「篋井」，才「對此日閒安」；〔註47〕相形之下，李白遊寺見「山池」，形
容「山池」與「清涼山」無異，寫道：「一坐度小劫，觀空天地間。」〔註48〕
從文人遊歷寺院的詩作，多少可以看出其心胸氣象。

二、離苦得樂的宗教因素

懷抱宗教情懷的人，對於大自然的觀照，張伯偉認爲有三點：一、冥想
是爲了在自然中體驗宗教的快樂；二、對於自然，不是採取「合一」的態度，
而是觀想靜察；三、對於自然所體現出的「德」，不作倫理道德的發揮，只是
以之隱喻佛法的廣大無邊。〔註49〕唐代文人遊寺，懷抱各有不同，符載遊常
準上人「精院」：

> 余爲六塵組織，因於懺洗。嘗與一、二善友，跳身此來。高僧達客，
> 微言相誘，剎那之下，我得本性。〔註50〕

剎那得本性容或有些許誇大，因遊寺而得以親近善士，「微言相誘」的快樂，
應是不爭的事實；白居易遊東山寺，登高四顧，寫道：「獨上高峰望八都，黑
雲散後月還孤。茫茫宇宙人無數，幾箇男兒是丈夫。」〔註51〕則是另一種生

文及惠休。」〈奉和陸使君長源水堂納涼效曹劉體〉：「禪子願惠休，逸民重劉黎。」
於〈答道素上人別〉一詩中，更直承：「吾門弟子中，不減惠休名。」《全唐詩》
卷817，頁9199、9200；卷818，頁9214。齊己慣以成爲「惠休」來自我期許，
〈題中上人院〉：「欠鶴同支遁，多詩似惠休。」《全唐詩》卷838，頁9451。〈尋
陽道中作〉：「欲向南朝去，詩僧有惠休。」《全唐詩》卷840，頁9482。
〔註46〕唐・李頎，〈題僧房雙桐〉：「青桐雙拂日，傍帶凌霄花。綠葉傳僧磬，清陰潤
井華。誰能事音律，焦尾蔡邕家。」《全唐詩》卷132，頁1347。
〔註47〕唐・李頎，〈長壽寺粲公院新篋井〉：「僧房來往久，露井每同觀。白石抱新篋，
蒼苔依舊欄。空瓶宛轉下，長綆轆轤盤。境界因心淨，泉源見底寒。鐘鳴時
灌頂，對此日閒安。」《全唐詩》卷134，頁1366。
〔註48〕唐・李白，〈同族姪評事黯遊昌禪師山池〉二首之一：「遠公愛康樂，爲我開
禪關。蕭然松石下，何異清涼山。花將色不染，水與心俱閒。一坐度小劫，
觀空天地間。」《全唐詩》卷179，頁1827。
〔註49〕張伯偉，〈山水詩與佛教〉，《禪與詩學》（浙江：浙江人民出版社，1996年），
頁165。
〔註50〕唐・符載，〈梵閣寺常準上人精院記〉，《全唐文》卷689，頁7059。
〔註51〕唐・白居易，〈東山寺〉（《續補》卷8）按：《全唐詩》卷858，定爲呂巖之作，

命的體悟；韓翃「爲憐蕭寺上經臺」的動機，是因爲愛遠登高，能使塵眼得開；〔註52〕錢起遊寺，是因：「詩思竹間得，道心松下生。」文人在太平盛世遊寺，有「擺落世間情」〔註53〕的期待，若在亂世則不然，錢起〈東城初陷與薛員外王補闕暝投南山佛寺〉，作於代宗廣德元年（763），錢起與薛員外、王補闕等人，在吐蕃入寇，代宗幸陝時，「隱竄」到藍田縣西南四十里的石門谷，〔註54〕錢起寫道：「洗足解塵纓，忽覺天形寬。……庶將鏡中象，盡作無生觀。」〔註55〕保住性命的一干人等，逃到佛寺避難，自然無法好整以暇，盡情欣賞寺裡的風景，在無限敞開的大自然裡，「詩的構思與禪的靜慮，呈現出相似的思維活動狀態。」〔註56〕錢起的「庶將鏡中象，盡作無生觀。」略近黑格爾所謂的「絕對精神」〔註57〕

　　詩思與禪心，是文人與僧人交會的當下，所迸射出的智慧火花，黃永武比較詩與禪，歸納出同者有九，異者有三，〔註58〕然對於唐代文人，不管

〔註52〕唐・韓翃，〈留題寧川香蓋寺壁〉：「愛遠登高塵眼開，爲憐蕭寺上經臺。山川誰識龍蛇蟄，天地自迎風雨來。柳放寒條秋已老，雁搖孤翼暮空迴。何人會得其中事，又被殘花落日催。」《全唐詩》卷245，頁2759。

〔註53〕唐・錢起，〈題精舍寺〉：「勝景不易遇，入門神頓清。房房占山色，處處分泉聲。詩思竹間得，道心松下生。何時來此地，擺落世間情。」《全唐詩》卷237，頁2626。

〔註54〕參見：謝海平，《唐代文學家及文獻研究》（高雄市：麗文文化事業公司，1996年），頁80～81。

〔註55〕唐・錢起〈東城初陷與薛員外王補闕暝投南山佛寺〉：「日晏石門裏，松聲山寺寒。香雲空靜影，定水無驚湍。洗足解塵纓，忽覺天形（一作影）寬。清鐘揚虛谷，微月深重巒。憶我朝露世，翻浮（一作波）與波（一作浮）瀾。行運遘憂患，何緣親盤桓。庶將鏡中象，盡作無生觀。」《全唐詩》卷236，頁2615。

〔註56〕王敏華，〈頓悟見佛性，妙悟來謬思——詩禪結合的奇妙現象〉，認爲禪與詩近，禪介於詩與哲學之間。《中國詩學研究》（桂林：廣西師範大學出版社，1997年），頁36～37。

〔註57〕黑格爾《美學》，認爲藝術、宗教、哲學，三者同樣表現出「絕對精神」，表現的方式各不相同，藝術直接表現爲具體的感性形式；哲學間接呈現爲抽象思維的普通概念；宗教是通過象徵性的圖象思維，顯現出個別形象和普通概念相結合。

〔註58〕黃永武，〈詩與禪的異同〉，認爲詩禪相同處有九：一、詩與禪均崇尚「直觀」與「別趣」二、都常用象徵性的活句，富有「言此意彼」的妙處；三、都常用雙關語，喜歡將「超」與「凡」兩種境界同時表現在一句話裡；四、都常用比擬法，使抽象的哲理形象化；五、都喜歡站在一個新的立場去觀照人生，必須有超脫現實的心理距離；六、常以不說爲說，使言外有無窮意味；七、

什麼樣的僧人，只要能助其離苦得樂者，便是心目中的高僧；神光（慧可）一見達摩之後，渴求「安心」，這種情況也經常發生在唐代文人身上；唐代文士遊寺，不論是單獨出遊或是團體活動，都有一個重大的目的——尋求心靈治療，與韓愈、孟郊友善的鮑溶，〈贈僧戒休〉：「風行露宿不知貧，明月爲心又是身。欲問月中無我法，無人無我問何人。」〔註59〕似鮑溶一般，有此生命「大哉問」的文人，尋找答案最直接的方式，就是作林下遊，求僧解惑。東晉穆帝永和九年（353）三月三日，王羲之與謝安等四十一人，修祓禊於會稽山陰之蘭亭，這次聚會成爲後世「林下風流」的代表，李遜〈遊妙喜寺記〉：

> 越州好山水，……故謝安與許詢、支道林、王羲之常爲越中山水遊
> 侶。以安之清機，詢、道林之高逸，羲之之知止，雖生知者思過已
> 半，烏知其又不因外獎，積成精絜也？〔註60〕

李遜此記成於元和年間，是應李翱與靈徹之邀而作，「因外獎，積成精絜。」亦即詩人之作，常因團體的刺激而更精進，林寬曾說：「元和才子多如此，除卻清吟何所爲。」〔註61〕中唐文人之所以興起「清吟」之風，與僧人的聚會，特別是與詩僧的集會聯句，有直接的關係；李建崑先生《中晚唐苦吟詩人研究》，將苦吟的涵義定爲：一、殫精竭慮之寫作態度；二、耽思冥搜之創造歷程；三、貧寒哀苦之詩歌內容；四、耽溺詩詠之詩人典型；〔註62〕相較於「作詩苦心」、「刻苦爲詩」的苦吟，與僧人來往的中唐詩人，表現出與「苦吟」

常以妙悟見機，時有互通之處，詩可以有禪趣，禪可以有詩趣；八、都重視尋常自然，日常生活即是禪，尋常口語即是詩；九、均反對任何定法，不得「縛律迷眞」；詩禪相異處有四：一、詩與禪的指向有別，禪的指向只在明自性，而詩的悟性卻是多方面的；二、機緣有別：禪的機緣往往是以眼前事作問答，機鋒相對，而詩句中的呈機則是自由的；三、憑藉工具有別：禪家不立文字，直指人心，詩則是必須以文字作爲表現的工具；四、在內涵上有分界：詩可以有禪味禪趣，但不能有禪理禪語。《中國思學——思想篇》（臺北：巨流圖書公司，1980年），頁223～236。

〔註59〕唐・鮑溶，〈贈僧戒休〉，《全唐詩》卷486，頁5529。

〔註60〕清・董誥等編，《全唐文》卷546〈李遜〉，頁5537。

〔註61〕唐・林寬，〈酬陳樵見寄〉：「失意閒眠起更遲，又將羈薄謝深知。囊書旋入酒家盡，紗帽長依僧壁垂。待月句新遭鬼哭，尋山貌古被猿窺。元和才子多如此，除卻清吟何所爲。」《全唐詩》卷606，頁7001。

〔註62〕李建崑，《中晚唐苦吟詩人研究・釋苦吟》（臺北：秀威科技出版，2005年），頁3～8。

迴然不同的「清吟」風貌，「清吟」與「苦吟」最大的不同，就是爲求心靈的
安定、清淨。

唐末和凝曰：「官閒最好遊僧舍」，〔註63〕意指親近佛寺，就能夠「就地」
尋得安身立命之所，親近佛寺的中晚唐詩人，在「清吟」聲中，蘊含著對生
命的不安定感，需要有人傾聽陪伴，而披著袈裟的文人——詩僧，在「削去
僧家事」之餘，也不甘寂寞，吟的是希望有客來喝茶吃飯，〔註64〕中晚唐苦
吟詩人在恬淡清遠的清吟聲中，擺盪在紅塵與空門中，從「有家從小別，無
寺不言歸。」〔註65〕早歲出家，詩風以「清寒」著稱的賈島身上，〔註66〕與
其從弟無可，均能看到唐代詩人對於能詩的僧人，有濃得化不開的惺惺之感；
雍陶〈懷無可上人〉：「山寺秋時後，僧家夏滿時。清涼多古跡，幾處有新詩。」
〔註67〕喻鳧〈冬日題無可上人院〉：「詩言與禪味，語默此皆清。」〔註68〕在
雍陶與喻鳧內心，眞正想跟無可「討」的是「詩」，因爲作詩在唐代文人心中，
除了有儒家「立言」的意識作祟，更是青雲之梯的必備，劉得仁〈寄無可上
人〉，提到：「省學爲詩日，宵吟每達晨。」〔註69〕杜荀鶴〈秋宿詩僧雲英房
因贈〉：「賈島憐無可，都緣數句詩。」賈島與無可，非僅是從兄弟的關係，
兩人有作詩的共同興趣，才是情逾兄弟的主因，杜荀鶴能與詩僧雲英「同吟
到明坐」，〔註70〕在切磋詩藝之餘，也求僧幫忙安定以詩求禪之「心」，〔註71〕

〔註63〕唐‧和凝，〈洋川〉：「華夷圖上見洋川，知在青山綠水邊。官閒最好遊僧舍，
　　　　江近應須買釣船。」《全唐詩》卷735，頁8400。

〔註64〕唐‧皎然，〈湖南草堂讀書招李少府〉：「削去僧家（一作中）事，南池便隱居。
　　　　爲憐松子壽，還卜道家書。藥院常無客，茶樽獨對余。有時招逸史，來飯野
　　　　中蔬。」《全唐詩》卷821，頁9268。

〔註65〕唐‧賈島，〈送僧遊衡嶽〉：「心知衡嶽路，不怕去人稀。船裡猶鳴磬，溪頭自
　　　　曝衣。有家從小別，無寺不言歸。料得逢寒住，當禪雪滿扉。」《全唐詩》卷
　　　　572，頁6636。

〔註66〕詳見：蕭馳，〈釋子的苦行精神與賈島的清寒之境〉，《佛法與詩境》（北京：
　　　　中華書局，2005年），頁207～233。下引版本同。

〔註67〕唐‧雍陶，〈懷無可上人〉，《全唐詩》卷518，頁5919。

〔註68〕唐‧喻鳧，〈冬日題無可上人院〉：「入戶道心生，茶間踏葉行。瀉風瓶水澀，
　　　　承露鶴巢輕。閣北長河氣，窗東一檜聲。詩言與禪味，語默此皆清。」《全唐
　　　　詩》卷543，頁6270。

〔註69〕唐‧劉得仁，〈寄無可上人〉：「省學爲詩日，宵吟每達晨。十年期是夢，一事
　　　　未成身。枉別山中客，殊非世上人。今來已如此，須得桂榮新。」《全唐詩》
　　　　卷544，頁6296。

〔註70〕唐‧杜荀鶴，〈秋宿詩僧雲英房因贈〉：「賈島憐無可，都緣數句詩。君雖是後
　　　　輩，我謂過當時。溪浪和星動，松陰帶鶴移。同吟到明坐，此道淡誰知。」《全

蕭麗華將唐人以參禪靜思作爲出發點的「宴坐詩」歸爲四類：一、走向山林，蔚爲林下風流；二、超越時空，體驗靜中萬象；三、揭示禪法，形成禪觀人生；四、結合詩藝，導致詩禪合轍，〔註72〕沒有「宴坐」的興趣與經驗，求僧安心起不了多大作用，姚合〈寄無可上人〉：

　　　　十二門中寺，詩僧寺獨幽。多年松色別，後夜磬聲秋。見世慮皆盡，

　　　　來生事更修。終須執瓶缽（一作屨），相逐入牛頭。〔註73〕

姚合愛無可之能詩，尚見於〈送無可上人遊越〉：「今日送行偏惜別，共師文字有因緣。」從姚合「清晨相訪立門前，麻屨方袍一少年。」〔註74〕年輕僧人無可，給相交至白頭的姚合，撞擊的不僅僅是文字因緣，更是迭奏的生命交響曲。

　　唐代文人遊寺，有採獨遊方式，如：白居易攜酒獨遊玉泉寺，寫道：「閑遊竟未足，春盡有餘情。」〔註75〕愛熱鬧的白居易不僅一人遊玉泉寺，還曾經一人在仙遊寺獨宿：「幸與靜境遇，喜無歸侶催。從今獨遊後，不擬共人來。」〔註76〕白居易的獨宿，是因爲約定的李文略、王質夫沒來，〔註77〕加上夢中的仙遊寺早向他招手；〔註78〕而與白居易一樣，能享受一人到寺

　　　　　《唐詩》卷691，頁7942。

〔註71〕　李澤厚，〈莊玄禪宗漫述〉，認爲禪宗的「悟道」，「不是思辯的推理認識，而是個體的直覺體驗。……是對時間的某種神秘的領悟，即所謂：『永恆在瞬刻』或『瞬刻即可永恆』這一直覺感受。」《中國思想史論三部曲——古代、近代、現代》（天津：天津社會科學院出版社，2007年），頁82。

〔註72〕　蕭麗華，〈宴坐寂不動，大千入毫髮——唐人宴坐詩析論〉，《唐代詩歌與禪學》（臺北：東大圖書公司，1997年），頁46～61。

〔註73〕　姚合，〈寄無可上人〉，《全唐詩》卷497，頁5645。

〔註74〕　唐・姚合，〈送無可上人遊越（一作〈送無可往越州〉）〉：「清晨相訪立門前，麻屨方袍一少年。懶讀經文求作佛，願攻詩句覓昇（一作成）仙。芳春山影花連寺，獨夜潮聲月滿船。今日送行偏惜別，共師文字有因緣。」《全唐詩》卷496，頁5623。

〔註75〕　唐・白居易，〈獨遊玉泉寺〉：「雲樹玉泉寺，肩輿半日程。更無人作伴，祇共酒同行。新葉千萬影，殘鶯三兩聲。閑遊竟未足，春盡有餘情。」《全唐詩》卷451，頁5093。

〔註76〕　唐・白居易，〈仙遊寺獨宿〉：「沙鶴上階立，潭月當戶開。此中留我宿，兩夜不能迴。幸與靜境遇，喜無歸侶催。從今獨遊後，不擬共人來。」《全唐詩》卷428，頁4715。

〔註77〕　唐・白居易，〈期李二十文略王十八質夫不至獨宿仙遊寺〉：「文略也從牽吏役，質夫何故戀囂塵。始知解愛山中宿，千萬人中無一人。」《全唐詩》卷436，頁4832。

〔註78〕　唐・白居易，〈禁中寓（一作偶）直夢遊仙遊寺〉：「西軒草詔暇，松竹深寂寂。月出清風來，忽似山中夕。因成西南夢，夢作遊仙客。覺聞宮漏聲，猶謂山

獨遊之樂的文人並不多，李涉在鶴林寺僧舍，「因過竹院逢僧話，又得浮生半日閑。」〔註79〕因爲有僧共話，李涉方有得「半日閑」之感；盧綸在大梵山寺院的僧房，學習閉關，練習禪坐：「月中隨道友，夜夜坐空山。」目的是爲了要「休人事」；〔註80〕白居易給恆寂師之詩寫道：「舊遊分散人零落」，〔註81〕因而想要學坐禪，對多情的唐代文人來說，向禪師學坐禪，求安心法門；而對僧人來說，接觸「苦吟」的友人，也只有以坐禪的方式來對治，〔註82〕因爲詩僧本就「吟疲即坐禪」，〔註83〕富有禪味的「清吟」詩，在僧俗各自有意醞釀的禪境下，在文人與僧相親的經歷中，留下暫離紅塵的清吟詩句，在中晚唐詩人一片苦吟聲裡，十分值得重視。

　　除了欲休人事，形體得閒，文人與僧人間的互動往來，主要是求「心閒」，元稹〈寄曇嵩寂三上人〉：「長學對治思苦處，偏將死苦教人間。今因爲說無生死，無可對治心更閒。」〔註84〕元稹想問的是離名、利之苦的方法，這也是唐代文人與僧往來，最常見的問題；盧延讓〈贈僧〉：「禪師莫問求名苦，滋味過於食蓼蟲。」〔註85〕盧延讓以慣食蓼菜（味苦）的蓼蟲，來比喻自己的求名之苦甚於蓼蟲，而對於紅塵是非不到的僧人來說，替來訪之人解決求名之苦，實在難爲，杜荀鶴〈贈僧〉：

　　利門名路兩何憑，百歲風前短焰燈。祇恐爲僧僧（一作心）不了，

　　　　泉滴。」《全唐詩》卷428，頁4719。

〔註79〕唐・李涉，〈題鶴林寺僧舍〉：「終日昏昏醉夢間，忽聞春盡強登山。因過竹院逢僧話，又（一作偷）得浮生半日閑。」《全唐詩》卷477，頁5429。

〔註80〕唐・盧綸，〈大梵山寺院奉呈趣上人趙中丞〉：「漸欲（一作散髮）休人事，僧房學閉關。伴魚浮水上，看鶴向林間。寺古秋仍早，松深暮更閒。月中隨道友，夜夜坐空山。」《全唐詩》卷280，頁3187。

〔註81〕唐・白居易，〈恆寂師〉：「舊遊分散人零落，如此傷心事幾條。會逐禪師坐禪去，一時滅盡定中消。」《全唐詩》卷438，頁4863。

〔註82〕唐・無可，〈暮秋宿友人居〉：「招我郊居宿，開門但苦吟。秋眠山燒盡，暮歌竹園深。寒浦鴻相叫，風窗月欲沈。翻嫌坐禪石，不在此松陰。」《全唐詩》卷813，頁9153。

〔註83〕唐・齊己，〈喻吟〉：「日用是何專，吟疲即坐禪。此生還可喜，餘事不相便。頭白無邪裏，魂清有象先。江花與芳草，莫染我情田。」《全唐詩》卷843，頁9525。

〔註84〕唐・元稹，〈寄曇嵩寂三上人〉，《全唐詩》卷414，頁4585。

〔註85〕唐・盧延讓，〈贈僧〉：「浮世浮華一斷空，偶拋煩惱到蓮宮。高僧解語牙無水，老鶴能飛骨有風。野色吟餘生竹外，山陰坐久入池中。禪師莫問求名苦，滋味過於食蓼蟲。」《全唐詩》卷715，頁8213。

爲僧得（一作心）了總（一作盡）輸僧。〔註86〕

去除名韁利鎖，是人事紛擾以外，唐代文人跡向寺院，求僧安心的主要原因，此外，文人下第的感傷，雖不是直接面對僧講，由其題詩僧房的舉動，言明：「卻將惆悵問支郎。」〔註87〕（支郎，支道林，借指僧人。）同樣可知；身經十年的烽火歲月，〔註88〕裴說〈岳陽兵火後題僧舍〉，體會到：「唯有兩般燒不得，洞庭湖水老僧閒。」是讓他「再到禪扉卻破顏」〔註89〕的主要原因；元積五度上漫天嶺訪僧，目的是要「因師懺業緣」；〔註90〕姚合深感：「今生多病惱，自曉至黃昏。」〔註91〕鮑溶離僧是因爲要「人間買浮名」，回頭親近僧人，是因爲發覺自己：「迷路未遠」；〔註92〕唐代文人當中，也有對親近僧人求心安定，抱持反面態度者，如元積，其〈和樂天贈雲寂僧〉：「欲離煩惱三千界，不在禪門八萬條。心火自生還自滅，雲師無路與君銷。」〔註93〕元積之「無路與君銷」，是他個人轉不過念頭，能藉由僧人得以轉念的文人，其人生境界自是大不同，唐末陳光因桃源美景，言：「定擬辭塵境，依師過晚年。」〔註94〕麴信陵因剛出自賊中，謁恆上人言：「再拜吾師喜復悲，誓心從此永歸依。」〔註95〕均是出於重獲新生的激情；盧綸爲求一識豐德寺海上人，以「焚

〔註86〕 唐·杜荀鶴，〈贈僧〉，《全唐詩》卷693，頁7979。

〔註87〕 唐·韋莊，〈下第題青龍寺僧房〉：「千蹄萬轂一枝芳，要路無媒果自傷。題柱未期歸蜀國，曳裾何處謁吳王。馬嘶春陌金羈鬧，鳥睡花林繡羽香。酒薄恨濃消不得，卻將惆悵問支郎。」《全唐詩》卷695，頁7996。

〔註88〕 乾符元年（874）王仙芝作亂，至中和4年（884），黃巢兵敗，正好10年。

〔註89〕 唐·裴說，〈岳陽兵火後題僧舍〉，《全唐詩》卷720，頁8269。

〔註90〕 唐·元積，〈漫天嶺贈僧〉：「五上兩漫天，因師懺業緣。漫天無盡日，浮世有窮年。」《全唐詩》卷410，頁4557。

〔註91〕 唐·姚合，〈贈僧紹明〉：「西方清淨路，此路出何門。見說師知處，從來佛不言。今生多病惱，自曉至黃昏。唯寐方無事，那堪夢亦喧。」《全唐詩》卷497，頁5652。

〔註92〕 唐·鮑溶，〈宿悟空寺贈僧〉：「勞者謠燭蛾，致身何營營。雪山本師在，心地如鏡清。往與本師別，人間買浮名。朝光畏不久，內火燒人情。迷路喜未遠，宿留化人城。前心宛如此，了了隨靜生。維持蘑葍花，卻與前心行。」《全唐詩》卷486，頁5517。

〔註93〕 唐·元積，〈和樂天贈雲寂僧〉，《全唐詩》卷414，頁4585。

〔註94〕 唐·陳光，〈題桃源僧〉：「桃源有僧舍，跰步異人天。花亂似無主，鶴鳴疑有仙。軒廊明野色，松檜溼春煙。定擬辭塵境，依師過晚年。」《全唐詩》卷727，頁8336。

〔註95〕 唐·麴信陵，〈出自賊中謁恆上人〉：「再拜吾師喜復悲，誓心從此永歸依。浮生怳忽若真夢，何事于中有是非。」《全唐詩》卷319，頁3593。

香洗缽過浮生」作爲允諾；〔註96〕李端送皎然歸山，「法主欲歸須有說，門人流淚厭浮生。」〔註97〕不是黯然銷魂的生離，而是以性命作爲要脅的依賴，可見其從皎然讀書時所培養出來的深厚情誼；許渾〈將赴京留贈僧院〉：「謝卻從前受恩地，歸來依止叩禪關。」〔註98〕許渾方入仕途，〔註99〕便發心如此，實在不易，由許渾之例，反觀鄭谷「詩無僧字『格還卑』」，求僧安心，可說是文人與僧人交涉的第一要因。

三、遙體僧情的社交因素

　　伴隨著社會發展，詩僧「世俗化」是必然的現象，〔註100〕「世俗化」的詩僧，常扮演爲文人、官吏介紹「名流達人」的角色，甚至本身就是「名流達人」，如紅樓院待詔廣宣；詩僧之愛作詩，理由大別有三：明佛證禪、道情陶性、覓求詩名，〔註101〕陸長源爲元林禪師作神道碑，提到元林禪師曾被敕追爲翻譯僧，形容天性有異能的元林禪師：

　　　妙窮音律，雅好圖畫。季長公瑾，別有新聲。凱之僧繇，皆得眞跡。

　　　以是好事君子，翕然向風。〔註102〕

陸長源以周瑜及張僧繇來比喻元林禪師，亦不諱言自己也是個歸向禪師的「好

〔註96〕唐・盧綸，〈夜投（一本有終南二字）豐德寺謁海（一作液）上人（一作李端詩）〉：「半夜中峰有磬聲，偶逢樵者問山名。上方月曉聞僧語（一作話），下路（一作界）林疏見客行。野鶴巢邊松最老，毒龍潛處水偏清。願得遠公知姓字，焚香洗缽過浮生。」《全唐詩》卷279，頁3177。

〔註97〕唐・李端，〈送皎然上人歸山〉：「適來世上豈緣名，適去人間豈爲情。古寺山中幾日到，高松月下一僧行。雲陰鳥道苔（一作山）方合，雪映龍潭水更清。法主欲歸須有說，門人流淚厭浮生。」《全唐詩》卷286，頁3270。

〔註98〕唐・許渾，〈將赴京留贈僧院〉：「九衢塵土遞追攀，馬跡軒車日暮間。玄髮盡驚爲客換，白頭曾見幾人閒。空悲浮世雲無定，多感流年水不還。謝卻從前受恩地，歸來依止叩禪關。」《全唐詩》卷536，頁6124。按：《全唐詩》卷526，將此詩一作杜牧詩。許渾《丁卯詩集・補遺》有收入，此詩應屬許渾之作。

〔註99〕羅時進，〈許渾千首濕與他的佛教思想〉，認爲許渾此詩可能是寫於初次進京干祿。《唐宋文學論札》（陝西：人民出版社，1993年），頁125。

〔註100〕嚴紀華，〈唐代僧侶題寫詩之研究〉，歸結詩僧之世俗化有兩個重要因素：一、佛教與政治相互相存的共生關係；二、佛學與詩學交融吸收的合流關係。鄺健行主編《中國詩歌與宗教》（香港：中華書局，1999年），頁449。

〔註101〕覃召文，〈詩僧的作詩之由〉，《禪月詩魂——中國詩僧縱橫談》（北京：三聯書店，1995年），頁71。

〔註102〕唐・陸長源，〈唐故靈泉寺元林禪師神道碑〉，《全唐文》卷510，頁5186～5188。

事君子」之一，唐代文人在遊寺活動中，心懷「好事君子」成分者，可說比比皆是，楊夔〈題宣州延慶寺益公院〉：「默坐能除萬種情，臘高兼有賜衣榮。講經舊說傾朝聽，登殿曾聞降輦迎。」〔註103〕韓愈〈廣宣上人頻見過〉：「久慚朝士無裨補，空愧高僧數往來。」〔註104〕備極榮寵的當朝名僧，並非唐代文人個個喜歡，能偶爾走入俗家，應齋講經，陪同文人廣修佛事的「俗僧」，才最受人歡迎。

唐代文人頻游佛寺，喜歡與僧人來往，除了少數如張籍意在逞才之外，〔註105〕大部分是想體會在家人所沒有的，暫時「出家」的感覺，具體的表現，就在與僧人近距離的接觸；李涉〈再謫夷陵題長樂寺〉：「當時謫宦向夷陵，願得身閒便作僧。誰知漸漸因緣重，羞見長燃一盞燈。」〔註106〕知李涉兩度貶夷陵，均難捨長樂寺僧的招喚；鄭谷與元秀上人對榻而眠，〔註107〕羅隱「欲共高僧話心跡，野花芳草奈相尤。」〔註108〕可見文人的主觀心態，是其與僧人往來是否相歡的決定關鍵，然而，並非每個僧人都能使來訪之人倍感親切，韋蟾遇到的是：「師言耳重知師意，人是人非不欲聞。」〔註109〕

〔註103〕唐・楊夔，〈題宣州延慶寺益公院〉：「默坐能除萬種情，臘高兼有賜衣榮。講經舊說傾朝聽，登殿曾聞降輦迎。幽逕北連千嶂碧，虛窗東望一川平。長年門外無塵客，時見元戎駐旆旌。」《全唐詩》卷763，頁8662。

〔註104〕唐・韓愈，〈廣宣上人頻見過〉：「三百（一作十）六旬長擾擾，不衝風雨即塵埃。久慚（一作爲）朝士無裨補，空愧高僧數往來。學道窮年何所得，吟詩竟日未能迴。天寒古寺遊人少，紅葉窗前有幾堆。」《全唐詩》卷344，頁3854。

〔註105〕宋・李昉等編，《太平廣記》卷198〈元和沙門〉引《唐摭言》：「唐元和中，長安有沙門。善病人文章，尤能捉語意相合之處。張籍頗忌之，冥搜愈切。思得句曰：『長因送人處，憶得別家時。』徑往誇揚。乃曰：『此應不合前輩意也。』僧笑曰：『此有人道了也。』籍曰：『向有何人？』僧冷吟曰：『見他桃李發，思憶後園春。』籍因撫掌大笑。」頁1491。

〔註106〕唐・李涉，〈再謫夷陵題長樂寺〉，《全唐詩》卷477，頁5437。

〔註107〕唐・鄭谷，〈重陽日訪元秀上人〉：「紅葉黃花秋景寬，醉吟朝夕在樊川。卻嫌今日登山俗，且共高僧對榻眠。別畫長懷吳寺壁，宜茶偏賞雪溪泉。歸來童稚爭相笑，何事無人與酒船。」《全唐詩》卷675，頁7739。

〔註108〕唐・羅隱，〈春中（一作日）湘中題岳麓寺僧舍（一作院）〉：「蟾宮虎穴兩皆休，來憑危欄送遠愁（一作秋）。多事林鶯還謾語，薄情邊雁不迴頭。春融只待（一作恐）乾坤醉，水闊深知世界浮。欲共高僧話心跡，野花芳（一作荒）草奈相尤。」《全唐詩》卷656，頁7543。

〔註109〕唐・韋蟾，〈贈商山僧〉：「商嶺東西路欲分，兩間茅屋一溪雲。師言耳重知師意，人是人非不欲聞。」《全唐詩》卷566，頁6558。按《全唐詩》卷479，題此詩爲李廓，〈贈商山東于嶺僧〉，頁5458。

這位商山僧應是不欲聞人間是非，才自言「重聽」；而面對著言語不同，難以溝通的「胡僧」，周賀在形容胡僧：「閒話似持咒，不眠同坐禪。」的同時，也強調能夠與僧親近，在一「緣」字；〔註110〕唐代文人對有緣得以親近的高僧，最常傾倒的是高僧的入定功夫，陸龜蒙〈贈老僧二首〉，提到一枯貌老僧，傳說他一入定，常被林鳥在頭上築巢；〔註111〕崔顥言懷一上人：「入講鳥常狎，坐禪獸不侵。都非緣未盡，曾是教所任。」〔註112〕坐禪僧之令人難忘，廣受歡迎，與唐人把坐禪融入生活有直接的關連，從既是「詩魔」又是「酒顛」，〔註113〕「長共僧遊不讀書」〔註114〕的白居易身上，最能看出；五月齋戒始罷，白居易欲赴酒會，先在自宅寫道：「隨意往還君莫怪，坐禪僧去飲徒來」；〔註115〕同樣是齋戒剛滿，「白日持齋夜坐禪」的白居易寫道：「明朝又擬親杯酒」，〔註116〕可見教化行禪，常入酒肆的維摩形象，

〔註110〕唐・周賀，〈贈胡僧〉：「瘦形（一作影）無血色，草履著行（一作從）穿。閒話（一作語）似持咒，不眠同坐禪。背經來漢地，袒膊過冬天。情性人難會，遊方應信緣。」《全唐詩》卷503，頁5719。

〔註111〕唐・陸龜蒙，〈贈老僧二首〉：「枯貌自同霜裏木，餘生唯指佛前燈。少時寫得坐禪衫，今見問人何處僧。自有家山供衲線，不離溪曲取庵芳。舊曾聞說林中鳥，定後長來頂上巢。」《全唐詩》卷629，頁7219。

〔註112〕唐・崔顥，〈贈懷一上人〉，《全唐詩》卷130，頁1322。

〔註113〕唐代文人與僧人，提及為「詩魔」所磨的詩作特多，兼具「詩魔」與「酒顛」形象的，為白居易，劉禹錫〈春日書懷寄東洛白二十二楊八二庶子〉：「曾向空門學坐禪，如今萬事盡忘筌。眼前名利同春夢，醉裏風情敵少年。野草芳菲紅錦地，遊絲撩亂碧羅天。心知洛下閒才子，不作詩魔即酒（一作醉）顛。」《全唐詩》卷360，頁4060。詩中「曾向空門學坐禪」的「洛下閒才子」，指的是白居易；見白居易，〈閒吟〉：「自從苦學空門法，銷盡平生種種心。唯有詩魔降未得，每逢風月一閒吟。」《全唐詩》卷439，頁4895。又：白居易，〈醉吟二首〉：「空王百法學未得，姹女丹砂燒即飛。事事無成身老也（一作也老），醉鄉不去欲何歸。兩鬢千莖新似雪，十分一醆欲如泥。酒狂又引詩魔發，日午悲吟到日西。」《全唐詩》卷440，頁4906。

〔註114〕唐・張籍，〈寄白二十二舍人〉：「早知內詔過先（一作前）輩，蹭蹬江南百事疏。溢浦城中為上佐，爐峰寺後著幽居。偏依仙法多求藥，長共僧遊不讀書。三省比來名望重，肯容君去（一作意）樂樵漁。」《全唐詩》卷385，頁4345。

〔註115〕唐・白居易，〈五月齋戒罷宴徹樂聞韋賓客皇甫郎中飲會亦稀又知欲攜酒饌出齋先以長句呈謝〉：「妓房匣鏡滿紅埃，酒庫封瓶生綠苔。居士爾時緣護戒，車公何事亦停杯。散齋香火今朝散，開素盤筵後日開。隨意往還君莫怪，坐禪僧去飲徒來。」《全唐詩》卷455，頁5160。

〔註116〕唐・白居易，〈齋戒滿夜戲招夢得〉：「紗籠燈下道場前，白日持齋夜坐禪。無復更思身外事，未能全盡世間緣。明朝又擬親杯酒，今夕先聞理管弦。方丈若能來問疾，不妨兼有散花天。」《全唐詩》卷456，頁5172。

普遍深植唐代文人心中。

李咸用〈遊寺〉:「是處堪閒坐,與僧行止同。」〔註 117〕文人主動與僧親近,另一個主要原因是傾倒於僧人不凡的容儀風範,從文人的讚美聲中,讓人領略到僧人與文士之間深摯的友誼,而獲得內殿頻徵,既得道又會吟詩,稱得上「空門才子」的僧人,更受到文人垂青,〔註 118〕盧山僧景玄,「心愛當時才子詩」,〔註 119〕劉禹錫記僧景玄前來丐詩:

> 盧山僧景玄,袖詩一幅來謁,往往有句。輕而道,如鶴雛襬褷,未有六翮。而步舒視遠,戞然一喙,乃非泥滓間物。獻詩已,斂袵而辭,且曰:其來也,與故山秋爲期。夫丐者,僧事也。今無他請,唯文是求,故賦一篇,以代瓔珞耳。〔註 120〕

除了引詩僧爲知己,文人對於傳法僧人,亦賦予極高的肯定,姚合〈送僧遊邊〉,除了以「邊人業障輕」,作爲傳道容易的安慰語,更肯定了僧人「隨緣不計程」的傳道熱誠;〔註 121〕唐代文人中,與僧人互動最多的白居易,其「贈僧五首」之一,言缽塔院如大師:「每歲於師處授八關戒者九度」,如大師年已八十三,「登壇秉律,凡六十年。」白居易讚美他:「每歲八關蒙九授,慇懃一戒重千金。」〔註 122〕「贈僧五首」之二,白居易言:「以說壇爲佛事」的神照上人:「心如定水隨形應,口似懸河逐病治。」〔註 123〕「贈僧五首」之三,

---

〔註 117〕唐·李咸用,〈遊寺〉:「無家身自在,時得到蓮宮。秋覺暑衣薄,老知塵世空。幽情憐水石,野性任萍蓬。是處堪閒坐,與僧行止同。」《全唐詩》卷 645,頁 7390。

〔註 118〕唐·李頻,〈題薦福寺僧棲白上人院〉:「空門有才子,得道亦吟詩。內殿頻徵入,孤峰久作期。高名何代比,密行幾生持。長愛喬松院,清涼坐夏時。」《全唐詩》卷 589,頁 6836。

〔註 119〕唐·劉禹錫,〈送景玄師東歸〉:「東林寺裏一沙彌,心愛當時才子詩。山下偶隨流水出,秋來卻赴白雲期。灘頭躑屨挑沙菜,路上停舟讀古碑。想到舊房拋(一作攜)錫杖,小松應有過簷枝。」《全唐詩》卷 359,頁 4049。

〔註 120〕唐·劉禹錫,〈送景玄師東歸〉,《全唐詩》卷 359,頁 4049。

〔註 121〕唐·姚合,〈送僧遊邊(一作送無可)〉:「師向邊頭去,邊人業障輕。腥羶齋自潔,部落講還成。傳教多離寺,隨緣不計程。三千世界內,何處是無生。」《全唐詩》卷 496,頁 5631。

〔註 122〕唐·白居易,〈缽塔院如大師〉:「百千萬劫菩提種,八十三年功德林。若不秉持僧行苦,將何報答佛恩深。慈悲不瞬諸天眼,清淨無塵幾地心。每歲八關蒙九授,慇懃一戒重千金。」《全唐詩》卷 450,頁 5087。

〔註 123〕唐·白居易,〈神照上人〉:「心如定水隨形應,口似懸河逐病治。曾向眾中先禮拜,西方去日莫相遺。」《全唐詩》卷 450,頁 5087。

清閑上人自蜀入洛，於長壽寺說法度人，白居易贈詩曰：「應是蜀人皆度了，法輪移向洛中來。」〔註124〕文人對傳法僧的讚譽，就算小有溢美，亦不覺其過度。文人親近高僧，當面不好直接表達崇敬之意的，往往贈詩以表傾慕之心；除了詩僧與傳法僧，令文人樂於相親，尚有不同形象的僧人，也容易引起文人的注意，白居易「贈僧五首」之四，言自遠禪師：「以無事為佛事」，令人一見就心生歡喜，白居易贈詩曰：「令人見即心無事，每一相逢是道場。」〔註125〕此乃最高難度的「不言之教」；「贈僧五首」之五，就連「捨官位妻子出家」的宗實上人，都能受到白居易的讚美，〔註126〕僧人願捨身家性命，矢志追求佛法，文人的高度讚美，是佞佛如白居易者，極易產生的認同心理。

第二節　游寺題詩

　　唐代文人遊歷佛寺，如前所述，是外在的文化與社交型態，以及文人內心離苦得樂的宗教因素，文人游寺題詩，不論是因景生情或是僧房、影堂題詩，都是當下興起的悸動，寺院題詩的風氣，來自於寺方提供文人最佳的抒情管道，文人樂於將題詩視為相互標榜的留名處；寺院常將牆壁塗白，備有「詩板」，方便畫家或詩人揮毫留下作品，唐代文士喜歡在寺院題詩，除了表達對寺院景物的欣賞，對僧人的心儀，更大的原因是，趁機為自己打知名度，在印刷術還不發達的唐代，寺院的題詩一旦經人眼目，無疑是最快的宣傳方式，題詩於寺院的牆壁、石上、門、柱，更是讓作品長久保存，達到自我宣傳的最佳方法，此外，唐朝廷對書法的重視，加上「旬休」制度，〔註127〕以及尚游的風氣，使得文人每到寺院遊覽，在心有所感之餘，無不題名以誌；「題名」有兩種，一是新及第者的「雁塔題名」；二是題詩之後，題上自己名字的「題詩署名」；唐人「題名」最多的寺院是慈恩寺雁塔，裴勛對雁塔題名處，

〔註124〕唐·白居易，〈清閑上人〉：「梓潼春屬何年別，長壽壇場近日開。應是蜀人皆度了，法輪移向洛中來。」《全唐詩》卷450，頁5087。

〔註125〕唐·白居易，〈自遠禪師〉：「自出家來長自在，緣身一衲一繩床。令人見即心無事，每一相逢是道場。」《全唐詩》卷450，頁5087。

〔註126〕唐·白居易，〈宗實上人〉：「榮華恩愛棄成唾，戒定真如和作香。今古雖殊同一法，瞿曇拋卻轉輪王。」《全唐詩》卷450，頁5087。

〔註127〕唐代官員十日一休，稱為「旬休」，「旬休」愛遊佛寺，見薛能，〈北都題崇福寺〉：「此地潛龍寺，何基即帝臺。細花庭樹陰，清氣殿門開。長老多相識，旬休暫一來。空空亦擬解，干進幸無媒。」《全唐詩》卷560，頁6493。

曾有「鬼錄」之譏，唐代「題詩」最多的寺院，應屬位於驪山半山腰石甕谷的石甕寺，王建〈奉同曾郎中題石甕寺得嵌韻〉：「遙指上皇翻曲處，百官題字滿西嵌。」〔註128〕如此大陣仗的奉和題壁詩，看不出文人的眞性情，遠不如因事因情而發的題詩；雍陶典陽安時，改「情盡橋」爲「折柳橋」，〔註129〕那是擔任地方官的風流之舉，唐代文人於寺院騁其文采，最常見於寺院的題壁詩，文人游寺因景生情，常就地取材題詩，而對僧人心生仰慕者，會進一步於僧房、影堂題詩。

一、因景生情、就地題詩

詩僧齊己遊道林寺，終日看不足，認爲「風騷到此眞」，齊己是受到道林寺「四絕」的影響，〔註130〕即：沈傳師、裴休之筆札，宋之問、杜甫的篇章，〔註131〕對文人來說，寺院的一景一物，莫不是生發詩興的最佳題材，以及生面別開的刺激，李頎用「龍虎之姿」來形容愛敬寺的古藤，以「相與年年」來禮讚古藤與其所攀的古桐，在這樣古意盎然的藤、樹蔭下飯僧，〔註132〕其逸趣自是遠超過邀福的心理；白居易用「紫龍鱗」來形容流溝寺古松的樹皮；〔註133〕張喬因興善寺的古松，嘆浮生人老；〔註134〕崔塗因淨眾寺古松，感士

〔註128〕唐・王建，〈奉同曾郎中題石甕寺得嵌韻〉：「寺門（一作天宮）連內遠丹巖，下界雲開數過帆（一作塵蓋雲間落數帆）。遙指上皇翻曲處，百官題字滿西嵌。」《全唐詩》卷301，頁3426。

〔註129〕唐・雍陶，〈題情盡橋〉，是雍陶送客到「情盡橋」，問左右爲何橋以「情盡」爲名，左右答：「送迎之地止此。」雍陶當下拿筆，題上「折柳橋」三字，回來寫了〈題情盡橋〉：「從來只有情難盡，何事名爲情盡橋。自此改名爲折柳，任他離恨一條條。」《全唐詩》卷518，頁5920。

〔註130〕唐・齊己，〈遊道林寺四絕亭觀宋杜詩版〉：「宋杜詩題在，風騷到此眞。獨來終日看，一爲拂秋塵。古石生寒仞，春松脱老鱗。高僧眼根靜，應見客吟神（一作頻）。」《全唐詩》卷840，頁9478。

〔註131〕宋・周必大，《文忠集》卷19〈題潭州道林寺六絕堂〉，言乾符中袁浩作「四絕堂」，治平四年（1067），益以歐陽詢書、韓愈詩，是爲六絕。《四庫全書》文淵閣本，集部，別集類。

〔註132〕唐・李頎，〈愛敬寺古藤歌〉：「古藤池水盤樹根，左攫右挐龍虎蹲。橫空直上相陵突，半茸離纏若無骨。風雷霹靂連黑枝，人言其下藏妖魅。空庭落葉乍開合，十月苦寒常倒垂。憶昨花飛滿空殿，密葉吹香飯僧遍。南階雙桐一百尺，相與年年老霜霰。」《全唐詩》卷133，頁1354。

〔註133〕唐・白居易，〈題流溝寺古松〉：「煙葉蔥蘢蒼塵尾，霜皮剝落紫龍鱗。欲知松老看塵壁，死卻題詩幾許人。」《全唐詩》卷436，頁4838。

〔註134〕唐・張喬，〈和薛監察題興善寺古松（薛一作崔）〉：「種在法王城，前朝古寺

不遇懷，〔註135〕除了老藤、古松之外，古寺的檜木也引起詩人的注意；皮日休把重玄寺的雙矮檜，比喻成「一對狻猊相枕眠。」〔註136〕杜荀鶴對瓦棺寺眞上人院裡的矮檜，視爲僧不踏影，鶴不棲枝的「仙材」；〔註137〕白居易〈雲居寺孤桐〉，言自己面對著被「清淨老不死」，年已九十的山僧，親手所植的「孤桐」，領悟到立身之人，「孤直當如此」；〔註138〕白居易怕孤山寺僧眾不知石榴花開，還語帶雙關的提醒被香塵所觸的瞿曇弟子，關乎色、相問題的石榴花：「恐是天魔女化身。」〔註139〕

　　除了最能襯托寺院幽深景致的松、檜，文人遊寺喜引入詩的，就是直接能夠觸動禪思，引發詩情的鐘、磬之聲，大興國寺的梵鐘聲，使貴爲帝王，十足具世俗進取心的唐太宗：「對此留餘想，超然離俗塵。」〔註140〕興起了短暫的出塵之思；貞元七年，德宗遊章敬寺，聽著由竹房傳過來的磬聲，感受到「境幽眞慮恬，道勝外物輕。」〔註141〕李頎〈宿瑩公禪房聞梵〉：「始覺浮生無住著，頓令心地欲皈依。」〔註142〕梵唄聲在文人心中，最容易激盪出內

<hr/>

名。瘦根盤地遠，香吹入雲清。鶴動池臺影，僧禪雨雪聲。看來人旋老，因此歎浮生。」《全唐詩》卷638，頁7312。

〔註135〕唐・崔塗，〈題淨眾寺古松〉：「百尺森疏倚梵臺，昔人誰見此初栽。故園未有偏堪戀，浮世如閒即合來。天暝豈分蒼翠色，歲寒應識棟梁材。清陰可惜不駐（一作嗟住不）得，歸去暮城空首回。」《全唐詩》卷679，頁7785。

〔註136〕唐・皮日休，〈重玄寺雙矮檜〉：「撲地枝回是翠鈿，碧絲籠細不成煙。應如天竺難陀寺，一對狻猊相枕眠。」《全唐詩》卷615，頁7097。

〔註137〕唐・杜荀鶴，〈題瓦棺寺眞上人院矮檜〉：「天生仙檜是長材，栽檜希逢此最低。一自舊山來砌畔，幾番凡木與雲齊。迥無斜影教僧踏，免有閒枝引鶴棲。今日偶題題似著，不知題後更誰題。」《全唐詩》卷692，頁7952。

〔註138〕唐・白居易，〈雲居寺孤桐〉：「一株青玉立，千葉綠雲委。亭亭五丈餘，高意猶未已。山僧年九十，清淨老不死。自云手種時，一棵青桐子。直從萌芽拔，高自毫末始。四面無附枝，中心有通理。寄言立身者，孤直當如此。」《全唐詩》卷424，頁4657。

〔註139〕唐・白居易，〈題孤山寺山石榴花示諸僧眾〉：「山榴花似結紅巾，容豔新妍占斷春。色相故關（一作開）行道地，香塵擬觸坐禪人。瞿曇弟子君知否，恐是天魔女化身。」《全唐詩》卷，頁4958。

〔註140〕唐・李世民，〈謁并州大興國寺詩〉：「迴鑾遊福地，極目玩芳晨。梵鐘交二響，法日轉雙輪。寶剎遙承露，天花近足春。未佩蘭猶小，無絲柳尚新。圓光低月殿，碎影亂風筠。對此留餘想，超然離俗塵。」《全唐詩》卷1，頁13。

〔註141〕德宗皇帝，〈七月十五日題章敬寺〉：「……松院靜苔色，竹房深磬聲。境幽眞慮恬，道勝外物輕。意適本非說，含毫空復情。」《全唐詩》卷4，頁47。

〔註142〕唐・李頎，〈宿瑩公禪房聞梵〉：「花宮仙梵遠微微，月隱高城鐘漏稀。夜動霜林驚落葉，曉聞天籟發清機。蕭條已入寒空靜，颯沓仍隨秋雨飛。始覺浮生

心的「無常」因子，常建於破山寺後禪院，在萬籟俱寂，唯留鐘磬的餘聲之
下，寫下有名的：「山光悅鳥性，潭影空人心。」〔註143〕嚴武〈題巴州光福寺
楠木〉，由楠木長相的奇特，轉入楠木因撞鐘而得「遇賞」，使得聽聞鐘聲之
人，因木及鐘，「猶臥禪床戀奇響」，〔註144〕嚴武不僅讚嘆楠木的稀有，也道
出鐘聲直搗人心的魅力。

　　文人遊寺的詩作，很多是歸來後的情思發酵，而最能展現文人之才思敏
捷，是就地取材，隨手題詩，有題於竹子、樹木，如：「逸士」寒山，其留世
的三百多首詩作，就題在他經常前往的，天台山國清寺附近的「竹木、石壁」
上；〔註145〕與寒山一樣題詩於竹子的，還有張繼，張繼〈遊靈巖〉：「青松閱
世風霜古，翠竹題詩歲月賒。」〔註146〕詩中雖看不出張繼是否經常在翠竹上
題詩，但透露出寺院中的竹子，早被遊寺的文人認爲是寫詩的好「材」，次於
竹木的題詩材料，就是樹葉，姚合隨意在山寺裡遊逛一圈，看到喜歡的青桐
葉，忍不住「因題滿樹詩。」〔註147〕許渾遇常州阮秀才，在長慶寺疏落的磬
聲中，「晚收紅葉題詩遍」，〔註148〕用「紅葉」作爲題字的材料，在晚唐已成

〔註143〕唐·常建，〈題破山寺後禪院〉：「清晨入古寺，初日照高林。竹（一作一，一
　　　　作曲）。逕通（一作遇）幽處，禪房花木深。山光悅鳥性，潭影空人心。萬籟
　　　　此都寂，但餘鐘磬音。」《全唐詩》卷144，頁1461。

〔註144〕唐·嚴武，〈題巴州光福寺楠木〉：「楚江長流對楚寺，楠木幽生赤崖背。臨谿
　　　　插石盤老根，苔色青蒼山雨痕。高枝鬧葉鳥不度，半掩白雲朝與暮。香殿蕭
　　　　條轉密陰，花龕滴瀝垂清露。聞道偏多越水頭，煙生霽斂使人愁。月明忽憶
　　　　湘川夜，猿叫還思鄂渚秋。看君幽露幾千丈，寂寞窮山今遇賞。亦知鐘梵報
　　　　黃昏，猶臥禪床戀奇響。」《全唐詩》卷261，頁2907。

〔註145〕歷來研究寒山的學者，多將寒山視爲「詩僧」；最早言及寒山的僧傳——《祖
　　　　堂集》卷16〈潙山〉，以「逸士」形容寒山；從寒山詩中，並無透露自己曾
　　　　爲僧人，且多批評僧人之作來看，寒山只是一位隱居的詩人，而非詩僧。詳
　　　　見拙著，《寒山詩集論叢》。臺北：秀威科技出版，2006年。

〔註146〕張繼，〈遊靈巖〉：「靈巖有路入煙霞，臺殿高低釋子家。風滿迴廊飄墜葉，水
　　　　流絕澗泛秋花。青松閱世風霜古，翠竹題詩歲月賒。誰謂無生眞可學，山中
　　　　亦自有年華。」《全唐詩》卷242，頁2723。

〔註147〕姚合，〈題山寺〉：「千重山崦裏，樓閣影參差。未暇尋僧院，先看置寺碑。竹
　　　　深行漸暗，石穩坐多時。古塔蟲蛇善，陰廊鳥雀癡。雲開上界近，泉落下方
　　　　遲。爲愛青桐葉，因題滿樹詩。」《全唐詩》卷499，頁5677。

〔註148〕唐·許渾，〈長慶寺遇常州阮秀才〉：「高閣晴軒對一峰，毗陵書客此相逢。晚
　　　　收紅葉題詩遍，秋待黃花釀酒濃。山館日斜喧鳥雀，石潭波動戲魚龍。上方
　　　　有路應知處，疏磬寒蟬樹幾重。」《全唐詩》卷536，頁6115。

爲文人的生活習慣，不僅詩人多題，如「鄭虔三絕」的由來，〔註149〕就連僧人也愛題詩於紅葉；〔註150〕主要的原因是：一、名人私宅以及名寺多有栽植，有時多到得「燒紅葉」，〔註151〕詩人信手拈來很是方便；〔註152〕二、石楠紅葉比起浣花蜀箋，既經濟又富意趣；〔註153〕三、文人對「御溝紅葉」的故事，與宮女同感悲歌之時，〔註154〕也有受到顧況、韓偓與「上陽紅葉」故事的影響。〔註155〕

〔註149〕宋・李昉等編，《太平廣記》卷208〈鄭廣文〉引《尚書故實》：「鄭虔任廣文博士，學書而病無紙，知慈恩寺有柿葉數間屋，遂借僧房居止。日取紅葉學書，歲久殆遍。後自寫所製詩并畫，同爲一卷封進，玄宗御筆書其尾曰：『鄭虔三絕。』」頁1595。

〔註150〕唐代詩人題字於紅葉的，有王建，〈晚秋病中〉：「……偶逢新語書紅葉，難得閒人話 白雲。……」《全唐詩》卷300，頁3414。胡果，〈七老會詩〉：「……搜神得句題紅葉，望景長吟對白雲。……」《全唐詩》卷463，頁5263。最愛紅葉題字的，非齊己莫屬，齊己，〈送泰禪師歸南岳〉：「……有興寄題紅葉上，不妨收拾別爲編。」《全唐詩》卷844，頁9537。齊己，〈寄南雅上人〉：「……清吟何處題紅葉，舊社空懷墮白蓮。……」《全唐詩》卷844，頁9541。齊己，〈寄懷東林寺匡白監寺〉：「……閒搜好句題紅葉，靜斂霜眉對白蓮。……」《全唐詩》卷844，頁9547。

〔註151〕唐・白居易，〈送王十八歸山寄題仙遊寺〉：「林間暖酒燒紅葉，石上題詩掃綠苔。……」《全唐詩》卷437，頁4843。

〔註152〕唐・白居易，〈司馬宅〉：「雨徑綠蕪合，霜園紅葉多。蕭條司馬宅，門巷無人過。唯對大江水，秋風朝夕波。」《全唐詩》卷433，頁4795。名寺多紅葉的，如青龍寺：羊士諤，〈王起居獨遊青龍寺玩紅葉因寄〉：「十畝蒼苔遶畫廊，幾株紅樹過清霜。高情還似看花去，閒對南山步夕陽。」《全唐詩》卷332，頁3709。韓愈，〈遊青龍寺贈崔大（一作群）補闕〉：「……友生招我佛寺行，正值萬株紅葉滿。……」《全唐詩》卷339，頁3796。朱慶餘，〈題青龍寺〉：「……青山當佛閣，紅葉滿僧廊。……」《全唐詩》卷514，頁5868。廣宣所住的紅樓院：韓愈，〈廣宣上人頻見過〉：「三百（一作十）六旬長擾擾，不衝風雨即塵埃。久慚（一作爲）朝士無裨補，空愧高僧數往來。學道窮年何所得，吟詩竟日未能迴。天寒古寺遊人少，紅葉窗前有幾堆。」《全唐詩》卷344，頁3854。

〔註153〕唐・鮑溶，〈寄王璠侍御求蜀箋〉：「蜀川牋紙綵雲初，聞說王家最有餘。野客思將池上學，石楠（一作練裙）紅葉不堪書。」《全唐詩》卷487，頁5537。鄭谷，〈郊野（一作墅）〉：「蓼水菊籬邊，新晴有亂蟬。秋光終寂寞，晚醉自留連。野濕禾（一作林）中露，村閒社後天。題詩滿紅葉，何必浣花牋。」《全唐詩》卷674，頁7721。

〔註154〕唐・徐凝，〈上陽紅葉〉：「洛下三分紅葉秋，二分翻作上陽愁。千聲萬片御溝上，一片出宮何處流。」《全唐詩》卷474，頁5383。

〔註155〕唐・天寶宮人，〈題洛苑梧葉上〉：「天寶末，洛苑宮娥題詩梧葉，隨御溝流出。顧況見之，亦題詩葉上，汎於波中，後十餘日，於葉上又得詩一首，後聞於

竹木與樹葉，保存詩句的效果是遠不如山門、棟樑，劉禹錫曾遊伏毒寺，題詩於梁棟，再遊時感嘆：「昔是青春貌，今悲白雪髻。」〔註156〕韓愈也曾題詩在嶽寺門樓，〔註157〕山門與梁棟，居一寺最顯眼的位置，題詩在上頭的人，應是得到寺方的同意；〔註158〕而對於小門小戶的僧院，好詩能讓文人出名，詩不佳者，就是焚琴煮鶴了，晚唐詩僧貫休，對於來訪令宣和尚，題詩於門的來客，曾委婉提醒道：「看經在上方。」〔註159〕

較門樓與梁棟更能保存長久的，就是石片與牆壁，白居易曾在東林寺的石片看到靈徹的詩，〔註160〕題詩石片遠不如題詩牆壁來得醒目，在名寺的牆壁上題詩，得具有相當的名氣，而讓寺僧「乞詩」的詩人，寺方當然也會酬以爲報，李白遊慈恩寺，寺僧「用水松牌刷以吳膠粉，捧乞詩。」題畢，寺僧送給李白一堆吃、穿、用的東西，〔註161〕其好意就在秀才人情；詩不好或名氣小的文人，其詩會遭到被「抹去」的命運，《鑑誡錄》載：

> 會元白因傳香於慈恩寺塔下，忽視章先輩八元所留詩，白命僧抹去
> 埃塵，二公移時吟咏，盡日不厭，悉全除去諸家之詩。惟留章公一
> 首而已。樂天曰：「不謂嚴維出此弟子，由是二公竟不爲之，詩流自

朝，送得遣出。舊寵悲秋扇，新恩寄早春。聊題一片葉（一作紅葉上），將寄
接流人（一作一入深宮裏，年年不見春，聊題一片葉，寄與有情人）」《全唐
詩》卷797，頁8967。宣宗宮人，〈題紅葉〉：「盧偓應舉時，偶臨御溝。得一
紅葉，上有絕句。置於巾箱，及出宮人。偓得韓氏，睹紅葉。吁嗟久之，曰：
當時偶題，不謂郎君得之。流水何太急，深宮盡日閒。殷勤謝紅葉，好去到
人間。」《全唐詩》卷797，頁8968。

〔註156〕唐・劉禹錫，〈貞元中侍郎舅氏牧華州時余再忝科第前後由華觀謁陪登伏毒寺
屢焉亦曾賦詩題於梁棟今典馮翊暇日登樓南望三峰浩然生思追想昔年之事因
成篇題舊寺〉：「曾作關中客，頻經伏毒巖。晴煙沙苑樹，晚日渭川帆。昔是
青春貌，今悲白雪髻。郡樓空一望，含意卷高簾。」《全唐詩》卷358，頁4034。

〔註157〕唐・韓愈，〈謁衡嶽廟遂宿嶽寺題門樓〉，《全唐詩》卷338，頁3790。

〔註158〕唐・施肩吾，〈題景上人山門〉：「水有青蓮沙有金，老僧於此獨觀心。愁人欲
寄中峰宿，只恐白猿啼夜深。」《全唐詩》卷494，頁5597。

〔註159〕唐・貫休，〈題令宣和尚院〉：「軒窗領嵐翠，師得世情忘。惟愛談諸祖，曾經
宿大荒。泉聲淹臥榻，雲片犯鑪香。寄語題門者，看經在上方。」《全唐詩》
卷833，頁9394。

〔註160〕唐・白居易，〈讀僧靈徹詩〉：「東林寺裏西廊下，石片鐫題數（一作四）首詩。
言句怪來還校別，看名知是老湯師。」《全唐詩》卷439，頁4895。

〔註161〕後唐・馮贄編、張力偉點校，《雲仙散錄・水松牌》引《海墨微言》：「僧用水
松牌刷以吳膠粉，捧乞詩。白爲題訖，僧獻玄沙鉢、綠英梅、檀香筆格、蘭
縑袴、紫瓊霜。」（北京：中華書局，1998年），頁21。下引版本同。

慈恩息筆矣。〔註162〕

慈恩寺僧對元、白二人「悉全除去諸家之詩」之舉，並不以爲意，應是元白二人當時極有盛名，以及慈恩寺向來多有詩人題名題詩，〔註163〕且有抹去他人之詩的舉動，寺僧早已視爲常態。文人遊寺題詩之處，有的題於「書窗」〔註164〕、書堂，〔註165〕有的題於聖僧穴；〔註166〕朱慶餘看開元寺：「粉牆書字甚分明」、「石壁塵昏客姓名」，〔註167〕可見佛寺到處可見的題詩，是寺院與文人，僧俗相互標榜的結果，《韻語陽秋》載：

> 張祐喜遊山而多苦吟，凡歷僧寺往往題詠，……李沙在岳陽嘗贈其詩曰：「岳陽西南湖上寺，水閣松房過文字。新釘張生一首詩，自餘吟著皆無味。」信知僧房佛寺賴其詩以標榜者多矣。〔註168〕

文人游寺題詩，除了爲寺院增添佳跡，在抒發情緒的同時，也可提高一己名氣，對於雙方，都是美事一椿；而最能顯示文人對僧人之宗仰，就是僧房題壁詩。

二、僧房題詩

　　唐代僧人，之所以會被稱爲「披著袈裟的文人」，主要是與文人之間的酬

〔註162〕後蜀・何光遠，《鑑誡錄》卷 7，載章八元之詩：「十層炎瓦在虛空，四十門開面面風。却怪鳥啼平地上，自驚人語半天中。迴梯暗踏如穿洞，絕頂初攀似出籠。落日鳳城佳氣合，滿城春樹雨濛濛。」北京：中華書局，1985 年，頁 52。下引版本同。按：「十層炎瓦在虛空」，《全唐詩》卷 281 作「十層突兀在虛空」；「却怪鳥啼平地上」，《全唐詩》作「卻怪鳥飛平地上」，頁 3193。

〔註163〕宋・錢易，《南部新書》（乙）：「韋肇初及第，偶於慈恩寺塔下題名，後進慕效之，遂成故事。」頁 22。按：韋肇爲德宗時人。

〔註164〕唐・孟郊，〈題林校書花嚴寺書窗〉：「隱詠不誇俗，問禪徒淨居。翻將白雲字（一作寺），寄向青蓮書。擬古投松坐，就明開紙疏。昭昭（一作綿綿）南山景，獨與心相如。」《全唐詩》卷 376，頁 4220。

〔註165〕唐・李紳，〈憶題惠山寺書堂〉：「故山一別光陰改，秋露清風歲月多。松下壯心年少去，池邊衰影老人過。白雲生滅依嚴岫，青桂榮枯託薜蘿。惟有此身長是客，又驅旌斾寄煙波。」《全唐詩》卷 481，頁 5473。

〔註166〕唐・錢起，〈題延州聖僧穴〉：「定力無涯不可稱，未知何代坐禪僧。默默山門宵閉月，熒熒石壁晝然燈。四時樹長書經葉，萬歲嚴懸挂杖藤。昔日捨身緣救鴿，今時出見有飛鷹。」《全唐詩》卷 239，頁 2671。

〔註167〕唐・朱慶餘，〈題開元寺〉：「西入山門十里程，粉牆書字甚分明。蕭帝壞陵深虎跡，廣師遺院閉松聲。長廊畫剝僧形影，石壁塵昏客姓名。何必更將空色遣，眼前人事是浮生。」《全唐詩》卷 515，頁 5885。

〔註168〕宋・葛立方，《韻語陽秋》卷 4（北京：中華書局，1991 年），頁 29～30。

唱紀實，因相知相惜所激盪出的，驚鴻一瞥式的「本地風光」，與僧人追求開悟的過程相去不遠；文士對僧人風範的崇敬，與僧人之間匪淺的交情，都是文士在僧人房中壁上題詩的主因，文人題詩於僧房壁上，有兩種情況，一是在主人的允許下題詩；二是訪人不遇留詩而別。

（一）對僧人之崇敬

唐代最有名的皇家寺院——慈恩寺，是高宗爲太子時，爲母追福而建，慈恩寺的大雁塔，收藏有玄奘從印度帶回的經、像，高宗在玄奘的房中壁上題：「蕭然登十地，自得會三歸。」〔註169〕表達他對玄奘的崇仰；一般文人題詩於僧房，有一個十分有趣的現象，與僧人交情不深的文士，會盡力表達內心對出世與入世的看法，如：儲光羲〈題蚪上人房〉：「入道無來去，清言見古今。」〔註170〕孟浩然〈題終南翠微寺空上人房〉：「儒道雖異門，雲林頗同調。」〔註171〕皇甫冉〈題普門上人房〉：「借問迴（一作明）心後，賢愚去幾何。」〔註172〕劉商〈題道濟上人房〉：「何處營求出世間，心中無事即身閒。」〔註173〕馬戴〈題靜住寺欽用上人房〉：「此中能宴坐，何必在雲林。」〔註174〕均是站在以儒爲本的立場，多多少少有「何必入道」之意；與僧人交情深厚者，則多表達對高僧的讚嘆，兼寓一己出塵之思，上舉孟浩然〈題終南翠微寺空上人房〉，對於空上人，表示儒、釋二門同調，但聽完惠上人講《法王經》，

〔註169〕高宗皇帝，〈謁慈恩寺題奘法師房〉：「停軒觀福殿，遊目眺皇畿。法輪含日轉，花蓋接雲飛。翠煙香綺閣，丹霞光寶衣。幡虹遙合彩，定水迥分暉。蕭然登十地，自得會三歸。」《全唐詩》卷2，頁22。

〔註170〕唐・儲光羲，〈題蚪上人房〉：「禪宮分兩地，釋子一爲心。入道無來去，清言見古今。江寒池水綠，山〔暝〕（溟）竹園深。別有中天月，遙遙散夕陰。」《全唐詩》卷139，頁1411。

〔註171〕唐・孟浩然，〈題終南翠微寺空上人房（一作宿終南翠微寺）〉：「……遂造幽人室，始知靜者妙。儒道雖異門，雲林頗同調。……。」《全唐詩》卷159，頁1624。

〔註172〕唐・皇甫冉，〈贈普門上人（一作題普門上人房，一作劉長卿詩）〉：「支公身欲（一作已）老，長在沃州多。慧力堪傳教，禪功久伏魔。山雲隨坐夏，江草伴頭陀。借問迴（一作明）心後，賢愚去幾何。」《全唐詩》卷249，頁2796。

〔註173〕唐・劉商，〈題道濟上人房〉：「何處營求出世間，心中無事即身閒。門外水流風葉落，唯將定性對前山。」《全唐詩》卷304，頁3462。

〔註174〕唐・馬戴，〈題靜住寺欽用上人房〉：「寺近朝天路，多聞玉珮音。鑒人開慧眼，歸鳥息禪心。磬接星河曙，窗連夏木深。此中能宴（一作閒）坐，何必在雲林。」《全唐詩》卷556，頁6447。

在〈陪姚使君題惠上人房〉一詩寫道：「迷心應覺悟，客思未遑寧。」〔註175〕耿湋〈題莊上人房〉：「不語焚香坐，心知道已成。」形容莊上人「定力見他生。」〔註176〕肯定他累世修行的功力；〈題惟幹上人房〉：「苦行無童子，忘機避宰官。」形容惟幹上人：「是非齊已久，夏臘比應難。」〔註177〕耿湋不諱言自己的「塵心」，受到上人的啓發；在人人狂走避暑的大熱天，白居易見「不出房」的恆寂師，體會到「心靜即身涼」；〔註178〕張祜〈題萬道人禪房〉：「欲知情不動，床下虎留蹤。」〔註179〕觀其詩意，既是勉人，也是自勉。

　　有的文士會在題詩僧房的同時，將一己對心靈的追求，投射到僧人身上，皇甫冉〈題昭上人房〉：「慮盡朝昏磬，禪隨坐臥心。」〔註180〕想要坐臥隨禪的，是皇甫冉；岑參〈題華嚴寺瑰公禪房〉：「生事在雲山，誰能復羈束。」〔註181〕雲山所生之事爲何，岑參自是懂得；王建〈題禪師房〉：「長向人間愁老病，誰來閒坐此房中。」〔註182〕眞正因老、病之苦而愁的，是王建自己；喻鳧〈夏日題岫禪師房〉：「安得開方便，容身老此林。」〔註183〕此應是喻鳧向岫禪師提出

〔註175〕唐‧孟浩然，〈陪姚使君題惠上人房〉：「帶雪梅初煖，含煙柳尚青。來窺童子偈，得聽法王經。會理知無我，觀空厭有形。迷心應覺悟，客思未（一作不）遑寧。」《全唐詩》卷160，頁1649。

〔註176〕唐‧耿湋，〈題莊上人房〉：「不語焚香坐，心知道已成。流年衰此世，定力見他生。暮雪餘春冷，寒燈續晝明。尋常五侯至，敢望下階迎。」《全唐詩》卷268，頁2976。

〔註177〕唐‧耿湋，〈題惟幹上人房〉：「繩床茅屋下，獨坐味閒安。苦行無童子，忘機避宰官。是非齊已久，夏臘比應難。更悟眞如性，塵心稍自寬。」《全唐詩》卷268，頁2990。

〔註178〕唐‧白居易，〈苦熱題恆寂師禪室〉：「人人避暑走如狂，獨有禪師不出房。可是禪房無熱到，但能心靜即身涼。」《全唐詩》卷438，頁4868。

〔註179〕唐‧張祜，〈題萬道人禪房〉：「何處鑿禪壁，西南江上峰。殘陽過遠水，落葉滿疏鐘。世事靜中去，道心塵外逢。欲知情不動，床下虎留蹤。」《全唐詩》卷510，頁5816。

〔註180〕唐‧皇甫冉，〈題昭上人房〉：「沃州傳教後，百衲老空林。慮盡朝昏磬，禪隨坐臥心。鶴飛湖草迥，門閉野雲深。地（一作願）與天台接，中峰早晚尋。」《全唐詩》卷250，頁2830。

〔註181〕岑參，〈題華嚴寺瑰公禪房〉：「寺南幾十峰，峰翠晴可掬。朝從老僧飯，昨日崖口宿。錫杖倚枯松，繩床映深竹。東谿草堂路，來往行自熟。生事在雲山，誰能復羈束。」《全唐詩》卷198，頁2041。

〔註182〕唐‧王建，〈題禪師房〉：「浮生不住葉隨風，塡海移山總是空。長向人間愁老病，誰來閒坐此房中。」《全唐詩》卷301，頁3429。

〔註183〕唐‧喻鳧，〈夏日題岫禪師房〉：「朝朝聲磬罷，童子掃藤陰。花過少游客，日長無事心。迴山閒院直，落水下橋深。安得開方便，容身老此林。」《全唐詩》

同住的要求。

文人於僧房題詩，其最高「境界」，是描述僧人的禪悅生活，李端言雲際寺準上人：「獨夜焚香禮遺像」；〔註 184〕李嘉祐言道虔上人：「詩思禪心共竹閒」；〔註 185〕杜甫言玄武禪師：「錫飛常近鶴，杯度不驚鷗。」〔註 186〕孟浩然〈題大禹寺義公禪房〉：「看取蓮花淨，應知不染心。」〔註 187〕禪喜不必多言，自能感染人心，就連闢佛的韓愈，〈題秀禪師房〉：「橋夾水松行百步，竹床莞席到僧家。暫拳一手支頭臥，還把魚竿下釣沙。」〔註 188〕韓愈題在秀禪師的房中壁上詩，不叫頑皮，可謂騷擾。

（二）題詩作別

文人訪僧不遇，題詩而別，目的是想再續前緣，相對於僅將一己之感題於僧人房中壁上，題詩而別是更見情深；訪僧不遇時，文人會有所猜想，從中可看出文人想前緣再續的念頭，是其題詩的動機；宋之問訪鑒上人未遇，猜鑒上人是因爲經行未回，自己欣賞完落花、庭草，寫下：「玩之堪興異，何必見幽人。」〔註 189〕宋之問與鑒上人之間，其交似是泛泛；韋莊訪含弘，因其「歸山」而不遇，〈訪含弘山僧不遇留題精舍〉：「池竹閉門教鶴守，琴書開篋任僧傳。」韋莊形容含弘：「一片孤雲在碧天」，〔註 190〕兩人看來也非深交；

卷 543，頁 6272。

〔註 184〕唐・李端，〈題雲際寺準上人房〉：「高僧居處似天台，錫杖銅瓶對綠苔。竹巷雨晴春（一作新）鳥囀，山房日午老人來。園中鹿過椒枝動，潭底龍游水沫開。獨夜焚香禮遺像，空林月出始應迴。」《全唐詩》卷 286，頁 3271。

〔註 185〕唐・李嘉祐，〈題道虔上人竹房〉：「詩思禪心共竹閒，任他流水向（一作到）人間。手持如意高窗裏，斜日沿江千萬山。」《全唐詩》卷 207，頁 2168。

〔註 186〕唐・杜甫，〈題玄武禪師屋壁〉：「何年顧虎頭，滿壁（一作座）畫瀛（一作滄）州。赤日石林氣，青天江海（一作水）流。錫飛常近鶴，杯度不驚鷗。似得廬山路，真隨惠遠遊。」《全唐詩》卷 227，頁 2459。

〔註 187〕唐・孟浩然，〈題大禹寺義公禪房〉：「義公習禪處（一作寂），結構（一作宇）依空林。戶外一峰秀，階前群（一作眾）壑深。夕陽連（一作照）雨足，空翠落庭陰。看取蓮花淨，應（一作方）知不染心。」《全唐詩》卷 160，頁 1649。

〔註 188〕唐・韓愈，〈題秀禪師房〉，《全唐詩》卷 344，頁 3860。

〔註 189〕唐・宋之問，〈題鑒上人房二首〉：「落花雙樹積，芳草一庭春。玩之堪興異（一作盡），何必見幽人。晚入應真理，經行尚未回。房中無俗物，林下有青苔。」《全唐詩》卷 53，頁 655。

〔註 190〕唐・韋莊，〈訪含弘山僧不遇留題精舍〉：「滿院桐花鳥雀喧，寂寥芳草茂芊芊。吾師正遇歸山日，閒客空題到寺年。池竹閉門教鶴守，琴書開篋任僧傳。人間不自尋行跡，一片孤雲在碧天。」《全唐詩》卷 695 ，頁 8001。

秦系對於入定甚深的僧明惠，「不知巢燕污袈裟」，〔註 191〕透露出明惠在秦系心中，是道地的「入定僧」；李益到紅樓院尋廣宣不遇，題上：「柿葉翻紅霜景秋，碧天如水倚紅樓。隔窗愛竹無人問，遣向鄰房覓戶鉤。」〔註 192〕李益訪廣宣，主動找來「戶鉤」，準備把窗子固定，好好欣賞竹子，此詩作於元和年間，〔註 193〕李益是存心詩留人也留，從其與廣宣多達六首的聯句詩來看，〔註 194〕訪「紅樓」不過是官場的點綴生活，目的自然是想藉廣宣得遇名流。

文人題詩僧房的情形，除了主動或應邀，不遇留題，還有一種情形是題於「舊房」、「舊院」、「故居」，僧房的主人，不是遷往他處，不再回來，就是人已物故，後一種最能看出交往的情分，僧人與文士為異代者，更可見文人內心的崇敬之情。

張祜〈題靈徹上人舊房〉：「寂寞空門支道林，滿堂詩板舊知音。」〔註 195〕以「支道林」喻靈徹，從靈徹房內滿是「舊知音」所題的「詩板」，可以想見靈徹上人佛學造詣之深，及其交遊之廣，連後生晚輩的張祜亦心生景仰；杜荀鶴〈題宗上人舊院〉：「分明記得談空日，不向秋風更愴懷。」〔註 196〕杜荀鶴題詩時，往日情懷想必是歷歷更分明；對於已故的道友，孟浩然以「平生竹如意，猶挂草堂前。」〔註 197〕李端「翻經徒有處，攜履遂無歸。」〔註 198〕

〔註 191〕唐・秦系，〈題僧明惠房〉：「簷前朝暮雨添花，八十眞僧飯一（一作熟）麻。入定幾時將出定，不知巢燕污袈裟。」《全唐詩》卷 260，頁 2900。

〔註 192〕唐・李益，〈詣紅樓院尋廣宣不遇留題〉，《全唐詩》卷 283，頁 3227。

〔註 193〕參見：王亦軍、裴豫敏編註，《李益集註》（甘肅：人民出版社，1989 年），頁 282。

〔註 194〕李益與廣宣的聯句詩作，有四首：〈宣上人病中相尋聯句〉、〈八月十五夜宣上人獨遊安國寺山庭院步人遲明將至因話昨宵乘興聯句〉、〈重陽夜集蘭陵居與宣上人聯句〉、〈與宣供奉攜癭尊歸杏溪園聯句〉，《全唐詩》卷 789，頁 8889、8890。與廣宣、杜羔的聯句有兩首：〈蘭陵僻居聯句〉、〈紅樓下聯句〉，《全唐詩》卷 789，頁 8890、8891。

〔註 195〕唐・張祜，〈題靈徹上人舊房〉：「寂寞空門支道林，滿堂詩板舊知音。秋風吹葉古廊下，一半繩床燈影深。」《全唐詩》卷 511，頁 5840。

〔註 196〕唐・杜荀鶴，〈題宗上人舊院〉：「此院重來事事乖，半敧茅屋草侵階。啄生鵶憶啼松木卉，接果猿思嘯石崖。壁上塵黏蒲葉扇，牀前苔爛筍皮鞋。分明記得談空日，不向秋風更愴懷。」《　全唐詩》卷 692，頁 7957。

〔註 197〕唐・孟浩然，〈過景空（一作光）寺故融公蘭若（一題作過潛上人舊房，一作悼正弘禪師）〉：「池上青蓮宇，林間白馬泉。故人成異物，過客（一作憩）獨潸然。既禮新松塔，還尋舊石筵。平生竹如意，猶挂草堂前。」《全唐詩》卷 160，頁 1650。

〔註 198〕唐・李端，〈青龍寺題故曇上人房〉：「遠公留故院，一徑雪中微。童子逢皆老，

竹如意與鞋履，使文人在睹物思人之際，表達出內心的傷逝；劉長卿：「殘經窗下依然在，憶得山中問許詢。」〔註199〕以潙山靈祐比喻支道林，以許詢自比，兩人昔日的交情，是道友更是法侶。

三、影堂題詩

文人對於僧人的崇敬，最常見的是題詩誌其欽仰之情，白居易〈題道宗上人十韻并序〉：

> 普濟寺律大德宗上人法堂中，有故相國鄭司徒、……。覽其題，皆與上人唱酬。閱其人，皆朝賢。省其文，皆義語，予始知上人之文，爲義作，爲法作，爲方便智作，爲解脫性作，不爲詩而作也。知上人者云爾，恐不知上人者，謂爲護國、法振、靈一、皎然之徒與？
>
> 故予題二十句以解之。〔註200〕

白居易此詩盛讚道宗「不爲詩而作」，與皎然等「爲詩而作」的詩僧不同，可見在中唐文人心中，像白居易一樣，對於詩中含有宣揚佛理的詩僧，其肯定是高過於著眼於爲作詩而作詩的僧人。〔註201〕除了觀法堂有感，文人對僧人，最不受時間侷限的情思發酵，就是影堂題詩，文人於影堂題詩，內容大別有二：一是純就畫面緬懷遙想；二是面對高僧容貌，大嘆生前無緣得見，而對於熟識的高僧，回憶其昔日的風采，李中〈題廬山東寺遠大師影堂〉：

> 遠公遺跡在東林，往事名存動苦吟。杉檜已依靈塔老，煙霞空所影堂深。入簾輕吹催香印，落石幽泉雜磬音。十八賢人消息斷，蓮池千載月沈沈。〔註202〕

東晉支遁、許詢，因談玄辯經而成莫逆之交，廬山慧遠白蓮社的「十八賢人」，更是僧俗交涉的最佳典範，在唐代文人詩中，提到「支公」與「遠公」者，

門人問亦稀。翻經徒有處，攜履遂無歸。空念尋巢鶴，時來傍影飛。」《全唐詩》卷285，頁3267。

〔註199〕唐·劉長卿，〈題靈祐和尚故居〉：「歡逝翻悲有此身，禪房寂寞見流塵。多（一作六）時行徑空秋草，幾日浮生哭故人。風竹自吟遙入磬，雨花隨淚共霑巾。殘經窗下依然在，憶得山中（一作陰）問許詢。」《全唐詩》卷151，頁1564。

〔註200〕《全唐詩》卷444，頁4978。

〔註201〕孫昌武，〈『江左詩僧』與中唐詩壇〉一文，認爲白居易基本上將詩僧歸爲二類，一是如道宗一樣，「是能詩的真正意義的僧人」，二是作品與佛法無關的，如護國「之徒」。《文壇佛影》（北京：中華書局，2001年），頁208。

〔註202〕唐·李中，〈題廬山東寺遠大師影堂〉，《全唐詩》卷747，頁8500。

十之八九與僧人有關，如：鮑溶〈贈（一作題）眞公影堂〉，提到：「舊房西壁畫支公」，〔註203〕可見唐代寺院出現支遁與慧遠的壁畫與影堂，有吸引文士的用意在，有名氣兼有經濟能力的文人，對於素所崇敬的僧人，常出資爲其寫眞，之後作讚；與白居易共結「香火社」的佛光如滿禪師，在九十一歲時，白居易命工人爲其寫眞，並爲作眞讚，白居易形容如滿：「溫然言語，嶷然風神。」自言：「但學師心，勿觀師身。」〔註204〕表達他對如滿最高的禮敬。

　　唐代文士遊寺，參觀高僧影堂之後寫下的詩篇，是追摹想像的高度發揮，張籍對於弱柏院僧影堂，認爲：「影堂香火長相續，應得人來禮拜多。」〔註205〕這是因爲弱柏院的影堂沒有懸掛高僧的像，以及去世的僧人中，沒有張籍的舊識；劉長卿到齊一和尙的影堂，想起：「昔余精念訪禪扉，常接微言清道機。今來寂寞無所得，唯共門人淚滿衣。」〔註206〕劉長卿應是以齊一和尙的門弟子自居；盧綸〈題嘉祥殿南溪印禪師壁畫影堂〉，溪印禪師的形象，沒有正襟危坐的遙不可及，〔註207〕卻令人忍不住想與之對話；李紳與鑒玄禪師曾經「同在惠山十年」，〔註208〕李紳重到惠山石泉寺，見鑒玄禪師影堂，十年的情感一時奔迸：

　　香燈寂寞網塵中，煩惱身須色界空。龍缽已傾無法雨，虎床猶在有
　　悲風。定心池上浮泡沒，招手嚴邊夢幻通。深夜月明松子落，儼然
　　聽法侍生公。〔註209〕

鑒玄禪師在李紳心中，可說是雖死猶生，龍缽與虎床雖成了故物，定心池與

〔註203〕唐・鮑溶，〈贈（一作題）眞公影堂〉：「舊房西壁畫支公，昨暮今晨色不同。遠客閒（一作問）心無處所，獨添香火望虛空。」《全唐詩》卷486，頁5529。
〔註204〕唐・白居易，〈佛光和尚眞讚〉，《全唐文》卷677，頁6916～6917。
〔註205〕唐・張籍，〈弱柏院僧影堂〉：「弱柏倒垂如線蔓，簷頭不見有枝柯。影堂香火長相續，應得人來禮拜多。」《全唐詩》卷386，頁4361。
〔註206〕唐・劉長卿，〈齊一和尚影堂〉：「一公住世忘世紛，暫來復去誰能分。身寄虛空如過客，心將生滅是浮雲。蕭散浮雲往不還，淒涼遺教歿仍傳。舊地愁看雙樹在，空堂只是（一作見）一燈懸。一燈長照恆河沙，雙樹猶落諸天花。天花寂寂香深殿，苔蘚蒼蒼閟虛院。昔余精念訪禪扉，常接微言清（一作親）道機。今來寂寞無所得，唯共門人淚滿衣。」《全唐詩》卷151，頁1575。
〔註207〕唐・盧綸，〈題嘉祥殿南溪印禪師壁畫影堂〉：「雙屐（一作屨）參差錫杖斜，衲衣交膝對天花。瞻容（一作空）悟問修持劫，似指前溪無數沙。」《全唐詩》卷279，頁3169。
〔註208〕唐・李紳，〈重到惠山〉，《全唐詩》卷482，頁5485。
〔註209〕唐・李紳，〈鑒玄影堂〉，《全唐詩》卷482，頁5485。

招手巖，卻見證了禪師的存在，最特別的是深夜的松子落地聲，李紳用的是「生公說法，頑石點頭。」的典故，松子落地之聲，較無聲的「頑石點頭」，更增鑒玄禪師的魅力；名氣不大的僧人，文人在觀其影堂後留下的詩作較具眞性情，張喬〈題玄哲禪師影堂〉：

> 吾師視化身，一念即遺塵。巖谷藏虛塔，江湖散學人。雲迷禪處石，院掩寫來眞。寂寞焚香後，閒階細草生。〔註210〕

張喬不愧爲玄哲禪師的俗家弟子，詩中隱現的禪意，千古之下讀之，不識玄哲禪師的後代人，也會忍不住呈上心香一束。影堂留有僧像，張祜頗不以爲然，〈題徑山大覺禪師影堂〉：

> 超然彼岸人，一徑謝微塵。見相即（一作想應）非相（一作想），觀身豈是身。空門性未滅，舊里化猶新。謾指堂中影，誰言影似眞。〔註211〕

張祜另外的兩首題影堂之作，如：〈題秀師影堂〉言：「盡日看山人不會，影堂中是別來僧。」〔註212〕〈題僧影堂〉：「生前既無事，何事更悲傷。」〔註213〕均認爲有形的像，妨礙了空門的超然，張祜的這種看法，是其來有自，項斯〈題永忻寺影堂〉：

> 不遇修寺日，無錢入影堂。故來空禮拜，臨去重添香。僧得名難（一作雖）近，燈傳火已長。發心依止後，借住有鄰房。〔註214〕

入影堂要收錢，對於認爲佛門應予眾生方便的俗家人來說，眞正是「不可思議」；當然，有名氣兼有經濟能力的文人，對影堂的禪師寫眞，題上：「恨不生前識」〔註215〕、「竟無相識緣」，〔註216〕恐怕才是寺院設影堂的要因──藉名人打知名度。

〔註210〕唐・張喬，〈題玄哲禪師影堂〉，《全唐詩》卷638，頁7318。

〔註211〕唐・張祜，〈題徑山大覺禪師影堂〉，《全唐詩》卷510，頁5819。

〔註212〕唐・張祜，〈題秀師影堂〉：「陰陰古寺杉松下，記得長明一焰燈。盡日看山人不會，影堂中是別來僧。」《全唐詩》卷511，頁5837。

〔註213〕唐・張祜，〈題僧影堂〉：「寒葉墜清霜，空簾著爐香。生前既無事，何事更悲傷。」《全唐詩》卷511，頁5837。

〔註214〕唐・項斯，〈題永忻寺影堂〉，《全唐詩》卷554，頁6425。

〔註215〕唐・王建，〈題柏巖禪師影堂〉：「山中磚塔閉，松下影堂新。恨不生前識，今朝禮畫身。」《全唐詩》卷301，頁3420。

〔註216〕唐・張籍，〈題暉（一本此下有禪字）師影堂〉：「日早欲參禪，竟無相識緣。道場今獨到，惆悵影堂前。」《全唐詩》卷386，頁4349。

第三節　文士與僧人之休閒活動

　　唐人最佳的民生娛樂所在，就是佛寺，遠離塵囂的佛寺，除了是百姓平日遊賞的最佳去處，還具有避暑的功能；皮日休與陸龜蒙在開元寺避暑：「任誕襟全散，臨幽榻旋移。」〔註217〕聯句以寄魯望；白居易在龍門香山寺，「炎光晝方熾，暑氣宵彌毒。」為避從早到晚的暑熱，白居易還在香山寺石樓潭夜浴；〔註218〕齊己〈送僧遊龍門香山寺〉：「君到香山寺，探幽莫損神。且尋風雅主，細看樂天真。」〔註219〕可見白居易在龍門香山寺的逍遙，連晚唐的僧人都心生嚮往；鄰近帝京的佛寺，有名花栽植，有名畫展示，加上時有皇室與名臣親臨，文士因而更喜呼朋結伴遊逛；文士與僧人品茶論詩，聽琴下棋，甚至學僧人栽植花藥，與僧人共結林中社，從中可看出唐代文士，平日的文化休閒活動。

一、茶與詩

　　《封氏聞見記》言：「開元中，泰山靈巖寺有降魔師，大興禪教，學禪（原注：一本無學禪二字）務於不寐，又不夕食，皆許其飲茶。人自懷挾，到處煮飲，從此轉相倣效，遂成風俗。」〔註220〕佛門喝茶，是為了不昏沈，好延長靜坐的時間；《南部新書》載宣宗大中三年，東都進一位年百餘歲的僧人，宣宗問他服何藥而能如此長壽，僧對曰：「臣少也賤，素不知藥性，本好茶，至處唯茶是求，或出，日過百餘椀；如常，日亦不下四五十椀。」〔註221〕僧人喝茶，或有延年益壽的效果，唐代文人到寺院喝茶，則多是為了享受遠離塵囂的情致。

　　李中〈夏日書依上人壁〉：「門外塵飛暑氣濃，院中蕭索似山中。最憐煮茗相留處，疏竹當軒一榻風。」〔註222〕到寺院避暑、喝茶，李中享受的是寺僧相

〔註217〕唐・皮日休，〈獨在開元寺避暑頗懷魯望因飛筆聯句〉：「煩暑雖難避，僧家自有期。泉甘於馬乳，苔滑似龍蓬（日休）。任誕襟全散，臨幽榻旋移。松行將雅拜，篁陣欲交麾（龜蒙）。……」《全唐詩》卷793，頁8928。

〔註218〕唐・白居易，〈香山寺石樓潭夜浴〉：「炎光晝方熾，暑氣宵彌毒。搖扇風甚微，褰裳汗霢霂。起向月下行，來就潭中（一作上）浴。平石為浴床，窪石為浴斛。絺巾薄露頂，草屨輕乘足。清涼詠而歸，歸上石樓宿。」《全唐詩》卷445，頁4995。

〔註219〕唐・齊己，〈送僧遊龍門香山寺〉，《全唐詩》卷840，頁9486。

〔註220〕唐・封演，《封氏聞見記》卷6〈飲茶〉，《畿輔叢書》第五函（臺北：藝文印書館，影印百部叢書集成，1966年），頁1。下引版本同。

〔註221〕宋・錢易，《南部新書》（辛），頁132。

〔註222〕唐・李中，〈夏日書依上人壁〉，《全唐詩》卷748，頁8527。

留喝茶的情誼；施肩吾〈寄王少府〉：「采松仙子徒銷日，喫茶山僧枉過生。多謝藍田王少府，人間詩酒最關情。」〔註223〕施肩吾認爲山僧喫茶是枉過一生，但在僧以蜀茶招待並問滋味如何，施肩吾「欲道瓊漿卻畏嗔」，〔註224〕可見比起酒來，茶的魅力更令人無法抵擋。有關茶的起源，唐人飲茶的風氣，寺院植茶、奉茶，茶與唐詩，學界多有論述，以下專就皎然與陸羽對於茶與茶詩的貢獻，以見唐代寺院，確實是茶與茶詩的發祥地。

姚合〈寄張傒〉：「山僧封茗寄，野客乞詩歸。」〔註225〕道出了詩與茶，在文人與僧人的交涉中，扮演著重要的中介角色；寺院因多有茶園，以茶待客，是寺院的常規，〔註226〕僧人私下以茶待客，非平常之客，自然待以非常之茶，封茗寄贈，心亦如是，劉禹錫〈西山蘭若試茶歌〉：

> 山僧後檐茶數叢，春來映竹抽新茸。宛然爲客振衣起，自傍芳叢摘鷹嘴。斯須炒成滿室香，便酌砌下金沙水。……新芽連拳半未舒，自摘至煎俄頃餘。……不辭緘封寄郡齋，礴井銅爐損標格。何況蒙山顧渚春，白泥赤印走風塵。欲知花乳清泠味，須是眠雲跂石人。〔註227〕

此詩可說是僧人以名茶待客的代表，除了說明僧人待客的茶葉是現摘、現炒，還點出當時的一流名茶，以蒙山、顧渚所產最佳，最重要的，茶在養生、提神的效果之外，劉禹錫以「花乳清泠」來形容茶的味道，使後代的文人雅士一頭栽入「花乳清泠」的詩茶世界。茶的眞正「誕生」，應歸功於陸羽；而助陸羽寫成《茶經》，則是皎然，皎然訪陸羽，多值陸羽忙著找茶時（詳見第九章），皎然後來蓋了杼山妙喜寺，讓陸羽可以專心寫作《茶經》，在這期間，皎然與陸羽，對茶的「切磋琢磨」，〔註228〕是《茶經》能順利完成的原因之一；唐代僧人與文人當中，留下與茶有關的詩作，除了陸羽之外，就是皎然，皎

〔註223〕唐・施肩吾，〈寄王少府〉，《全唐詩》卷494，頁5599。

〔註224〕唐・施肩吾，〈蜀茗詞〉：「越碗初盛蜀茗新，薄煙輕處攪來勻。山僧問我將何比，欲道瓊漿卻畏嗔。」《全唐詩》卷494，頁5603。

〔註225〕唐・姚合，〈寄張傒〉：「幽處尋書坐，朝朝閉竹扉。山僧封茗寄，野客乞詩歸。秋卷多唯好，時名屈更肥。明年取前字，杯酒賽春輝。」《全唐詩》卷497，頁5637。

〔註226〕《百丈清規》載隨侍方丈的侍者，「客至奉茶齋堂」；客堂規約：「官員來往，帖到即差照客白住持，知客先爲侍陪奉茶，乃至跟住持候送，誤者罰。」

〔註227〕唐・劉禹錫，〈西山蘭若試茶歌〉，《全唐詩》卷356，頁4000。

〔註228〕唐・皎然，〈九日與陸處士羽飲茶〉：「九日山僧院，東籬菊也黃。俗人多泛酒，誰解助茶香。」《全唐詩》卷817，頁9211。

然〈顧渚行寄裴方舟〉：

> 我有雲泉鄰渚山，山中茶事頗相關。鵙鴃鳴時芳草死，山家漸欲收
> 茶子。伯勞飛日芳草滋，山僧又是採茶時。由來慣採無近遠，陰嶺
> 長兮陽崖淺。……家園不遠乘露摘，歸時露彩猶滴瀝。初看怕（一
> 作抽）出欺玉英，更取煎來勝金液。……紫筍青芽誰得識，日暮採
> （一作探）之長太息。清冷真人待子元（《仙傳》：清冷真人裴君與
> 道人支子元爲友），貯此芳香思何極。〔註229〕

皎然的茶園就在顧渚山旁，應是與顧渚名茶同一品種，詩中道出寺院僧人也
要起早趕晚，加入採茶的行列，皎然更感嘆凡人不識好茶，若非與陸羽曾有
過長時期的切磋研究，皎然對自家茶園所產的茶不會如此自誇；皎然與陸士
修、崔子向，有〈渚山春暮會顧丞茗舍聯句效小庾體〉的聯句之作；〔註230〕
又與顏眞卿、陸士修、張薦、李崿、崔萬有〈五言月夜啜茶聯句〉；〔註231〕
此外，在以顏眞卿爲首的聯句之作，有陸羽出現，必有皎然；〔註232〕而跟陸
羽較無密切相關的「詩事」，皎然多有參與，可知皎然除了是位「詩僧」，絕
對還可稱得上是「茶僧」。

二、棋與琴

　　唐代僧人當中，多有「不務正業」者，皎然以詩僧兼茶僧，可爲代表，
而令文人驚豔的，還有精通世俗才藝的「藝僧」，文士與「藝僧」的互動，可
看出唐代社會「藝能」的流行概況。

（一）弈　棋

　　在唐人日常生活中，下棋是普遍的娛樂，姚合曾經想與僧分房共住，在〈寄
王度居士〉一詩提到「茅屋隨年借」的王度，有「古寺覓僧棋」之舉，〔註233〕

〔註229〕唐・皎然，〈顧渚行寄裴方舟〉，《全唐詩》卷821，頁9266。

〔註230〕《全唐詩》卷794，頁8935。按：中唐以後，「聯句詩」大行，到了無事不詠
　　　　的地步；代文人在佛寺的休閒活動，若是多人參與，同樣以「聯句」的作詩
　　　　形式記其盛況；「聯句詩」，是指多人同賦一景、一物、或是一事，交相吟誦
　　　　不絕。

〔註231〕《全唐詩》卷788，頁8882。

〔註232〕見：顏眞卿，〈七言重聯句〉，《全唐詩》卷788，頁8883；〈水堂送諸文士戲
　　　　贈潘丞聯句〉、〈與耿湋水亭詠風聯句〉，頁8881；〈七言醉語聯句〉，頁8886；
　　　　〈又溪館聽蟬聯句〉，頁8882。

〔註233〕唐・姚合，〈寄王度居士〉：「憔悴王居士，顛狂不稱時。天公與貧病，時輩復

可見下棋活動，上自朝廷下至三餐無著的百姓，無人不愛；「棋待詔」王積薪，開元時號爲國手，《唐國史補》載其將遊京師時，於逆旅夜聞主人嫗隔著牆壁與其婦「下棋」，〔註234〕《棋天洞覽》載王積薪每回出游：

> 必携圍棋短具，畫紙爲局，與棋子併盛竹筒中，繫于車轅馬齒間。

> 道上雖遇匹夫，亦與對手，勝則徼餅餌牛酒，取飽而去。〔註235〕

此記勾勒出棋藝天下無敵的王積薪，之所以無敵，乃因經常求敵於天下人，連婦女都可爲國手師，更透露出下棋活動，在唐朝十分盛行；另一個「棋待詔」朴球，新羅人，回新羅時張喬有詩贈之，〔註236〕朴球的棋藝，似乎不敵僧人，張喬〈贈棋僧侶〉：

> 機謀時未有，多向弈棋銷。已與山僧敵，無令海客饒。靜驅雲陣起

> （一作出），疏點雁行遙。夜雨如相憶，松窗更見招。〔註237〕

詩中的棋僧，應是曾經打敗過無數山僧，「無令海客饒」，「棋待詔」朴球看來也是他的手下敗將；劉禹錫〈觀棋歌送儇師西遊〉，此儇師西遊的目的，是爲了「貴遊豪士足華筵」，可惜沒有更多資料描述這位下棋時，「凝思如入定」的棋僧，〔註238〕他的棋藝如何。對於下得一手好棋的僧人，劉禹錫認爲可以「取幸」於人，〈海陽湖別浩初師（并引）〉：「師爲詩頗清，而弈棋至第三品，二道皆足以取幸於士大夫，宜薰餘習以深入也。」〔註239〕劉禹錫提到三品棋藝能吸引士大夫的注意，唐代弈棋至第三品，想必是高手，浩初師的棋藝應

輕欺。茅屋隨年借（一作賃），盤餐逐日移。棄嫌官似夢，珍重酒如師。無竹栽蘆看，思山疊石爲。靜窗留客話，古寺覓僧棋。瘦馬寒來死，羸童餓得癡。唯應尋阮籍，心事遠相知。」《全唐詩》卷497，頁5634。

〔註234〕唐・李肇，《唐國史補》卷上，頁18。按：薛用弱，《集異記》記此事發生在王積薪隨玄宗幸蜀途中，宿於山中孤姥之家，夜聞婦、姑二人下棋，隔日孤姥授王積薪「攻守殺奪救應防拒之法」，姥言：「止此已無敵於人間矣。」王積薪別後再回頭，「則已失向之室閭矣。」參見：楊家駱主編，《唐國史補等八種》，頁4。

〔註235〕後唐・馮贄編、張力偉點校，《雲仙散錄》，頁74。

〔註236〕唐・張喬，〈送棋待詔朴球歸新羅〉：「海東誰敵手，歸去道應孤。闕下傳新勢，船中覆舊圖。窮荒迴日月，積水載寰區。故國多年別，桑田復在無。」《全唐詩》卷638，頁7308。

〔註237〕唐・張喬，〈贈棋僧侶〉，《全唐詩》卷638，頁7319。

〔註238〕唐・劉禹錫，〈觀棋歌送儇師西遊〉：「長沙男子東林師，閒讀藝經工弈棋。有時凝思如入定，暗覆一局誰能知。……藹藹京城在九天，貴遊豪士足華筵。此時一行出人意，賭取聲名不要錢。」《全唐詩》卷356，頁4005。

〔註239〕唐・劉禹錫，〈海陽湖別浩初師（并引）〉，《全唐詩》卷362，頁4086。

是在一般之上。

　　唐人描寫下棋的狀況，極盡譬喻之能，有了絕佳的好亭子，鄭損想到的是「半局閒棋萬慮空」；〔註240〕詩僧貫休把下棋比喻爲無聲之樂；〔註241〕杜荀鶴視下棋爲用兵；〔註242〕李洞描寫雙方對棋的情景：「倚杖湘僧算，翹松野鶴窺。」〔註243〕白居易描寫兩個山僧對棋，安靜到連小娃偷採白蓮都沒被發現。〔註244〕

　　文人愛尋僧人下棋，並非全是因爲僧人棋藝高超，文人更愛的是寺院的環境，以及下棋時周圍的氣氛，黃滔〈題靈峰僧院〉：「繫馬松間不忍歸，數巡香茗一杆棋。擬登絕頂留人宿，猶待滄溟月滿時。」〔註245〕喝茶、下棋、登頂、待月，對文人來說，每一項都是生活逸趣，朱慶餘〈夏日訪貞上人院〉：「命棋隈綠竹，盡日有清風。」〔註246〕竹林裡下棋成了消暑良方；吳融〈禪院弈棋偶題〉：「半偈已能消萬事，一杆兼得了殘陽。」在「身心甚不忙」的情形下，下棋之樂讓吳融選擇要「醉來終日臥禪房」。〔註247〕許渾向友人描述郊居的情形，提到：「僧舍覆棋消白日，市樓賒酒過青春。」〔註248〕許渾在

〔註240〕唐・鄭損，〈玉聲亭〉：「世間泉石本無價，那更天然落景中。漢佩琮琤寒溜雨，秦簫縹緲夜敲風。一方清氣群陰伏，半局閒棋萬慮空。借問主人能住久，後來好事有誰同。」《全唐詩》卷667，頁7632。

〔註241〕唐・貫休，〈棋〉：「棋信無聲樂，偏宜境寂寥。著高圖暗合，勢王氣彌驕。人事掀天盡，光陰動地銷。因知韋氏論，不獨爲吳朝。」《全唐詩》卷829，頁9348。

〔註242〕唐・杜荀鶴，〈觀棋〉：「對面不相見，用心同（一作如）用兵。算人常欲殺，顧己自貪生。得勢侵吞遠，乘危打劫贏。有時逢敵手，當局到深更。」《全唐詩》卷691，頁7947。

〔註243〕唐・李洞，〈對棋〉：「小檻明高雪，幽人鬥智棋。日斜拋作劫，月午魘（一作變）成遲。倚杖湘僧算，翹松野鶴窺。側楸敲醒睡，片石夾吟詩。雨點盆中漬，燈花局上吹。秋濤寒竹寺，此興謝公知。」《全唐詩》卷722，頁8288。

〔註244〕唐・白居易，〈池上二絕〉：「山僧對棋坐，局上竹陰清。映竹無人見，時聞下子聲。小娃撐小艇，偷採白蓮迴。不解藏蹤跡，浮萍一道開。」《全唐詩》卷455，頁5159。

〔註245〕唐・黃滔，〈題靈峰僧院〉，《全唐詩》卷706，頁8129。

〔註246〕唐・朱慶餘，〈夏日訪貞上人院〉：「炎夏尋靈境，高僧澹蕩中。命棋隈綠竹，盡日有清風。流水離經閣，閒雲入梵宮。此時祛萬慮，直似出塵籠。」《全唐詩》卷515，頁5889。

〔註247〕唐・吳融，〈禪院弈棋偶題〉：「裛塵絲雨送微涼，偶出樊籠入道場。半偈已能消萬事，一杆兼得了殘陽。尋知世界都如夢，自喜身心甚不忙。更約西風搖落後，醉來終日臥禪房。」《全唐詩》卷686，頁7888。

〔註248〕唐・許渾，〈郊居春日有懷府中諸公並柬王兵曹〉：「欲學漁翁釣艇新，濯纓猶

僧舍下棋，已融入日常的生活步調，可見弈棋在文人心中，是僧寺娛樂的項
目之一。

寺院之外，文人也常主動邀僧人下棋，張籍〈寄友人〉一詩，回憶昔日
與友人三月出遊，除了遠澗尋茶、春池鬥鴨，還有「招僧竹裏棋」；〔註 249〕
鄭巢〈題崔行先石室別墅〉，在崔行先的石室別墅盤桓數日，除了喝酒、採菊，
還「留僧擬夜棋」，〔註 250〕石室的幽深，聽落棋時的回音，是鄭巢想邀僧下夜
棋的原因。與僧下棋常令文人沈迷，李遠〈閒居〉寫道：「買藥經年曬，留僧
盡日棋。」〔註 251〕前舉「僧舍覆棋消白日」的許渾，寄給友人的詩中，說道
自己「公退只棋僧」，〔註 252〕可見與僧人下棋，隱隱挑動文人內心的爭競之心，
這應是文人找僧人下棋的最大樂趣；反過來說，僧人下棋，在「百無禁忌」
的唐代，下棋是全民娛樂，而如張喬一樣，會針對僧人「一先著」的心態藉
詩嘲諷的，〔註 253〕可謂少見。

（二）彈　琴

對文人而言，聽僧彈琴比起與僧下棋，其「距離感」自有差別，《全唐詩》
中有關聽僧人彈琴的詩作，不如與僧下棋的多；楊巨源〈僧院聽琴〉，此詩一
作〈宿藏公院聽齊孝若彈琴〉：「禪思何妨在玉琴，真僧不見聽時心。離聲怨
調秋堂夕，雲向蒼梧湘水深。」〔註 254〕齊孝若的琴聲能使「真僧不見聽時心」，

惜九衢塵。花前更謝依留客，雪後空懷訪戴人。僧舍覆棋消白日，市樓賒酒
過青春。一山桃杏（一作李）同時發，誰似東風不厭貧。」《全唐詩》卷 536，
頁 6116。

〔註 249〕唐・張籍，〈寄友人〉：「憶在江南日，同遊三月時。採茶尋遠澗，鬥鴨向春池。
送客沙頭宿，招僧竹裏棋。如今各千里，無計得相隨。」《全唐詩》卷 384，
頁 4308。

〔註 250〕唐・鄭巢，〈題崔行先石室別墅〉：「山空水繞籬，幾日此棲遲。採菊頻秋醉，
留僧擬夜棋。桂陰生野菌，石縫結寒澌。更喜連幽洞，唯君與我知。」《全唐
詩》卷 504，頁 5739。

〔註 251〕唐・李遠，〈閒居〉：「塵事久相棄，沈浮皆不知。牛羊歸古巷，燕雀遶疏籬。
買藥經年曬，留僧盡日棋。唯憂釣魚伴，秋水隔波時。」《全唐詩》卷 519，
頁 5931。

〔註 252〕唐・許渾，〈姑熟官舍寄汝洛友人〉：「官（宮）靜亦無能，平生少面朋。務開
（一作閒）唯印吏，公退只棋僧。藥鼎初寒火，書（一作香）龕欲夜燈。安
知北溟水，終日送摶鵬。」《全唐詩》卷 530，頁 6060。

〔註 253〕唐・張喬，〈詠棋子贈弈僧〉：「黑白誰能用入玄，千回生死體方圓。空門說得
恆沙劫，應笑終年為一先。」《全唐詩》卷 639，頁 7329。

〔註 254〕唐・楊巨源，〈僧院聽琴〉，《全唐詩》卷 333，頁 3737。按：《唐詩紀事》卷

可見琴聲能觸發禪思（或詩思），在文人與僧人心中，應是共同認可的。

　　張籍〈寄令狐賓客〉，提到令狐友人：「勳名盡得國家傳，退狎琴僧與酒仙。」〔註255〕狎琴僧者，其本身對音樂的欣賞能力自不待言；韓偓言：「動人風月羨琴僧」，〔註256〕僧人與「風月」不應有關，會彈琴的僧人令文人有「風月」之想，自然會讓文人一見難忘，這也是唐人詩中提及棋僧，多不見其名，但對於能琴的僧人，卻多於詩題點出其名，可以看出琴僧在文人心中，是欣賞與崇敬兼具，李白〈聽蜀僧濬彈琴〉：

　　蜀僧抱綠綺，西下峨眉峰。為我一揮手，如聽萬壑松。

　　客心洗流水，餘響入霜鐘。不覺碧山暮，秋雲暗幾重。〔註257〕

僧濬的琴藝，讓李白有如置身松林，不覺日之將暮，反觀僧人聽僧人彈琴，感覺上就不如文人來得細膩有致，貫休〈聽僧彈琴〉：「家近吳王古戰城，海風終日打牆聲。今朝鄉思渾堆積，琴上聞師大蟹行。」〔註258〕詩中這位藉彈琴打發思鄉之苦的僧人，貫休以「大蟹行」來形容其彈琴的姿態，描摩其鄉思有如潮水，可算是知音；齊己在萬物俱寂的秋夜，聽業上人彈琴：「人心盡如此，天下自和平。」〔註259〕齊己當時的內心應多少是「不和平」的；聽僧彈琴之作，最有名的當屬韓愈〈聽穎師彈琴〉：

　　昵昵（一作妮妮）兒女語，恩怨相爾汝。劃然變軒昂，勇士赴敵場。

　　浮雲柳絮無根蒂，天地闊遠隨飛揚。喧啾百鳥群，忽見孤鳳皇。躋

　　攀分寸不可上，失勢一落千丈強。嗟余有兩耳，未省聽絲篁。自聞

　　穎師彈，起坐在一旁（一作床）。推手遽止之，溼衣淚滂滂。穎乎爾

　　　39〈劉禹錫〉，轉引自：楊家駱主編，《歷代詩史長編》第五種（下冊），（臺北：鼎文書局，1971年），頁623。下引版本同。與《全唐詩》卷365，頁4110，均作劉禹錫詩。

〔註255〕唐・張籍，〈寄令狐賓客〉：「勳名盡得國家（一作東）傳，退狎琴僧與酒仙。還帶郡符經幾處，暫辭台座已三年。留司未到龍樓下，拜表長懷玉案前。秋日出城伊水好，領誰相逐上閑船。」《全唐詩》卷385，頁4339。

〔註256〕唐・韓偓，〈格卑〉：「格卑嘗恨足牽仍，欲學忘（一作無）情似（一作盡）不能。入意雲山輸畫匠，動人風月羨琴僧。南朝峻潔推弘景，東晉清狂數季鷹。惆悵後塵流落盡，自拋懷抱醉懵騰。」《全唐詩》卷682，頁7820。

〔註257〕唐・李白，〈聽蜀僧濬彈琴〉，《全唐詩》卷183，頁1868。

〔註258〕唐・貫休，〈聽僧彈琴〉，《全唐詩》卷835，頁9412。

〔註259〕唐・齊己，〈秋夜聽業上人彈琴〉：「萬物都寂寂，堪聞彈正聲。人心盡如此，天下自和平。湘水瀉秋碧，古風吹太清。往年廬岳奏，今夕更分明。」《全唐詩》卷841，頁9496。

誠能，無以冰炭置我腸。〔註260〕

韓愈不愧是譬喻大師，上段用「昵昵兒女語」、「勇士赴敵場」，比喻琴音從輕柔到高昂，雲絮無根喻悠然遠揚，百鳥喧啾、鳳凰忽見，喻琴聲由絮雜而高音突起，韓愈把穎師高超的琴藝描繪得令人如親臨其境；下段言冰炭置腸之悲喜交加，淚滂滂衣，則是韓愈個人的感受，來自異邦的「穎師」，〔註261〕不是因「僧人」的身份令韓愈另眼相看，〔註262〕其琴藝的上乘才是另韓愈折服的主因。

三、花園與藥圃

中醫療方，不僅果實可作藥用，〔註263〕許多花亦可入藥，花園與藥圃經常出現在唐人詩中，「種花藥」成了唐代文人生活的一部份，自娛之外還期待有人同享；〔註264〕寺院僧人更致力於新品種的開發，〔註265〕這是受道教以「藥餌」養生的影響，僧人與文人會在寺院周邊與住宅後面，開闢花園與藥圃，希求長壽的心理並無二致，僧人以「藥餌」養生，乃佛教入中國，受道教的影響之一。〔註266〕

花與藥，與唐代詩人的生活密不可分，孟浩然將尋找花藥作爲生活調劑；〔註267〕錢起新種花藥，邀道士同遊賦詩；〔註268〕王建〈原上新居十三首〉，

〔註260〕唐・韓愈，〈聽穎師彈琴〉，《全唐詩》卷340，頁3813。

〔註261〕唐・李賀，〈聽穎師琴歌〉：「竺僧前立當吾門，梵宮真相眉稜尊。」《全唐詩》卷394，頁4441。可知「穎師」來自印度。

〔註262〕參見：李建崑，〈論韓愈贈僧徒詩〉：「韓愈之盛讚穎師一若盛讚無本，取其才藝之高超而已，並非因其爲僧徒，而別生好感也。」《韓孟詩論叢》（上冊）（臺北：秀威科技出版，2005年），頁122。

〔註263〕宋・李昉等編，《太平廣記》卷411〈紫花梨〉引《耳目記》，載清泰年間，僧季雅與三五知友，夜會越波隄僧院，季雅提到青城山邢道士，曾以紫花梨治好太宗的「心熱之疾」，紫花梨成了貢賦常物之後，武宗朝，季雅的祖父縣宰李尚，曾因守護紫花梨樹不力，風折一枝，被降爲冀州典午，頁3338～3339。

〔註264〕拾得爲國清寺僧，其詩提到：「一入雙谿不計春，鍊暴黃精幾許斤。鑪灶石鍋頻煮沸，土甌久蒸氣味珍。誰來幽谷餐仙食，獨向雲泉更勿人。延齡壽盡招手石（一作拍手去），此樓終不出山門。」《全唐詩》卷807，頁9106。

〔註265〕唐・李肇，《唐國史補》卷（下）：「羅浮甘子，開元中方有，山僧種于南樓寺，其後常資進貢。辛蜀奉天之歲，皆不結實。」楊家駱主編，《唐國史補等八種》，頁64。

〔註266〕廖芮茵，〈唐人服食盛況之分析〉，認爲唐代佛徒的煉丹、求長生，已與道教無別。《唐代服食養生研究》（臺北：臺灣學生書局，2004年），頁268。

〔註267〕唐・孟浩然〈同張明府碧溪贈答〉：「曲（一作別）島尋花藥，回潭折芰荷。」

提到自己「訪僧求賤藥」，又說「陳藥初和白（一作蜜）」，可見他對某些花可以作藥的了解，以及花藥的保存，有一定的常識；〔註269〕李端自承以一性懶的龍鍾老翁，在閉關時能照顧得花藥盛開；〔註270〕不獨紅塵中人，出家僧人對花藥同樣難以忘情，在唐代詩人筆下，常見描述僧人種藥、採藥、洗藥、曬藥，與僧人一同以藥爲食的情景；〔註271〕李頎〈題神力師院〉：「階庭藥草遍，飯食天花香。」〔註272〕常建形容張天師的草堂：「花藥繞方丈，瀑泉飛至門。」〔註273〕孟浩然形容湛法師的禪房：「花藥連冬春。」〔註274〕能遍植花藥，定然是跟花藥四季均可栽種有關，李德裕曾提到：「花藥四時相續，常可留玩。」〔註275〕劉商期待澹上人所採的多爲靈芝，〔註276〕姚合見到山僧引泉洗藥，〔註277〕白居易遊悟眞寺，提到：「其西曬藥臺，猶對芝朮田。」〔註278〕文人自己種藥，「以眾花爲佛事」的僧人闢花圃、藥圃，在其中力耕，以及道院、寺院四處可見的藥圃，藥圃可說是唐人自家的後院，此「後院」在無形中，儼然成爲僧俗兼攝的，心靈的清淨道場。〔註279〕

　　唐代文人闢藥圃，動機不一，錢起〈藍田溪雜詠二十二首・藥圃〉：「春畦生百藥，花葉香初霽。好容似風光（一作日與光風），偏來入叢蕙。」〔註280〕錢起意在享受藥草的花葉香；杜甫則是在栭樹之旁，「近根開藥圃，接葉製茅亭。」

《全唐詩》卷 160，頁 1660。

〔註268〕唐・錢起，〈山居新種花藥與道士同遊賦詩〉，《全唐詩》卷 236，頁 2620。

〔註269〕唐・王建〈原上新居十三首〉：「鎖荼藤籠密，曝藥竹床新。」「細問梨果植，遠求花藥根。」《全唐詩》卷 299，頁 3396。

〔註270〕唐・李端〈贈薛戴〉，《全唐詩》卷 284，頁 3237。

〔註271〕唐・韓翃，〈題龍興寺澹師房〉：「雙林彼上人，詩興轉相親。竹裏經聲晚，門前山色春。卷簾苔點淨，下箸藥苗新。記取無生理，歸來問此身。」《全唐詩》卷 244，頁 2738。

〔註272〕唐・李頎，〈題神力師院〉，《全唐詩》卷 132，頁 1347。

〔註273〕唐・常建〈張天師草堂〉，《全唐詩》卷 144，頁 1459。

〔註274〕唐・孟浩然〈還山貽湛法師〉，《全唐詩》卷 159，頁 1620。

〔註275〕唐・李德裕〈春暮思平泉雜詠二十首〉，《全唐詩》卷 475，頁 5408。

〔註276〕唐・劉商，〈酬澹上人采藥見寄〉：「玉英共采時，雲嶺獨先過。應得靈芝也，詩情一倍多。」《全唐詩》卷 304，頁 3458。

〔註277〕唐・姚合，〈題僧院引泉〉：「泉眼高千尺，山僧取得歸。架空橫竹引，鑿石透渠飛。洗藥溪流濁，澆花雨力微。朝昏長遶看，護惜似持衣。」《全唐詩》卷 499，頁 5676。

〔註278〕唐・白居易，〈遊悟眞寺詩〉，《全唐詩》卷 429，頁 4736。

〔註279〕唐・王維，〈薦福寺光師房花藥詩序〉，《全唐文》卷 325，頁 3297～3298。

〔註280〕唐・錢起，〈藍田溪雜詠二十二首・藥圃〉，《全唐詩》卷 239，頁 2685。

〔註281〕是著眼於空間的利用；唐代文人親自種藥，是「淵明情結」之一，結果有類似陶淵明「草盛豆苗稀」之苦的，如：盧綸〈郊居對雨寄趙涓給事包佶郎中〉，對老友說明自己因爲年老體衰，故而「藥圃不堪鋤」；〔註282〕也有享受到「悠然見南山」之樂的，如：劉禹錫〈酬樂天晚夏閒居欲相訪先以詩見貽〉，提到「藥圃夏頻薅」，劉禹錫「老是班行舊」，〔註283〕鋤藥應是他健身的項目；施肩吾在有殘雪的早春，「井泉添碧甃，藥圃洗朱欄。」〔註284〕陸龜蒙之所以寫下三十首〈自遣詩〉，是因爲「農夫日以耒耜事相聒」，使得他也擔心藥圃的新苗，會被無知的稚子，拿去當鬥草的「物色」之一。〔註285〕

　　唐人的居家生活，種藥是家業之一，王維到濟州拜訪趙叟，提到趙叟：「荷鋤修藥圃，散帙曝農書。」〔註286〕劉得仁言陶山人：「藥圃妻同耨」，〔註287〕司空曙因爲「兒女未成人」，不忍遁入空門，在〈閒園即事寄暕公〉一詩提到：「藥圃蟲喧秋雨頻」；〔註288〕錢起〈天門谷題孫逸人石壁〉，形容孫逸人家中的藥圃有蝴蝶飛舞；〔註289〕上舉趙叟閒時得修治藥圃，陶山人與妻同耨藥圃，孫逸人的藥圃可見蝴蝶亂飛，司空曙的藥圃聽到有蟲喧鳴，均是詩人以持家

〔註281〕唐・杜甫，〈高柟〉：「柟樹色冥冥，江邊一蓋青。近根開藥圃，接葉製茅亭。落景陰猶合，微風韻可聽。尋常絕醉困，臥此片時醒。」《全唐詩》卷226，頁2441。

〔註282〕唐・盧綸，〈郊居對雨寄趙涓給事包佶郎中〉，《全唐詩》卷278，頁3157。

〔註283〕唐・劉禹錫，〈酬樂天晚夏閒居欲相訪先以詩見貽〉：「……酒醅晴易熟，藥圃夏頻薅。老是班行舊，閒爲鄉里豪。經過更何處，風景屬吾曹。」《全唐詩》卷362，頁4093。

〔註284〕唐・施肩吾，〈早春殘雪〉，《全唐詩》卷494，頁5587。

〔註285〕唐・陸龜蒙，〈自遣詩〉：「無多藥圃近南榮，合有新苗次第生。稚子不知名品上，恐隨春草鬥輸贏。」《全唐詩》卷628，頁7209。

〔註286〕唐・王維，〈濟州過趙叟家宴〉：「雖與人境接，閉門成隱居。道言莊叟事，儒行魯人餘。深巷斜暉靜，閒門高柳疏。荷鋤修藥圃，散帙曝農書。上客搖芳翰，中廚饋野蔬。夫君第高飲，景晏出林閭。」《全唐詩》卷127，頁1290。

〔註287〕唐・劉得仁，〈贈陶山人〉：「處士例營營，惟君縱此生。閒能資壽考，健不換公卿。藥圃妻同耨，山田子共耕。定知丹熟後，無姓亦無名。」《全唐詩》卷544，頁6297。

〔註288〕唐・司空曙，〈閒園即事寄暕公〉：「欲就東林寄一身，尚憐兒女未成人。柴門客去殘陽在，藥圃蟲喧秋雨頻。近水方同梅市隱，曝衣多笑阮家貧。深山蘭若何時到，羨與閒雲作四鄰。」《全唐詩》卷292，頁3318。

〔註289〕唐・錢起，〈天門谷題孫逸人石壁〉：「崖石（一作口）亂流處，竹深斜照歸。主人臥磻石，心耳滌清暉。春雷近作解，空谷半芳菲。雲棟綵虹宿，藥圃蝴蝶飛。惡囂慕嘉遯，幾夜瞻少微。相見竟何說，忘情同息機。」《全唐詩》卷236，頁2612。

業的心情看待；白居易在香爐峰下新蓋好草堂，就提到：「藥圃茶園爲產業」，〔註 290〕司空圖〈丁巳元日〉：「移居荒藥圃」，〔註 291〕可見在唐人心中，藥圃確實是不折不扣的一份「家業」；唐代一般人家視藥圃爲「家業」，陸龜蒙〈奉和襲美題達上人藥圃二首〉，描述寺院種藥的原因：

> 藥味多從遠客齎，旋添花圃旋成畦。三椏舊種根應異，九節初移葉尚低。山芙便和幽澗石，水芝須帶本池泥。從今直到清秋（一作明）日，又有香苗幾番（一作畚，筐也）齊。

> 淨名無語示清羸，藥草搜來喻更微。一雨一風皆遂性，花開花落盡忘機。教疏免鏤金弦亂（兔絲別名），自擁龍芻紫秇肥。莫怪獨親幽圃坐，病容銷盡欲依歸。〔註 292〕

有「養病」設施（詳見第八章）的寺院，闢有藥圃是自然之事，沒有醫療設施的寺院，僧人亦種藥，杜甫〈太平寺泉眼〉，提到此一「取供十方僧，香美勝牛乳。」的「泉眼」，就聯想到「餘潤通藥圃」，〔註 293〕可見對於寺院來說，種藥主要的目的在於方便不求人；廣宣生病時，寫道：「閒收無效藥，遍寄有情人。」〔註 294〕廣宣要把對自己「無效」之藥贈人，可見贈藥一如贈茶，都是十分生活化的禮物。

四、共結林中社

慧遠與劉遺民等十八人，在廬山北面般若雲台精舍的阿彌陀佛像前，立誓同生西方淨土，共結蓮社，唐代文人效法蓮社之「東林」情結，在中晚唐文人身上至爲明顯；從結社名稱之多樣，可見中晚唐文人與僧人結社盛行，〔註 295〕其中不全爲嚮往西方淨土者，唐代僧俗結社的目的跟活動內容，比

〔註 290〕唐・白居易，〈香爐峰下新卜山居草堂初成偶題東壁〉：「長松樹下小溪頭，班鹿胎巾白布裘。藥圃茶園爲產業，野麋林鶴是交遊。雲生澗戶衣裳潤，嵐隱山廚火燭幽。最愛一泉新引得，清冷屈曲繞階流。」《全唐詩》卷 439，頁 4891。

〔註 291〕唐・司空圖，〈丁巳元日〉《全唐詩》卷 885，頁 10000。

〔註 292〕唐・陸龜蒙，〈奉和襲美題達上人藥圃二首〉，《全唐詩》卷 625，頁 7183。

〔註 293〕唐・杜甫，〈太平寺泉眼〉，《全唐詩》卷 218，頁 2289。

〔註 294〕唐・李益，〈宣上人病中相尋聯句〉：「策杖迎詩客，歸房理病身。閒收無效藥，遍寄有情人（廣宣）。草木分千品，方書問六陳。還知一室內，我爾即天親（益）。」《全唐詩》卷 789，頁 8889。

〔註 295〕唐代文人與僧人共結社，名稱有：東林社、靜社、蓮社、遠公社、僧社等，此處專就文人與僧人之間，以某種共同的目的或興趣爲出發點的結社行爲予

起慧遠的蓮社，也更富變化，在白居易詩中，就有：西方社、菩提香火社、僧社，不僅文人愛與僧人結社，僧人更愛與高僧結社，晚唐活動力十足的齊己可爲代表。〔註296〕

　　文人入社之心態，有抱著宗教使命感的，如李涉：「十地初心在此身，水能生月即離塵。如今再結林中社，可羨當年會裏人。」〔註297〕「十地」是華嚴宗言大乘菩薩修行的十種階段，〔註298〕權德輿與李涉同在憲宗朝爲官，〈酬靈徹上人以詩代書見寄〉雖標舉「南宗」，「更喜開緘銷熱惱，西方社裏舊相親。」〔註299〕權德輿詩中的「西方社」，應是泛稱，不一定專指爲往生淨土的念佛社，此可從權德輿送文暢時順邀：「或結西方社，師遊早晚迴。」〔註300〕得知；白居易雖自稱「西方社裡人」，卻道出應學南宗禪，〔註301〕可見在文士心裡，加入「西方社」，就是取得進入佛國的通行證，這種非專主某一宗派的結社情形，在晚唐文人身上仍可看到。〔註302〕

　　僧俗共結西方社，其活動走向，大致可看出僧人與文人各有不同的需求，在僧人方面，貫休所參加的林中社，「多招席上珍」，〔註303〕此當與崔

以討論，庶民與僧人的結社（詳見第六章）在此不作探討。

〔註296〕唐・釋齊己，〈亂後經西山寺〉：「松燒寺破是刀兵，谷變陵遷事可驚。雲裏乍逢新住主，石邊重認舊題名。閒臨菡萏荒池坐，亂踏鴛鴦破瓦行。欲伴高僧重結社，此身無計捨前程。」《全唐詩》卷845，頁9553。

〔註297〕唐・李涉，〈游西林寺〉，《全唐詩》卷477，頁5438。

〔註298〕晉・佛馱跋陀羅譯，《大方廣佛華嚴經》卷23〈十地品〉第二十二之一：「菩薩摩訶薩智地有十，……。何等爲十？一曰歡喜、二曰離垢、三曰明、四曰焰、五曰難勝、六曰現前、七曰遠行、八曰不動、九曰善慧、十曰法雲。……此十地是菩薩最上妙道。」《大正藏》第9冊，頁542～543。

〔註299〕唐・權德輿，〈酬靈徹上人以詩代書見寄〉：「蓮花出水地無塵，中有南宗了義人。已取貝多翻半字，還將陽燄諭三身。碧雲飛處詩（一作詞）偏麗，白月圓時信本眞。更喜開緘銷熱惱，西方社裏舊相親。」《全唐詩》卷321，頁3618。

〔註300〕唐・權德輿，〈送文暢上人東遊〉：「桑門許辯才，外學接宗雷。護法麻衣淨，翻經貝葉開。宗通（一作塵喧）知不染，妄想自堪哀。或（一作載）結西方社，師遊早晚迴。」《全唐詩》卷323，頁3635。

〔註301〕唐・白居易，〈臨水坐〉：「昔爲東掖垣中客，今作西方社內人。手把楊枝臨水坐，閒思往事似前身。」〈重修香山寺畢題二十二韻以紀之〉：「……南祖心應學，西方社可投。先宜知止足，次要悟浮休。……」《全唐詩》卷439、卷454，頁4891、5139。

〔註302〕唐・姚合，〈送澄江上人赴興元鄭尚書招〉：「師經非紙上，師佛在心中。覺路何曾異，行人自不同。水雲晴亦雨，山木（一作舍）夜多風。閒結西方社，尚書待遠公。」《全唐詩》卷496，頁5631。

〔註303〕唐・釋貫休，〈送崔尚書朝覲〉：「……伊昔林中社，多招席上珍。終期仙掌下，

尚書的地位有關；杜牧〈送太昱禪師〉，提到「結社多高客」，〔註304〕多半是因太昱禪師的魅力，齊己的「東林社」、「蓮社」，則是以品茶、作詩、聯唱為主，〔註305〕而在文人方面，結社的內容有：談空說禪，〔註306〕品茶論詩，〔註307〕禪修避靜；〔註308〕從中唐至晚唐不間斷的，詩人亟盼入社的心情，〔註309〕從白居易、劉禹錫離社之後，對昔日社中諸僧的懷念，〔註310〕

香火一相親。」《全唐詩》卷832，頁9386

〔註304〕唐・杜牧，〈送太昱禪師〉：「禪床深竹裏，心與徑山期。結社多高客，登壇盡小師。早秋歸寺遠，新雨上灘遲。別後江雪碧，南齋一首詩。」《全唐詩》卷526，頁6025。

〔註305〕唐・釋齊己，〈寄江西幕中孫魴員外〉：「簪履為官興，芙蓉結社緣。應思陶令醉，時訪遠公禪。茶影中殘月，松聲裏落泉。此門曾共說，知未遂終焉。」〈答崔校書〉：「雪色衫衣絕點塵，明知富貴是浮雲。不隨喧滑迷真性，何用潺湲洗污聞。北闕會拋紅駃騠，東林社憶白氛氳。清吟有興頻相示，欲得多慚蠹蝕文。」〈勉詩僧〉：「莫把毛生刺，低佪謁李膺。須防知佛者，解笑愛名僧。道性宜如水，詩情合似冰。還同蓮社客，聯唱遶香燈。」《全唐詩》卷839、卷844、840，頁9472、9541、9478。

〔註306〕唐・劉禹錫，〈送鴻舉遊江西〉：「禪客學禪兼學文，出山初似無心雲。……鐘陵八郡多名守，半是西方社中友。與師相見便談空，想得（一作佇聽）高齋（一作聲）獅子吼。」戴叔倫，〈赴撫州對酬崔法曹夜雨滴空階五首〉：「……高會棗樹宅，清言蓮社僧。……」《全唐詩》卷356、274，頁4007、3098。

〔註307〕唐・戴叔倫，〈與友人過山寺〉：「共有春山興，幽尋此日同。談詩訪靈徹，入社愧陶公。竹暗閒房雨，茶香別院風。誰知塵境外，路與白雲通。」《全唐詩》卷273，頁3078。

〔註308〕唐・周賀，〈秋晚歸廬山留別道友〉：「病起陵陽思翠微，秋風動後著行衣。月生石齒人同見，霜落木梢愁獨歸。已許衲僧修靜社，便將樵叟對門扉。不嫌舊隱相隨去，廬岳臨天好息機。」張登，〈招客遊寺〉：「江城吏散捲（一作倦）春陰，山寺鳴鐘隔雨深。招取遺民赴僧社，竹堂分坐靜看心。」《全唐詩》卷503、卷313，頁5728、3526。

〔註309〕唐・劉禹錫，〈廣宣上人寄在蜀與韋令公唱和詩卷因以令公手扎答詩示之〉：「碧雲佳句久傳芳，曾向成都住草堂。振錫常過長者宅，披衣（一作文）猶帶令公香。一時風景添詩思，八部人天入道場。若許相期同結社，吾家本自有柴桑。」唐・張祜，〈題蘇州思益寺〉：「四面山形斷，樓臺此迴臨。兩峰高岸屹，一水下淫滲。鑿石西龕小，穿松北塢深。會當來結社，長日為僧吟。」司空曙，〈題凌雲寺〉：「春山古寺遶滄波，石磴盤空鳥道過。百丈金身開翠壁，萬龕燈焰隔煙蘿。雲生客到侵衣溼，花落僧禪覆地多。不與方袍同結社，下歸塵世竟如何。」韋蟾，咸通時人，其〈岳麓道林寺〉：「悲我未離擾擾徒，勸我休學悠悠者。何時得與劉遺民，同入東林遠公社。」《全唐詩》卷359、卷510、卷292、卷566，頁4059、5820、3319、6557。

〔註310〕唐・白居易，〈與果上人歿時題此訣別兼簡二林僧社〉：「本（一作願）結菩提

可看出僧人與文士之間，這種短期的詩會、聚會，雖不同於庶民發起的，長期的邑社組織，但靠著詩人豐富情感的筆鋒，實實在在地見證了唐代的林下風流，特別是晚唐詩人，如溫庭筠、陸龜蒙、張蠙、李山甫，對昔日社友的懷念，〔註311〕可知僧俗結社的風潮，至唐滅後仍不衰。〔註312〕

第四節　寓止佛寺與習業山林

　　唐代佛寺的題壁詩，除了清楚呈現出唐代文人內心世界傾向宗教的部分，習業禪林的舉子，睹名人所題之詩作，作爲自己學習創作的範本，從應考舉子習業山林的情形，可得見唐代士子血淚交織的仕途縮影。僧人影響科舉，大別有：僧人親爲儒者師；寺院有優越的藏書條件，還設立義學，爲貧寒子弟提供膳食；僧人還廣交舉子與主考官，預先取得考情；向舉子指出應考秘訣，〔註313〕寺院與僧人能提供應舉士子以上的幫助，士人習業山林，自盛唐至唐末始終盛行。

香火社，爲嫌煩惱電泡身。不須惆悵從師去，先請西方作主人。」〈春憶二林寺舊遊因寄朗滿晦三上人〉：「一別東林三度春，每春常似憶情親。頭陀會裏爲逋客，供奉班中作老臣。清淨久辭香火伴，塵勞難索幻泡身。最慚僧社題橋（一作牆，又作名）處，十八人名（一作中）空一人。」劉禹錫，〈贈別約師〉：「師逢吳興守（一作寺），相伴住禪扃。春雨同栽樹，秋燈（一作風）對講經。廬山曾結社，桂水遠揚舲。話舊還惆悵，天南望柳星。」《全唐詩》卷440、442、357，頁4902、4933、4015。

〔註311〕溫庭筠，〈重遊圭（一作東）峰宗密禪師精廬（一作哭盧處士）〉：「……暫對杉（一作山）松（一作松杉）如結社，偶同（一作因）麋鹿自成群。故山弟子空迴首，蔥嶺唯（一作還）應見宋（一作彩）雲。」陸龜蒙，〈奉和襲美夏景無事因懷章來二上人次韻〉：「……還聞擬結東林社，爭奈淵明醉不來。忽憶高僧坐夏堂，厭泉聲鬧笑雲忙。……」張蠙，「芳林十哲」之一，其〈寄太白禪師〉：「何年萬仞頂，獨有坐禪僧。客上應無路，人傳或見燈。齋廚（一作盂）唯有橡，講石任生藤。遙想東林社，如師誰復能。」李山甫，〈酬劉書記一二知己見寄〉：「……晦跡全無累，安貧自得宜。同人終念我，蓮社有歸期。」《全唐詩》卷578、卷625、卷702、卷643，頁6717、7184、8077、7370。

〔註312〕南唐・李建勛，〈鐘山寺避暑勉二三子〉：「樓臺雖少景何深，滿地青苔勝布金。松影晚留僧共坐，水聲閒與客同尋。清涼會擬歸蓮社，沈湎終須棄竹林。長愛寄吟經案上，石窗秋霽向千岑。」《全唐詩》卷739，頁8432。

〔註313〕查明昊、司立芳，〈唐代僧人與科舉〉，《西南交通大學學報》第6卷第5期，2005年9月。

一、寓止佛寺

東晉士人在永嘉亂後避禍山林，唐代文人暫居山林的原因較爲複雜，文人寓止佛寺的動機不一，崔煒因家財散盡，而棲身佛寺；〔註314〕王立因有司爲難，而乞食佛寺，〔註315〕二者均屬少見，徐安貞爲防李右座加害，〔註316〕選擇避居佛寺；〔註317〕徐敬業兵敗後，與同伴數十人削髮爲僧，隱於大孤山，法名住括，天寶初年，至南嶽衡山寺自曝身份，言已證四果並預言死期，可見唐代佛寺，在初、盛唐之時，已成爲避難的處所。〔註318〕

《新唐書》載：「天寶後，詩人多爲憂苦流寓之思，及寄興于江湖僧寺。」〔註319〕寓止寺院的文人，有因避亂選擇寺院暫居，〔註320〕然較常見的是「客遊」、「宦遊」，雍陶〈旅懷〉：「舊里已悲屋產業，故山猶戀有煙霞。自從爲客歸時少，旅館僧房卻是家。」〔註321〕韋皋未鎮蜀之前，投靠姜使君，姜使君入關求官，韋皋易居於頭陁寺；〔註322〕客遊他鄉爲求功名，是文人居寺的主

〔註314〕唐・裴鉶，《傳奇・崔煒》，載貞元年間，監察崔向之子崔煒，「不事生產，多尚豪俠。不數年，財業殫盡，多棲止佛舍。」轉引自楊家駱主編，《唐國史補等八種》，頁1。

〔註315〕唐・薛用弱，《集異記・賈人妻》，載：「餘干縣尉王立調選，傭居大寧里。文書有誤，爲主司駁放。資財蕩盡，僕馬喪失。窮悴頗甚，每丐食於佛祠。」轉引自：《太平廣記》卷196〈賈人妻〉，頁1471～1472。

〔註316〕唐・范攄，《雲溪友議》卷中〈李右座〉，載開元時李林甫擅權：「天下之能名，須出其門也。如不稱意者，必遭竄逐之禍。……其榮顯謂之右座相公，軒蓋諸侯，見者如履冰谷。」轉引自：楊家駱主編，《唐國史補等八種》，頁34。

〔註317〕唐・范攄，《雲溪友議》卷中〈李右座〉，載徐安貞曾參李林甫，因懼而逃至衡山岳寺，「爲東林掇疏行者，而喑啞不言者數年。」後因修佛殿，寺僧請人題梁柱，徐安貞留字後，被遊寺的李邕認出筆跡，同載而回，頁35。

〔註318〕宋・李昉等編，《太平廣記》卷91〈徐敬業〉引《紀聞》，頁605。

〔註319〕宋・歐陽修、宋祁撰，《新唐書》卷35，頁921。

〔註320〕唐・王駕，〈過故友居〉：「鄰笛寒吹日落初，舊居今已別人居。亂來兒侄皆分散，惆悵僧房認得書。」《全唐詩》卷690，頁7919。王駕詩中的舊居，應是僧院；另：《全唐詩》卷673，載周朴於黃巢寇閩時，避地福州，寄食於烏石山僧寺。黃巢欲降之，周朴不從，遂遇害；至於黃巢，兵敗後避居佛寺，繪己之像題詩曰：「記得當年草上飛，鐵衣著盡著僧衣。天津橋上無人識，獨倚欄桿看落暉。」《全唐詩》卷733，頁8384。元稹，《鶯鶯傳》，鶯鶯與其母返長安途中，因避蒲縣軍人之擾，暫住普救寺，可見唐代寺院除了是佛門，還具有大開方便之門的旅舍功能。

〔註321〕唐・雍陶，〈旅懷〉，《全唐詩》卷518，頁5923。

〔註322〕唐・范攄，《雲溪友議》卷中〈玉簫化〉，轉引自楊家駱主編，《唐國史補等八種》，頁24。

因，此外，亦有地方官吏，選擇佛寺暫居，是爲「宦遊」，張喬〈弔建州李員外〉：「客傳爲郡日，僧說讀書年。」〔註323〕詩中的李員外，應該也在佛寺待過一段時間；王建〈初到昭應呈同僚〉，點明要「長借老僧房」；〔註324〕貫休〈寄杭州靈隱寺宋震使君〉：「罷郡歸侵夏，仍聞靈隱居。」〔註325〕詩中的宋震使君，便是暫住靈隱寺；李騭〈題惠山寺詩序〉，說自己曾經三年，「肄業於惠山寺」；〔註326〕鄭谷在西蜀五、六年，「多寓止精舍，與圓昉上人爲淨侶。」〔註327〕同樣屬於宦遊居寺。

　　爲官者之所以長期居寺，原因有二：一是貧，二是閒；貞元中，韓城令劉溉卒官，因爲家貧，暫寓縣中佛寺；〔註328〕姚合「官罷貧還甚」，罷武功縣丞時，曾有過「欲泥山僧分屋住」的念頭；〔註329〕劉公瞻任大理評事，「日饘粥不給，嘗於安國寺相識僧處謁飱。」〔註330〕除了貧官居寺，閒官亦居寺，白居易〈閒吟二首〉之一：「官寺行香少，僧房寄宿多。」〔註331〕可見爲官有閒，才能經常住在寺裡；暫寓佛寺的文人，除了貧官與閒官，也有本身不是釋子，卻愛與僧交遊者，如顏眞卿，〈泛愛寺重修記〉：

　　　　予不信佛法，而好居佛寺，喜與學佛者語。人視之，若酷信佛法者
　　　　然，而實不然也。予未仕時，讀書講學，恒在福山，邑之寺有類福

〔註323〕唐·張喬，〈弔建州李員外〉：「銘旌歸故里，猿鳥亦淒然。已葬桐江月，空迴建水船。客傳爲郡日（一作政），僧說讀書年。恐有吟魂在，深山古木邊。」《全唐詩》卷638，頁7307。

〔註324〕唐·王建，〈初到昭應呈同僚〉：「白髮初爲吏，有慚年少郎。自知身上拙，不稱世間忙（一作強）。秋雨懸牆綠，暮山宮（一作官）樹黃。同官若容許，長借老僧房。」《全唐詩》卷299，頁3393。

〔註325〕唐·貫休，〈寄杭州靈隱寺宋震使君〉：「罷郡歸侵夏，仍聞靈隱居。僧房謝朓語，寺額葛洪書。月樹獼猴睡，山池菡萏疏。吾皇愛清靜，莫便結吾廬。」《全唐詩》卷832，頁9384。

〔註326〕唐·李騭，〈題惠山寺詩序〉「肄業」：「太和五年四月，予自江東將西歸潯陽，路出錫邑，因肄業於惠山寺。居三歲。」《全唐文》卷724，頁7453。

〔註327〕唐·鄭谷，《全唐詩》卷674，頁7723。

〔註328〕唐·劉溉，〈贈竇丞〉，《全唐詩》卷865，頁9782。

〔註329〕唐·姚合，〈罷武功縣將入城〉：「乍拋衫笏覺身輕，依舊還稱學道名。欲泥山僧分屋住，羞從野老借牛耕。……亦知官罷貧還甚，且喜閒來睡得多。欲與九衢親故別，明朝拄杖始經過。」《全唐詩》卷498，頁5659。

〔註330〕宋·孫光憲，《北夢瑣言》卷3，頁13。

〔註331〕唐·白居易，〈閒吟二首〉之一：「留司老賓客，春盡興如何。官寺行香少，僧房寄宿多。閒傾一醆酒，醉聽兩聲歌。憶得陶潛語，義皇無以過。」《全唐詩》卷451，頁5093。

山者，無有無予蹟也。〔註332〕

顏眞卿在佛寺讀書、講學，是因爲「喜與學佛者語」，此與杜甫說自己是因爲「貪佛」，才「隨意宿僧房」，〔註333〕兩人的居寺動機相同；杜甫〈題忠州龍興寺所居院壁〉：「空看過客淚，莫覓主人恩。」〔註334〕也不排除杜甫居寺的原因是因爲貧窮；齊己〈送李秀才歸湘中〉：「君歸爲問峰前寺，舊住僧房鎖在無。」〔註335〕李秀才臨別時，問起舊住的僧房鎖也無，可見與齊己交情深厚。

　　文人住僧房的經驗與感受所寫的詩作，後來的文人，不論目睹或耳聞，也會聞風而至；閻防除了曾在終南山豐德寺讀書（《全唐詩》卷253），也曾住過崇濟寺，岑參的居處與崇濟寺接近，攜帶琴、酒前往，〔註336〕目的不是訪閻防，岑參想體會的，是閻防曾經享受過的，寺院幽居的雅興；若有名人長期居寺，對寺僧來說，是難得的因緣際會，劉禹錫〈贈別約師〉，提到文約師是經由曾經「聯棟而居」的柳宗元介紹而來；〔註337〕若與名僧詩篇唱和，被譏爲是走「終南捷徑」者，往往也會因此留名，韋丹〈思歸寄東林澈上人・并序〉，言靈澈上人以〈匡廬七詠〉見寄，〔註338〕韋丹吟詠之後，「益發歸歟

〔註332〕清・董誥等編，《全唐文》卷337，頁3419。
〔註333〕唐・杜甫，〈和裴迪登新津寺寄王侍郎〉（原注：王時牧蜀，《英華》作〈奉和裴十四迪新津山寺〉）〉：「何限（一作恨）倚山木，吟詩秋葉黃。蟬聲集古寺，鳥影度寒塘。風物悲遊子，登臨憶侍郎。老夫貪佛（一作賞，一作賓）日，隨意宿僧房。」《全唐詩》卷226，頁2436。
〔註334〕唐・杜甫，〈題忠州龍興寺所居院壁〉：「忠州三峽內，井邑聚雲根。小市常爭米，孤城早閉門。空（一作宴）看過客淚，莫覓主人恩。淹泊（一作薄）仍愁虎，深居賴獨園。」《全唐詩》卷229，頁2489。
〔註335〕唐・齊己，〈送李秀才歸湘中〉：「詞客攜文訪病夫，因吟送別憶湘湖。寒消浦漵催鴻雁，暖入溪山養鷓鴣。僧向月中尋岳麓，雲從城上去蒼梧。君歸爲問峰前寺，舊住僧房鎖在無。」《全唐詩》卷845，頁9560。
〔註336〕唐・岑參，〈攜琴酒尋閻防崇濟寺所居院〉：「相訪但尋鐘，門寒古殿松。彈琴醒暮酒，卷幔引諸峰。事憩林中語，人幽物外蹤。吾廬幸接近，茲地興偏慵。」《全唐詩》卷200，頁2086。
〔註337〕唐・劉禹錫，〈贈別約師（并引）〉：「貧道昔浮湘川，會柳儀曹謫零陵，宅於佛寺。幸聯棟而居者有年，由是時人大士得落耳界，夫聞爲見因。今日之來，曩時之因耳。時儀曹牧柳州，與八句贈別：「師逢吳興守（一作寺），相伴住禪扃。春雨同栽樹，秋燈（一作風）對講經。廬山曾結社，桂水遠揚舲。話舊還惆悵，天南望柳星。」《全唐詩》卷，頁4015。
〔註338〕唐・范攄，《雲溪友議》卷中〈思歸隱〉，「匡廬七詠」注：「蓮花峰、石鏡、虎跑泉、聰明水、白鹿洞、鐵船、康王廟。」頁27。

之興」，詩曰：「王事紛紛無暇日，浮生冉冉只如雲。已爲平子歸休計，五老巖前必共聞。」〔註339〕靈澈答詩曰：「年老心閒無外事，麻衣草座亦容身。相逢盡道休官好，林下何曾見一人。」〔註340〕靈澈此詩可說是對於寓止佛寺，而心懷魏闕的假隱者，最直接的批判。

二、習業山林

《南部新書》言長安舉子，落第者在六月後不出京城，謂之「過夏」；借靜坊廟院或閒宅居住，以便作新文章，謂之「夏課」；十人、五人醵率酒饌，請題目於知己朝達者，謂之「私試」；七月後，投獻新課，并干諸州府拔解，時人稱：「槐花黃，舉子忙。」〔註341〕文士多借靜坊廟院，以及閒宅居住，不在國學讀書，是唐代國學已衰的證明，《唐會要・學校》載唐初國學之盛：

> 武德元年十一月四日，詔皇族子孫，及功臣子弟，于祕書外省，別
> 立小學。貞觀五年以後，太宗數幸國學太學，遂增築學舍一千二百
> 間；國學太學四門，亦增生員。其書算等，各置博士，凡三千二百
> 六十員。其屯營飛騎，亦給博士，授以經業。已而高麗、百濟、新
> 羅、高昌、吐蕃、諸國酋長，亦遣子弟請入國學，於是國學之內，
> 八千餘人，國學之盛，近古未有。〔註342〕

高祖武德七年二月，爲「崇尙儒宗」下〈興學敕〉，提到「豈有沙門事佛，靈宇相望；朝賢宗儒，辟雍頓廢。」高祖還「親自觀講」，命令「諸公王子弟，並宜率先，自相勸勵。」〔註343〕貞觀五年以後，國學大盛，後之士人何以捨官學不就，仍要到寺院讀書，除了與開元二十一年，「許百姓任立私學，欲其寄州縣受業者亦聽。」的政令有關以外，則天朝對於官學的濫授博士、助教，〔註344〕是天寶以後，文人多於寺院讀書的原因之一。

習業山林的舉子，大不同於游丐的舉子，游丐舉子有的會向地方官挑剔、

〔註339〕唐・韋丹，〈思歸寄東林澈上人〉，《全唐詩》卷158，頁1615。

〔註340〕唐・釋靈澈，〈東林寺酬韋丹刺史〉，《全唐詩》卷810，頁9133。

〔註341〕宋・錢易，《南部新書》（乙），頁21～22。

〔註342〕宋・王溥，《唐會要》卷35〈學校〉，頁633。

〔註343〕宋・宋敏求編、洪丕謨等點校，《唐大詔令集》卷105，頁491。

〔註344〕五代・後晉・劉昫等撰，《舊唐書》卷189（上）：「及則天稱制，以權道臨下，不吝官爵，取悅當時。其國子祭酒，多授諸王及駙馬都尉。……至於博士、助教，唯有學官之名，多非儒雅之實。……因是生徒不復以經學爲意，唯苟希僥倖。二十年間，學校頓時隳廢矣。」頁4942。

不恭，甚至是勒索，〔註345〕此外，《舊唐書·儒學》也提到生徒「茍希僥倖」，當代聞人亦懂得示人以「捷徑」，韓愈、皇甫湜教牛僧儒，「于客戶坊僦一室而居。」二人再以題訪不遇，使其名動京城，〔註346〕而不得名人「公薦」的士子，只能把暫隱山林作為前進仕途的階梯，《新唐書·隱逸》序：「然放利之徒，假隱自名，以詭祿仕，肩相摩於道，至號終南、嵩少為仕途捷徑，高尚之節喪焉。」〔註347〕元和年間，京兆韋思恭與董生、王生三人，自動結伴在嵩山岳寺肄業；〔註348〕韓愈亦曾強逼其侄於僧院讀書；〔註349〕鄴侯李泌曾在衡岳寺讀書，因而結識懶殘，懶殘並預言李泌將為二十年宰相，以上諸人，均將習業山林作為前進仕途的跳板，雖然，亦有「寓居寺中，以清淨自守，垂三十年。」〔註350〕如王紹宗者，畢竟不多見。

　　會昌五年五月，毀佛達到最高潮，《唐會要》載會昌五年正月，制：「公卿百官子弟，及京畿內士人、寄客，脩明經、進士業者，並宜隸於太學，外州縣寄學及士人，並宜隸所在官學。」〔註351〕嚴耕望認為此敕「與毀佛運動有關。」〔註352〕側面也顯示會昌毀佛以前，文人山林習業的盛況；〔註353〕到了晚唐，寺院讀書的風氣並未因為會昌毀佛後，佛寺數目減少而消歇，反而更加盛行，劉寧據《舊五代史》、《十國春秋》，統計出唐末士人隱逸山林，共有 85 位，其中僅 11 位是真正的隱士，其他則是因仕途失意，大部分是因科場不利而隱居。〔註354〕

〔註345〕參見：黃雲鶴，〈唐代舉子游丐之風——《太平廣記》所見唐代舉子生活態之一〉，《古籍整理研究學刊》，2004 年 1 月。

〔註346〕五代·王定保撰、姜漢椿校注，《唐摭言》卷 6〈公薦〉，頁 118～119。

〔註347〕宋·歐陽修、宋祁撰，《新唐書》卷 196，頁 5594。

〔註348〕宋·李昉等編，《太平廣記》卷 422〈韋思恭〉，頁 3437。

〔註349〕唐·段成式，《酉陽雜俎》前集卷 19：「韓令學院中伴子弟，子弟悉為凌辱。韓知之，遂為街西假僧院令讀書。經旬，寺主綱復訴其狂率，韓遽令歸。」頁 185。

〔註350〕五代、後晉·劉昫等撰，《舊唐書》卷 189（下）〈王紹宗〉：「紹宗少勤學，徧覽經史，尤工草隸。家貧常傭力寫佛經以自給，每月自支錢足即止，雖高價盈倍，亦即拒之。」頁 4963～4964。

〔註351〕宋·王溥，《唐會要》卷 35〈學校〉，頁 635。

〔註352〕嚴耕望，〈唐人習業山林寺院之風尚〉，《嚴耕望史學論文選集》（臺北：聯經出版事業公司，1991 年），頁 279。

〔註353〕吳在慶，〈讀書習業的生活心態與文學〉，認為唐代讀書人在山中讀書的情況直到晚唐依然，除了因為亂世避禍，追慕前賢遺跡之外，最主要的是想獲取功名。《唐代文士的生活心態與文學》（安徽：黃山書社，2006 年），頁 23～24。

〔註354〕劉寧，《唐宋之際詩歌演變研究·附錄》（北京：師範大學出版社，2002 年），

晚唐士人於寺院讀書，多選擇大寺，黃滔〈莆山靈巖寺碑銘〉，具體描述晚唐期間，士子在靈巖寺習業的盛況：

> 初，侍御使濟南臨公藻與其季水部員外郎蘊，貞元中谷茲而業文，歐陽四門捨泉山而詣焉。……大中中，潁川陳蔚、江夏黃楷、長沙歐陽碣兼愚慕三賢（按：指元和才子章孝標、邵楚萇、朱可名之詩）之懿躅，葺齋於東峰十年。〔註355〕

晚唐的靈巖寺之所以受到舉子的青睞，除了靈巖寺之寺院傳奇多，風景優美之外，主要是前人習業有成，才是吸引舉子的原因，呂溫貞元末擢進士第，〈送薛大信歸臨晉序〉提到：「大信與予最舊，始以孝弟餘力，皆學于廣陵之靈巖寺。」〔註356〕開成三年中進士的趙璘，〈書戒珠寺〉提到曾在寺中讀書；〔註357〕李濬〈慧山寺家山記〉，慧山寺是李濬的「家寺」，李濬言十五六歲時「肄業於慧山」；〔註358〕在「家寺」讀書，自不同於依止和尚讀書，〔註359〕更不同於爲求功名而寓寺讀書，其所受之待遇自是不同。

唐代習業山林的士子，所受的待遇因人而異，王定保《唐摭言》：「徐商相公，常於中條山萬固寺泉入院讀書，家廟碑云：『隨僧洗鉢』。」〔註360〕王播少孤貧，際遇遠不如「隨僧洗鉢」的徐商與「隨僧齋粥」的韋昭度，〔註361〕王播未顯時，客於揚州惠昭寺木蘭院「隨僧齋飡」，惠昭寺的和尚對王播十分無禮，「乃齋罷而後擊鐘」，擺明不給飯吃，「後二紀，播自重位出鎮是邦，因訪舊游，向之題名，皆以碧紗幕其詩。」〔註362〕王播感慨萬分，在木蘭院題

頁 321、393～397。

〔註355〕清・董誥等編，《全唐文》卷 825，頁 8699～8700。

〔註356〕宋・李昉等編，《文苑英華》卷 729，頁 3790。

〔註357〕唐・趙璘，〈書戒珠寺〉：「余長慶中始冠，將爲進士生，寓此肄業。」《全唐文》卷 791，頁 8288。

〔註358〕宋・李昉等編，《文苑英華》卷 829：「金陵之屬郡，毗陵南無錫縣有佛寺曰慧山，乃濬家山也。貞元元和中，先丞相太尉文肅公（按：李紳）心寧色養，家寓是縣。因肄業於慧山，始年十五六。」頁 4376。

〔註359〕元・辛文房，《唐才子傳》卷 4：「李端，趙州人，嘉祐之姪也。少時居廬山，依皎然讀書，意況清虛，酷慕禪侶。」（北京：中華書局，1991 年），頁 48～49。下引版本同。

〔註360〕五代・王定保撰、姜漢椿校注，《唐摭言》卷 7〈起自寒苦〉，頁 137。

〔註361〕五代・王定保撰、姜漢椿校注，《唐摭言》卷 7〈起自寒苦〉：「韋令公昭度，少貧窶，常依左街僧錄淨光大師，隨僧齋粥。淨光有人倫之鑒，常器重之。」頁 138。

〔註362〕王播，〈題木蘭院（一作惠照寺）二首〉，《全唐詩》卷 466，頁 5303。

上絕句二首：

> 三十年前此院遊，木蘭花發院新修。如今再到經行處，樹老無花僧白頭。上堂已了各西東，慚愧闍黎飯後鐘。三十年來塵撲面，如（一作而）今始得碧紗籠。〔註363〕

此詩的主人翁，雖有兩種說法，亦可見成爲「紗籠中人」，〔註364〕是唐代文人畢生的夢想，李嘉祐送王正字到山寺讀書：「欲究先儒教，還過支遁居。」〔註365〕肯定了居寺讀書爲獵取功名的必要手段，唐代文人追求仕進，新登第時於佛寺題名題詩，《玉泉子》載慈恩寺：「每歲新得第者畢列姓名於此」，裴勛看後稱之爲「鬼錄」，〔註366〕「鬼錄」的背後，是寺院幾年寒窗，士人血淚相和的縮影。

山林習業的文人，詩中多描寫讀書的情景，于鵠〈題宇文裔（一作裴）山寺讀書院〉：

> 讀書林下寺，不出動經年。草（一作書）閣連（一作通）僧院，山廚共石泉。雲（一作雪）庭（一作亭）無履跡，龕壁有燈煙。年少今頭白，刪詩到幾篇。〔註367〕

士子讀書之處，鄰接僧房，於定心有大益，于鵠〈山中寄樊僕射〉，提到與樊僕射：「同年事魯儒，僧房閒共宿。」〔註368〕元稹〈感夢〉提到兵部尚書裴坰：「讀書靈山寺，住處接園籬。」〔註369〕王建〈秋夜對雨寄石甕寺二秀才〉：「對

〔註363〕唐·王播，〈題木蘭院（一作惠照寺）二首〉，《全唐詩》卷466，頁5303。按：宋·王讜，《唐語林》卷6，記爲段文昌事，原註或曰：「此詩是王相播事。」頁574。《北夢瑣言》卷3引爲段文昌事，其下原注：「或云：『王播相公未遇，題揚州佛寺詩。』及荊南人云：『是段相。』亦兩存之。」頁11。

〔註364〕「紗籠中人」，是宰相的代稱，或作「紗籠中事」。

〔註365〕唐·李嘉祐，〈送王正字山寺讀書〉：「欲究先儒教，還過支遁居。山（一作篠）階閒聽法，竹逕（一作寺）獨看書。向日荷新卷，迎秋柳半疏。風流有佳句，不（一作又）似帶經鋤。」《全唐詩》卷206，頁2149。

〔註366〕轉引自宋·李昉等編，《太平廣記》卷498〈裴勛〉：「又慈恩寺連接曲江，京輦勝景，每歲新得第者畢列姓名於此。勛嘗與親屬遊，見其父及第牓，率多物故，謂人曰：『此皆鬼錄也。』」頁4090。

〔註367〕唐·于鵠，〈題宇文裔（一作裴）山寺讀書院〉，《全唐詩》卷310，頁3498。

〔註368〕唐·于鵠，〈山中寄樊僕射（一作〈寄襄陽樊司空〉）〉：「卻憶東溪日，同年事魯（一作同袍並學）儒。僧房閒共宿，酒肆醉相扶。天畔（一作江上）雙旌貴，山中病客孤。無謀（一作媒）還有計，春谷種桑榆。」《全唐詩》卷310，頁3498。

〔註369〕唐·元稹，〈感夢（夢故兵部裴尚書相公）〉：「……自言有奇中，裴相未相時。

坐讀書終卷後，自披衣被掃僧房。」〔註370〕雖是王建在秋雨之夜的揣想，也可想見結伴在寺院讀書，為求前途光明的士人，心中那份無以名之的，「半入道」的心情。

一般文人對於習業山林，於僧寺讀書的士子看法不一，開元、天寶間有文名的閻防：「又嘗與薛據讀書終南豐德寺。」劉眘虛〈寄閻防〉，詩末：「莫歎文明日，彌年徒隱淪。」〔註371〕這是消極的鼓勵；劉禹錫〈送李庚先輩赴選〉：「今日山公舊賓主，知君不負帝城春。」〔註372〕在精舍讀書，雖是選人的身份，劉禹錫勉勵的語氣，較劉眘虛積極許多；至如牛僧儒未顯時，接受韓愈、皇甫湜的建議，先稅廟院以居，再故意遊青龍寺後，薄暮而歸，韓愈、皇甫湜故意訪之不遇，以提高牛僧儒的知名度，則表現出提攜後進的，難得一見的好意。

士人為功名居寺讀書，最為悲慘的，不是如王播之遭寺僧冷落，而是生前死後，均無人知的悲哀，《會昌解頤錄》載祖詠的孫子祖價，落第後遊商山，夜宿佛寺，有一人從佛殿後出來，與祖價說經談史，共坐語笑，書生因之賦詩，詩云：

家住驛北路，百里無四鄰。往來不相問，寂寂山家春。

南岡夜蕭蕭，青松與白楊。家人應有夢，遠客已無腸。

白草寒露裏，亂山明月中。是夕苦吟罷，寒燭與君同。〔註373〕

隔天，祖價問鄰人，鄰人云：「此前後數里，並無人居，但有書生客死者，葬在佛殿後南岡山上。」祖價為文弔之而去；王洙《東陽夜怪錄》載元和年間，彭城秀才自盧就舉東還時，路過東陳驛所遇到怪事，〔註374〕雖是小說家的「作

讀書靈山寺，住處接園籬。……。」《全唐詩》卷402，頁4499。

〔註370〕唐·王建，〈秋夜對雨寄石甕寺二秀才〉：「夜山秋雨（一作秋山夜雨）滴空廊，燈照堂（一作房）前樹葉光。對坐讀書終（一作經）卷後，自披（一作鋪）衣被（一作服）掃僧房。」《全唐詩》卷301，頁3435。

〔註371〕唐·劉眘虛，〈寄閻防〉：「青冥南山口（一作色），君與緇錫鄰。深路入古寺，亂花隨暮春。紛紛對寂寞，往往落衣巾。松色空照（一作照空）水，經聲時有人。晚心復南望，山遠情獨親。應以修往業，亦惟立此身。深林度空夜，煙月資清真。莫歎（一作欲）文明日，彌年徒隱淪。」《全唐詩》卷256，頁2869。

〔註372〕唐·劉禹錫，〈送李庚先輩赴選〉：「一家何啻十朱輪，諸父雙飛秉大鈞。曾脫素衣參幕客，卻為精舍讀書人。離筵雜水侵杯色，征路函關向晚塵。今日山公舊賓主（一作居賓話），知君不負帝城春。」《全唐詩》卷359，頁4057。

〔註373〕轉引自宋·李昉等編，《太平廣記》卷344〈祖價〉，頁2729。

〔註374〕自盧因風雪夜投佛寺，暗夜裡先是看到個老病僧，不久又有數人至，一批人

意好奇」，揆其寄寓筆端的用意，是爲客死佛寺的書生寄予同情。

對著剛中舉的自虛，各述所作之詩，談論到天亮；正當自虛要自誇舊詩時，一下子景色全變，一番追索才弄清老病僧就是安智高，是個病橐駝；自稱前河陰轉運巡官盧倚馬，是頭驢；自稱桃林客輕車將軍朱中正，是頭牛；敬去文，是隻狗；奚銳金，是隻雞；苗介立，是隻貓；胃藏瓠，是一頭藏瓠下的刺蝟。參見：《太平廣紀》卷490〈東陽夜怪錄〉，頁4023～4029。